제국주의와 남성성

Imperialism and Masculinity

Gender Formation in Nineteenth Century Britain

by Hyungji Park·Heasim Sul

제국주의와 남성성

19세기 영국의 젠더 형성

박형지 · 설혜심 지음

Imperialism and Masculinity
Gender Formation in Nineteenth Century Britain

대우학술총서
573

아카넷

토머스 히키(Thomas Hickey), 「콜린 매킨지 대령과 인도인 학자들Colonel Colin Mackenzie and his Indian pandits」(1010) by permission of the British Library
순종적인 모습의 인도인 학자들과 달리 당당한 풍모의 영국인 장교는 인도의 무더운 날씨 속에서도 제국의 힘을 상징하는 정복 차림을 고수하고 있다.

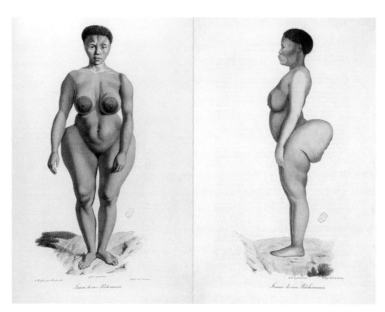

〈호텐토트의 비너스〉로 알려진 코이족 여성 사라 바트만을 그린 그림. 아프리카 케이프 동부에서
태어난 바트만은 1810년 런던으로 이송된 후 유럽 곳곳을 돌며 〈괴물쇼〉에 전시되었다.

존 프레더릭 루이스(John Frederick Lewis), "Harem Life, Constantinople" 할렘의 이미지를 보여주는 그림. 할렘은 서구 사회에서 중세부터 동양(the Orient)의 개념을 형성하는 강력한 이미지였다.

프레더릭 조지 스티븐스(Frederic George Stephens), 「어머니와 아이|Mother and Child」(1854). London Tate Gallery 소장

빅토리아 시대의 가정 이데올로기인 〈별개의 영역〉에서는 남성과 여성의 활동 영역이 분명하게 구분되었지만, 남성이 담당하는 공적 영역은 여성이 담당하는 사적 영역을 침범하는 경우도 있었다. 그림은 크림 전쟁에 참전한 남편의 전사 통보를 받은 아내와 자식의 모습이다.

프란츠 빈터할터(Franz Xaver Winterhalter), 「빅토리아 여왕의 가족The Family of Queen Victoria」
(1846)
빅토리아 여왕 그림. 영국과 거대한 제국의 수장이었지만 동시에 한 가족의 어머니로서의 빅토리아
여왕을 그려내는 것은 당시 사회가 추구하던 가족 이데올로기를 공식화하는 중요한 방법이었다.

제임스 휘슬러(James Whistler), 「백색 심포니 2번: 작은 백색 소녀Symphony in White No.2:
The Little White Girl」(1864). London Tate Gallery 소장
제국주의의 부산물인 동양의 각종 장식품들을 배경으로 순결을 상징하는 흰 드레스를 입고 거울
앞에 선 소녀의 모습은 억압된 〈집안의 천사〉의 이미지를 나타낸다.

대니얼 매클리스(Daniel Maclise), 「디킨스 초상화」(1839). London National Portrait Gallery 소장. 19세기 영국 사회에서 가장 큰 영향력을 지녔던 작가 찰스 디킨스는 진정한 신사다움의 본질을 작품 속에서 문제화하였다. 초상화 속의 20대 후반 청년 디킨스는 신사로서의 자신감과 품위, 그리고 우아함을 지니고 있다.

19세기 인도는 〈왕관의 보석〉이라 불릴 정도로 영국의 가장 중요한 식민지로, 영국과 인도 사이의 교류가 증가하면서 양국의 문화 또한 섞이게 되었다. 위 사진은 1880년경 인도의 주요한 수출항이었던 하이데라바드(Hyderabad)에서 열린 폴로 경기에 인도 왕자들과 영국 장교들이 함께 참가한 모습이다. 아래 사진은 인도인 문관의 모습으로, 이들 식민지 엘리트의 양성은 작은 영국이 멀리 위치한 거대한 나라 인도를 효과적으로 통치할 수 있었던 핵심적 요소였다.

1875년에서 1859년 사이에 있었던 인도 항쟁은 영국과 인도 간의 관계에 큰 변화를 가져왔다. 인도 항쟁은 상단 그림에서 묘사된 세포이(영국군으로 복무했던 인도인)의 반란에서 시작되었다. 항쟁은 진압되었고, 이는 영국이 인도를 더욱 강력하게 통제하는 계기가 되었다. 아래 그림은 영국군과 인도군이 합동으로 델리를 수복하는 장면이다.

차례

서문

　이 책은 19세기 영국을 중심으로 제국주의의 맥락에서 남성성이 어떻게 정의되고 작용했는가를 고찰해보는 작업이다. 다시 말하자면 대영제국의 융성기에 젠더가 제국주의의 주요 도구로 사용됨과 동시에 중대한 산물로 자리 잡게 되는 양상을 살펴보는 것이다. 19세기 영국은 역사적으로 가장 광범위하고 강력한 제국주의를 실현한 국가이므로 제국과 남성성의 문제를 논의하는 데 가장 적합한 본보기이다. 1837년 18세의 나이로 즉위했던 빅토리아 여왕은 60년이 넘는 긴 시간 동안 왕위를 지켰으며, 여왕이 서거한 1901년 무렵에는 전 세계 인구의 4분의 1이 공식적으로 여왕의 통치를 받고 있었다. 〈해가 지지 않는 나라〉라는 유명한 문구가 상징하듯이, 빅토리아 여왕의 집권 말기까지 대영제국은 19세기 세계의 중심축을 형성하였다.
　빅토리아 여왕의 재위 기간에서 비롯된 〈빅토리아 시대〉라는 말은 종종 19세기를 문화적으로 광범위하게 통틀어 지칭하는 용어이기도 하다. 여기에서 파생된 〈빅토리아 시대의 문화〉라는 말은 영국

뿐만 아니라 영국의 문화적 식민지였던 미국과, 제국주의 구도 속에서 대영제국과 동일한 방향성을 추구하던 다른 유럽 국가들의 공통된 문화적 특성을 일컫는 말이 되었다. 그런데 〈빅토리아 시대〉라는 말은 무엇보다도 성별을 둘러싼 엄격한 규범들이 생겨난 시대라는 의미를 함축한다. 이 규범들은 흔히 여성들에게 적용되는 것으로 알려져 있으나 엄격한 행동 양식을 요구받는 것은 남성들 역시 마찬가지였다. 여성들은 조용히 남을 배려하고, 집안일을 관장하며, 남편과 아버지, 아들을 보필하도록 요구받았다. 반면 남성들은 강인하고 활동적이며, 경제적으로 가족을 부양하고, 가문의 사회적, 정치적 발전을 위해 공공 영역에서 일하도록 기대되었다. 여성을 사적 영역인 가정과 동일시하고, 남성을 공적 영역에 위치시키는 〈별개 영역 separate spheres〉의 이데올로기는 바로 영국에서 산업혁명을 거치면서 정교하게 정립되었으며, 오늘날까지도 계속 남아 있는 성 차별과 젠더 구분의 근거를 제공했다.

그런데 이러한 젠더 구분이 온전히 영국 국내의 변화 속에서만 생겨난 것은 아니다. 산업혁명을 거치면서 새로이 형성된 중간계급은 자신들의 정치적 입지를 다지기 위해 〈제국〉을 동원하였다. 정치적 권리를 희구하던 영국의 중간계급은 7년전쟁(1757-1763)[1]의 부진한 전적을 빌미로 삼아 기존의 지배 엘리트가 국가적 · 제국적 이익을 추구할 수 없는 〈여성적〉이고, 쇠약한 집단이라고 비난하였다. 유럽의 열강 사이의 세력 다툼이었던 7년전쟁은 유럽 내의 문제이기도 했지만 동시에 해외 식민지를 둘러싼 영국과 프랑스 사이의 오랜 불화 때문에 발생한 것이기도 했다. 중간계급은 〈여성적인 것〉을 귀족의 부패나 허약함과 연결시키는 동시에 자신들을 강인한 남성성과 결부시키면서 자신들이야말로 공적 영역의 지배자가 되어야 한다고 주장하였다. 이때 수행된 선전에서 제국은 부와 힘, 독립과 미덕을 증진시킬 수 있는 중간계급의 천국으로 표현되었다. 이제 제국주의의 기획은 남성적인 것으로 묘사되면서 찬양되었고, 이 과정에서 여성성은 주변화되고, 종속되면서 그 가치가 폄하되었다.[2]

이런 맥락에서 제국주의 연구는 오랫동안 그것의 남성적인 본질을 강조해왔다. 지배와 통제, 불균등한 권력 구조와 같은 요소들을 중심으로 정치적·경제적 지배라는 식민주의의 경험에 초점을 맞추어온 것이다. 이런 경향은 힘 있는 자에게서 힘없는 자에게로 일방적으로 가해지는 권력 구도를 상정한다. 따라서 서양이 동양에, 식민 본국이 피식민국에 미친 영향만을 주로 고찰하는 현상이 나타났고, 식민주의는 〈여성〉을 제외한 채 논의되곤 하였다. 제국주의 연구자들은 남성성의 본질에 대해서도 심도 깊은 분석을 배제한 채 종종 남성성을 지배 권력과 동일시하며, 이미 갖추어진 부동의 남성성을 가정하였다.

하지만 19세기에 나타났던 남성성은 이미 정형화된 형태로 존재하던 것도 아니었고, 일관성을 지닌 채 유지되었던 것도 아니었다. 이 책은 19세기 영국의 남성성이 독단적으로 〈존재〉하였던 것이 아니라, 제국주의 구도에서 상대적으로 설정된 여성성과의 대타성을 통해 〈형성〉되어갔고, 제국주의 세계 질서의 변화에 따라 끊임없이 〈변모〉하던 불안정한 것이었음을 증명하고자 한다. 젠더와 제국주의의 복잡한 연결 고리 속에서 19세기의 남성성은 성, 인종, 계급을 둘러싼 담론을 통해 만들어지고, 변화하며, 그것을 유지하기 위해 구성원들에게 강요된 측면이 있다.

이런 맥락에서 이 연구는 제국주의의 역할과 젠더의 형성에서 그 원인과 결과가 〈중심〉에서 〈주변〉으로 작용하는 것이 아니라, 양 방향으로 작용하여 상호 영향을 끼친다는 전제에서 출발한다. 최근 많은 비평가들이 〈타자Other〉에 대한 반향으로 국민적 정체성이 발전하였음을 주목하는 것과 마찬가지로, 〈영국성〉은 식민지의 〈타자〉에 대한 반응으로 형성되었으며, 영국의 〈젠더〉 구분 또한 제국주의가 낳은 압박감에 대한 반향으로 형성되었다. 따라서 이 책의 구체적인 논의는 식민주의의 반대 효과, 즉 19세기 영국의 남성성이 어떤 방식으로 식민지에서 영향을 받고, 식민지 문화에 의존하면서 형성되었는가에 초점을 맞춘다. 이 연구의 중요성은 문화적 현상인 제국주의, 특히 문화적 상호 작용으로서의 식민주의의 단면을 피지배민이 식민 본국에 미친 영향이라는 역설적 관점에서 해부하는 시도라는 점이다.

1. 제국주의와 탈식민주의 연구

1978년에 출간된 에드워드 사이드Edward Said의 책『오리엔탈리즘Orientalism』은 현재 큰 반향을 일으키고 있는 〈탈식민주의 postcolonialism〉 연구의 물꼬를 튼 저작으로 평가된다. 후기구조주의poststructuralism 이론에서 출발하여 유럽의 지식인들, 특히 프랑스 지식인들의 전통에 빚을 지고 있는 탈식민주의 이론은 1990년대를 거치면서 그 영향력을 확보했으며, 오늘날 인문학 연구에서 가장 유력한 비평 방법의 하나가 되었다. 영국식 교육을 받은 인도 학자로서 현재 미국에 거주하고 있다는 공통점을 지닌 호미 바바Homi Bhabha와 가야트리 스피박Gayatri Spivak의 연구에 힘입은 탈식민주의 이론은 수정주의와 해체주의의 접근 방식을 제국주의에 적용하면서 특히 19세기에 초점을 맞추는 다양한 세대의 학자들을 양산했다.

〈탈식민〉이나 〈제국주의〉는 사실 정의하기 어려운 용어들이다. 엘러키 보우머Elleke Boehmer와 같은 비평가는 〈제국주의imperialism〉와 〈식민주의colonialism〉를 구분한다. 보우머는 제국주의를 〈한 나라가 다른 영토에 대한 권한을 주장하는 것으로서, 그 권한은 무력뿐만 아니라 허식과 상징을 통해 표현된다〉고 설명하며, 제국주의라는 용어가 〈특히 19세기 유럽의 민족국가nation-state의 팽창과 연관성이 있다〉고 지적한다.[3] 반면에 식민주의는 〈제국의 권력 강화와 관련된 영토의 점유, 자원의 착취 및 개발, 또한 점령한 영토의 토착민을 지배하려는 시도〉[4]로 보았다. 요컨대 보우머에 따르면 한 국가가 다른 나라의 영토에 대한 권한이나 권력을 주장하는 것이 제국주의이며, 식민주의는 그 나라에 대한 권력을 공고히 하기 위한 일련의 실질적인 실천으로 정의된다.

역사학의 측면에서 보면 제국주의는 식민주의보다 나중에 출현한 것으로서, 더욱 일반적이면서 폭넓은 개념이다. 근대적 의미에서 식민주의는 한 독립국가가 그 국가에 속하지 않는 한 지역을 복속시키고 관리를 파견하여 그 지역 주민들을 지배하는 경우를 의미한다. 한편 제국주의는 국가들 간의 종속적 관계의 성립과 유지를 의미한다는 점에서 식민주의와 크게 다르지 않지만, 공식적인 영토 지배를 포함할 필요가 없다는 점에서 식민주의와 다르다. 제국주의는 제국을 건설하고 유지하기 위한 모든 힘과 행동을 포괄하는 개념이고, 거기에는 비단 식민지의 정치적 지배뿐만 아니라 국제정치까지도 포함된다. 혹자는 식민주의를 제국주의가 변화하는 여러 단계 가운데 가장 눈에 띄는 형태인 특별한 단계로서 이해하여 식민주의를 제국주의에 귀속시켰다.[5]

필자들은 〈탈식민〉에 관한 논의를 전개함에 있어, 식민주의보다는 광의의 제국주의의 개념을 사용하는 것이 옳다고 생각한다. 제국주의가 반드시 제국을 소유하는 것이 아니라 주변부 사회에 대하여 〈결정적〉 영향력을 행사하는 관계를 의미한다고 보는 것이, 제2차

세계대전이 종결되면서 공식적 식민주의가 막을 내린 탈식민 시대에도 여전히 존재하는 불균등한 관계를 설명하기 쉽기 때문이다. 이런 맥락에서 이 책에서는 제국주의를 근대라는 특정한 시기의 차별과 권력관계로서의 문화적 현상으로 규정한다. 여기서 제국주의란 정치적 정복이나 행정의 수립과 같은 물리적 영역뿐만 아니라, 문화적 과정으로서의 제국주의를 말하는 것이다. 그리고 이미지, 상징, 메타포와 이야기가 만들어낸 〈중심부〉와 그 이외 지역이라는 〈주변부〉를 상정하기로 한다. 실제로 식민지를 건설하거나 공식적인 통치를 받지 않았다 할지라도 상대적으로 문화적 공동체로서의 중심부와 주변부는 형성될 수 있다.

최근 학계에서 제국주의를 문화적 현상으로 보는 경향이 두드러지면서 제국주의 연구에서는 〈제국주의의 문화사〉에 관심이 집중되고 있다. 이 분야는 종종 담론 분석에 초점을 맞추곤 하는데, 이는 문학비평 분야가 〈탈식민주의〉를 주도하고 있는 사실과도 연관이 깊다고 할 수 있다. 보우머는 탈식민주의 문학에 대해, 〈식민지에서의 관계를 비평적으로 고찰하는〉[6] 글쓰기라고 규정한다. 〈단순히 제국에서 '파생된' 글쓰기〉가 아님을 시사함으로써 그는 탈식민주의 문학에 보다 정치적인 정체성을 부여한다. 여기서 보우머는 〈탈식민성postcoloniality이란 피지배자들이 역사 속의 주체로서 제자리를 찾고자 하는 상황〉[7]이라고 정의한다. 포스트콜로니얼리즘postcolonialism의 우리말 번역으로 〈후기식민주의〉라는 용어 대신 〈탈식민주의〉라는 용어를 선호하게 된 배경에는 이러한 의미가 있다.

그러나 탈식민주의 이론의 비평들은 사이드, 바바, 스피박과 같은 비평가들이 발전시킨 탈식민주의 이론이 지나치게 유럽의 고급이론high theory에 의존하여, 그들 이전에 등장한 작가들이 취했던 정치적 입장을 무시하고 있다고 지적한다. 나아가 아이자즈 아마드 Aijaz Ahmad와 같은 비평가들은 탈식민주의 이론가들이 제도권 내에 확보하고 있는 지위가 신제국주의의 실천과 공모하게 된다고 지적한다. 즉 혹자의 주장처럼 〈서구 학계에서 탈식민주의 이론이 차지하고 있는 제도적인 위치가 급진적이고 해방적인 문화 해석을 불가능하게 만든다〉[8]는 말이다.

사실 보우머가 정의하는 〈탈식민성〉에 함축되어 있는 저항의 의미는 오늘날 탈식민주의 이론이 차지하고 있는 제도적인 지위와 공존하기 힘든 측면이 있다. 바트 무어-길버트 Bart Moore-Gilbert는 이러한 이론과 정치성의 구분을 〈탈식민주의 이론〉과 〈탈식민주의 비평〉의 차이로 설명한다. 탈식민주의 비평은 예리한 정치의식을 갖고 있으면서도 제3세계의 관점에서 글을 쓰며 현장에서 활동했던 작가들이 실천한 일련의 성과를 일컫는다. 대표적으로 에메 세제르 Aimé Césaire, 프란츠 파농 Frantz Fanon, 애시스 낸디 Ashis Nandy, 마노니 O. Mannoni 등 이전 세대의 학자들과, 치누아 아체베 Chinua Achebe나 월레 소잉카 Wole Soyinka 등의 작품들을 꼽을 수 있다. 앞서 언급했듯이 탈식민주의 비평이 시기적으로 앞서 나타나기 시작했음에도 유럽의 지식 전통에 빚을 지고 있는 탈식민주의 이론은 탈식민주의 비평들을 인용하거나 의식하는 데 인색한 측면이 분명히 있다.

이 책에서는 탈식민주의 이론과 전통적인 작가들이 실천한 탈식민주의 비평을 함께 고찰하여 양쪽의 연구 방법을 접목시켜 보고자 한다. 그 이론이 서구의 지식 전통에 의존하는지 혹은 독립적인지의 여부를 떠나, 식민 관계의 바깥에서 제국주의를 바라보는 탈식민주의의 장점을 수용하여 역사와 권력관계를 검토하고자 한다. 이러한 시도는 식민 지배자와 종속빈, 식민 본국과 식민지, 중심과 수변의 권력관계를 해체한다. 따라서 이 관점은 식민지의 역사에 목소리를 부여하고, 서양 권력에 대항하는 식민지의 저항 수단과 그 범위를 강조하는 데 중점을 두는 〈제3세계 비평가들〉의 관심과 맥을 같이한다. 그런데 이런 〈탈식민주의〉적 관점에서 과연 피식민지였던 제3세계가 아닌 식민 본국인 영국을, 피지배민이 아닌 영국의 제국주의자 남성 집단을 연구의 대상으로 삼을 수 있는가 하는 의문이 생기지 않을 수 없다.

사실 탈식민주의 연구에서 식민 지배자나 식민 본국이 포함될 수 있을 것인가 하는 문제는 그 자체로 뜨거운 논쟁의 핵심이 되어왔다. 무어-길버트는 〈글읽기를 실천하는 데 있어서 탈식민주의 분석의 적절한 대상이 탈식민 문화에만 국한되어야 하는지 (……) 아니면 식민 지배자의 문화에 초점을 두는 것이 타당한지에 관해 격렬한 논쟁이 이어져왔다〉[9]고 지적한다. 그런데 이 책은 비단 피지배자의 입장에서뿐만 아니라, 식민 지배자에 초점을 두어 탈식민주의 연구를 확장하고자 하는 의도를 담고 있다. 탈식민주의 이론이 출현하기 이전, 전통적인 제국주의 연구는 철저히 〈승자의 역사〉로서 중심부 사람들을 동질적이며, 부동의 지배자로 조망한다. 하지만 제국주의 연구의 수정주의는 〈중심부〉, 즉 여기서는 대영제국 그 자체가 확고한 실체를 갖고 있는 것이 아니라, 파편화된 수많은 개념과 정책들의 엉성한 조합에 지나지 않았음을 강조한다.

이런 관점에서 이 연구는 제국주의의 영향력이 양 방향으로 작용하였음을 전제한다. 이런 시각에서는 식민지와 본국의 역사를 새롭게 조명할 수 있으며, 탈식민주의를 통해 새롭게 드러나는 식민지의 역사는 식민 본국 자체로 터전을 옮겨 그 사회의 균열을 발견하게 만든다. 최근의 탈식민주의 연구들은 제국주의가 피지배자들뿐만 아니라 식민 지배자들에게 역시 영향력을 끼치며, 일종의 압박으로

작용했음을 제시하고 있다. 예를 들어 카자 실버만Kaja Silverman
의 『가장자리의 남성 주체성Male Subjectivity at the Margins』과 같
은 논의는 식민지의 피지배인들뿐만 아니라, 영국성을 드러내는 특
정한 행동 양식을 〈수행〉해야 했던 식민지의 영국인들도 마찬가지
로 제국주의의 심리적 압박을 받았음을 강조한다. 바바 등의 비평가
들은 〈식민 모방〉의 개념을 강조하면서, 피지배자들이 식민 지배자
들을 〈흉내〉내기는 하지만 확실한 정도의 차이를 보이며, 그 자체를
전복의 행위로 읽을 수 있다고 주장하였는데, 최근의 논의에서는 그
러한 퍼포먼스에 영국인들도 참여했다는 사실을 강조한다. 예를 들
어 낸디는 식민 지배자들 역시 적어도 피지배자들만큼 식민주의 이
데올로기에 영향을 받았다고 주장한다.[10]

영국의 역사가들 또한 영국 국내에서 국가 정체성과 자아의 개념
을 형성하는 데에 제국의 역할이 중요했다는 사실에 차츰 관심을 기
울이고 있다. 역사학자 린다 콜리Linda Colley는 『영국인들: 국가의
틀 만들기Britons: Forging the Nation 1707-1837』에서 이렇게 말
한 바 있다.

> 영국인들은 국내에서의 정치적 또는 문화적 합의에 의해 하나의 민족
> 으로 스스로를 정의하게 된 것이 아니라 (……) 국경선 너머의 타자에 대
> 한 반응으로 하나의 민족으로 규정되었다. (……) 영국성Britishness은
> 타자와의 접촉에서 비롯된 갈등에 대하여 모든 반응들보다 우선하여
> (……) 본질적인 차이를 드러내는 특징으로 두드러졌다.[11]

콜리의 주장은 국가의 정체성이 이전까지 괴리되고 분열되었던 영
국인들의 특징을 하나로 통합시켰다는 점을 강조한다. 국가를 하나
의 〈상상의 공동체imagined community〉로 여기는 베네딕트 앤너

슨Benedict Anderson의 영향력 있는 개념을 차용한 콜리는 〈과거로부터 내려온 사람들 간의 연대감과 충성심에 하나의 만들어진 국가를 투영시킨 것이 영국〉이라고 묘사하며, 이러한 〈만들어내기〉의 배경에는 〈영국인〉을 〈타자〉와 차별화하려는 욕구가 가장 큰 동기로 작용했다고 설명한다.[12]

같은 맥락에서 캐서린 홀Catherine Hall의 최근 역사서 『신민 문명화하기Civilising Subjects』(2002)는 〈영국인의 상상 속의 식민 본국과 식민지Metropole and Colony in the English Imagination〉라는 부제를 붙이며, 영국과 식민지 사이의 연결 고리를 염두에 둔다. 홀은 〈19세기 중반 도시에서는 제국의 어떠한 재현 방식이 유행하였으며, 어떤 방식으로 관련 지식과 함께 정치 담론 및 기타 담론을 형성하였는가?〉[13]라는 의문을 제기한다. 이렇게 최근의 대영제국에 관한 연구는 식민지에 미친 제국의 영향을 고찰하는 고답적인 방식에서 벗어나서 제국의 역효과, 즉 제국을 소유하게 된 결과가 영국 자체에 미친 영향을 고찰하는 방향으로 흘러가고 있다. 심지어 앤로라 스톨러Ann Laura Stoler와 프레더릭 쿠퍼Frederick Cooper 같은 학자들은 〈식민 지배자의 정체성이 영국성을 구성하는 일부분〉[14]이었다는 홀의 주장을 더욱 진행시키기도 한다. 스톨러는 〈유럽은 제국주의적 기획에 의해 만들어졌으며, 그와 마찬가지로 식민지와의 만남은 유럽 자체 내의 갈등으로 인해 형성되었다〉[15]는 주장을 펼치기도 한다.

최근 역사학은 영국 제국주의의 위계질서가 계급과 인종뿐만 아니라 젠더 관계에 기초하고 있었음을 주목한다. 미리날리니 신하 Mrinalini Sinha는 『식민주의의 남성성Colonial Masculinity』[16]에서 남성적 지배자와 여성적 피지배민의 이미지가 정치의 장에서 어떻게 이용되었는가를 논한다. 서구식 교육을 받은 인도인들을 식민지

제국주의와 남성성 : 19세기 영국의 젠더 형성

의 관료 체계에서 배척하기 위해 영국은 〈남성적인 영국인〉과 〈여성적 벵골인 바부 babu(영어를 쓸 수 있는 인도 관리)〉라는 이분법적 정형을 만들었다는 것이다. 한편 영국 국내에 나타난 남성성의 변화를 제국주의의 맥락에서 읽는 연구도 나타났다. 조너선 루터포드 Jonathan Rutherford의 『영원한 영국Forever England』[17]은 〈제국주의는 근대의 영국성을 만드는 데 핵심 요소였다〉[18]고 말한다. 빅토리아 초기에 중간계급 사이에 부각되었던 남성성은 당시 유행하던 복음주의의 영향을 받아 도덕적 진실성과 개인적 경건함을 중시하며, 다분히 반(反)남성적이고 동성적이거나 무성적인 성격을 띠고 있었다. 하지만 1860년대 이후 제국주의의 대중적 인기에 편승한 사회적 다윈주의의 영향으로 남성성은 정신적인 가치보다 육체적 강건함과 국가적 이상에 대한 열정을 강조하게 되었다는 주장이다. 같은 맥락에서 맨건J. A. Mangan과 같은 학자는 흔히 〈강건한 기독교주의Muscular Christianity〉라고 불리는 19세기 후반기의 영국 남성성을 스파르타적인 관습과 제국주의의 도구로서의 스포츠의 조직과 보급이라는 단면을 통해 부각시킨 바 있다.[19]

한편 여성과 여성성을 통해 제국주의를 재조명하는 시도도 이루어지고 있다. 역사학자들은 성 차별적 전통의 연장선에서 이루어진 기존의 제국주의 연구가 중심부 여성들이 식민주의에 상당히 개입했었다는 측면을 간과하고 있음을 지적한다.[20] 여성들은 식민지 관리의 아내로서, 선교사로서, 나아가 여행자와 작가로서 제국 경영에 적극적으로 참여하였으며, 1899년에 이르면 식민지에서 활동하는 여성의 수가 남성의 수를 1천 명 이상 능가할 정도에 이르렀다.[21] 특히 최근의 연구들은 19세기 영국 페미니스트들과 제국주의 사이에 〈우월감〉이라는 이데올로기적 공통점이 있었음을 강조한다. 빅토리아 시대의 성적 이데올로기가 여성을 보호받아야 하는 〈연약한 성〉

으로 간주하자 페미니즘은 그것을 받아들이면서 동시에 여성에게 도덕적 우월성을 부여하였고, 이를 근거로 여성이 사회 개혁의 주체가 되어야 한다고 주장하였다. 또한 페미니스트들은 인종적 우월성을 둘러싼 제국주의 담론을 받아들여, 인종적 순수성을 유지해야 하는 제국의 시민으로서의 의무를 적극 수용하기도 했다. 따라서 여성이야말로 사회적 진보와 문명의 대행자라는 그들의 주장은 서구의 비서구를 향한 〈문명화 과정〉의 도식을 그대로 따르는 제국주의 담론과 동일한 맥락으로 이해할 수 있다.[22] 이렇게 19세기의 페미니스트들이 남성들이 만들어 놓은 이데올로기를 받아들일 수 있었던 배경에는 자신들의 우월성을 담보할 수 있게 만드는 〈타자〉, 즉 비유럽 여성들이 있었기 때문이었다. 이런 맥락에서 영국 내의 젠더 문제는 식민지로부터 자유롭지 못하며, 식민지와의 관계 속에서 정립되었던 것이다.

2. 19세기 영국의 남성성

젠더와 제국주의에 관한 본격적인 논의는 1990년대부터 시작되었다고 볼 수 있다. 탈식민주의 연구와 연계되는 페미니스트들의 수정주의 접근 방식은 이전까지 인종과 성별에 의해 이중으로 침묵을 강요당했던 피지배민 여성들에게 목소리를 부여한다. 1970년대 페미니스트 문학 연구가들이 문학의 정전 속에서 여성 작가들을 복권시키려고 애썼던 것과 마찬가지로, 여성과 제국을 연구하는 학자들은 전 세계 여성들이 겪고 있는 고통과 권력의 박탈이라는 문제를 강조해왔다. 예를 들어 〈탈식민〉이라는 용어가 〈성급한 축하 분위기〉를 내포한다고 지적했던 앤 맥클린톡Anne McClintock은 특히 여성들을 감안할 때 아직은 식민주의를 탈피하지 못한 것이 사실이라고 역설한 바 있다. 맥클린톡은 〈여성들이 세계 노동의 3분의 2를 감당하면서 전 세계 수입의 10퍼센트를 벌어들이고, 전 세계 재산의 1퍼센트에도 못 미치는 재산을 소유하고 있는 세계에서, '탈식민주의'의 약속은 계속해서 미루어진 희망의 역사였다〉[23]고 지적한다.

이 책은 젠더에 관한 최근의 논의 방식을 채택하고 있는데, 이는 〈남성성〉을 강조함으로써 페미니스트들의 주장을 배제하기 위해서가 아니라 페미니즘이 주는 교훈을 염두에 둔 채 남성이라는 성별을 다시 고찰하기 위한 것이다. 즉 새로운 연구 방법을 통해 과거에 확고한 〈중심〉으로 여겼던 남성의 나약함과 허구성, 불확실성을 지적함으로써, 〈남성성〉의 개념들을 해체하고자 하는 것이다. 〈남성성 연구〉의 정치성에는 많은 논란이 따르기도 하지만, 필자들은 〈남성성 연구가 페미니스트 연구의 중대한 부산물이며 동반 관계에 있다〉[24]는 마이클 킴멜Michael Kimmel의 주장에 동조한다. 그러므로 제국주의와 젠더가 교차하는 지점에서, 탈식민주의 연구와 페미니즘의 가르침을 기반으로 하여 19세기 영국과 남성성을 비평적 시각으로 바라보는 것이다.

〈남성성〉이라는 용어 자체는 〈여성성〉에 비하여 그다지 친숙하게 들리지 않는 말이지만, 빅토리아 시대 영국에서 〈남성성〉은 첨예하게 거론된 문제였다. 먼저 산업혁명이 가져온 사회계층의 변화는 이전 시기에 토지를 바탕으로 성립되었던 사회 체계 내의 서열과 지위를 불안정하게 만들었다. 더욱이 19세기 초반과 중반 사이 영국의 정치적, 사회적 요인들은 남성성을 정의하는 데에서 〈위기〉라 부를 만한 상황을 초래했다. 또한 1832년의 선거법 개정안과 당시의 여권 운동은 여성의 전통적인 사회적 신분에 혼란을 발생시키는 계기가 되었다. 나아가 복음주의 신앙의 부흥, 노동쟁의, 공교육의 대중화, 직업 전문주의에 대한 인식 형성과 같은 사회 운동들은 이미 상당히 진척된 자본주의와 함께 구시대적 체제와 위계질서에 대한 지속적인 변화를 요구했다.[25] 이렇게 19세기 전반부는 사회적으로 대단히 불안정한 시기였으며, 이러한 상황은 안정감을 갖춘 군주의 부재로 말미암아 더욱 악화되었다. 린다 샤이어스Linda Shires는 〈가부장적 남성성을 형성하는 데 기여했던 왕족의 권위와 왕위 계승, 그리고 성에 대한 논의들이 1830년대와 40년대에 부각되었음〉[26]을 주장한다. 프랑스 혁명 이후 유럽에 망령처럼 떠돌던 혁명에 대한 공포가 계속되는 가운데 군왕의 자질이 부족했던 조지 4세와 윌리엄 4세의 통치를 거쳐 1837년 어린 빅토리아 여왕이 등극하게 되자 〈정력적이고, 현명하며, 믿음직한 아버지 상은 필연적으로 당대의 문화적 요구가 되었다〉[27]는 지적이다.

　사실 19세기의 영국을 조망해볼 때, 남성성은 크게 세 차례에 걸쳐 변화를 겪고 있음이 드러난다. 19세기 초기에는 정신병 때문에 왕권을 행사하지 못하던 아버지 조지 3세의 대행으로 조지 4세가 섭정을 하고 있었는데, 그는 특히 옷과 여자에 관심이 많았다. 1820년에 정식으로 왕위에 오른 뒤에도 그에게는 큰 변화가 없었으므로 이 기간은 통틀어 흔히 〈섭정시대〉라고 불린다. 이 시기에 두드러지게 나타난 남성의 전형은 섭정시대의 멋쟁이, 즉 〈댄디dandy〉였다. 정식으로 왕위에 올라 10년밖에 통치하지 못했고 왕위를 이을 자식도 남기지 못한 채 죽은 조지 4세는 많은 작가와 지식인에게 조롱의 대상이었다. 19세기 초 문학을 보면 낭만주의 시인의 남성성은 자신을 성찰하고 관조하는 태도를 지닌 여성화된 사색가로서, 행동이나 생산성과는 거리가 멀었다. 조지 4세 이후에 왕위에 올랐던 윌리엄 4세 역시 7년의 재위 기간 동안 제대로 국왕 역할을 해보려고 노력했지만, 결국 왕의 권위도 지키지 못하고 적법한 후계자도 남기지 못한 채 세상을 떠났다. 이렇듯 몇몇 무기력한 왕의 후계자로 등극했기 때문에 빅토리아 여왕에 대한 기대는 몹시 컸으나 18세의 어린 여성으로서 주변의 정치적 인물들에 의해 크게 휘둘릴 것이라는 염려 또한 팽배했다.

위에서 언급한 샤이어스의 논지는 〈가부장적 남성성〉이 유약하기 짝이 없던 당시 남성들에 대한 이미지와 여성의 왕위 등극, 그리고 점차 늘어나는 여성의 공적인 역할과 참정권 확대에 따른 사회적 불안 정서를 해소하기 위한 일종의 치유책으로 등장했다는 것이다. 달리 말하면 여권신장과 같은 당시 사회적 흐름을 거스르는 〈가부장적 남성성〉의 등장은 빅토리아 시대의 영국인들이 어린 여왕을 대신해서 국가를 통치할 강력한 남성성을 희구한 결과 창출되었다고 할 수 있다.[28] 여성 권력에 대한 두려움이 사회 문제가 되었다는 사실은 남성과 여성 사이의 상대적인 권력 균형에서 문제가 발생했을 뿐만 아니라, 남성성에 대한 남성의 자기 인식에도 변화가 일어났음을 말해준다.[29] 이런 상황에서 남성은 여성의 권력을 경시하거나 폄하하게 되고, 남성 스스로도 일정 부분 여성과 공유하고 있던 미덕들을 나약함의 상징으로 배척하게 된다.[30]

따라서 빅토리아 여왕의 즉위를 전후해서 그 이전 시대의 대표적인 남성성인 〈댄디〉와는 다른, 강인하고 엄격한 가부장적인 남성성의 전형이 만들어졌다. 19세기 중반에 두드러진 이 남성성은 이 책의 논의의 중심을 형성하는데, 강하고, 책임감 있고, 판단력과 자기 절제가 뛰어난, 기사도적인 남성성이다. 빅토리아 시대의 담론들은 이런 남성성을 〈꽉 다문 입술〉, 〈스포츠로 단련된 육체〉, 〈신사적 행정가〉와 같은 수많은 수식어들로 표현해왔다. 이런 남성성은 식민지에 투사되며, 제국주의의 맥락에서 강화되었다. 제국이 지배하는 세상에 선을 보이게 된 영국의 남성성은 곧 국내적으로는 차별화된 성별과 계층의 영역을 유지하고, 국외적으로는 계급에 따른 인종과 계층의 서열을 확립하기에 이른다. 〈집안의 천사〉인 이상화된 여성성에 상응하는 개념으로 대두되고, 〈무절제한 피지배민의 몸〉과 대비되며 창출된, 이성적이고 절제하는 영국의 남성성은 〈신사〉라는 개념으로 함축되기도 한다. 이제 젠더와 민족적 정체성의 구성 요소로 모두 이용된 〈영국 남성성〉은 문화와 교육, 제국주의에 의해 강력하게 강화된 퍼포먼스의 형태로 작용한다. 빅토리아 시대 남성의 독특한 유형이 형성되는 과정에서, 영국 사회는 분명 거대한 사회적 공모를 취해 특정한 행동 양식을 남성들에게 부과했던 것이다.

한편 19세기 말기에 들어서면서 남성성은 화려하고 귀족적이었던 섭정시대의 멋쟁이와 빅토리아 중기의 강인한 신사의 이미지에서 벗어나서 퇴폐적인 양상을 띠게 된다. 1880년대와 1890년대에 유행했던 세기말적 유미주의는 다시금 동성애 성향과 화려한 의상을 표방하며 엄격한 〈남성성〉의 전통을 거부하여 엄밀한 성 역할 구분에 반기를 들었다. 낸디와 스톨러는 세기말 경향과 제국주의가 내포하는 식민 이데올로기 사이에 깊은 연관 관계가 있음을 언급한다. 낸디는 오스카 와일드Oscar Wilde와 같이 대표적인 세기말 인물들이 과도한 남성성과 획일적인 사회화 현상에 대해 〈혼돈스럽고, 독특하며, 병리학적인 저항감〉을 드러냈다고 주장한다.[31] 반면에 스톨러는 식민지에서 나타난 매매춘이나 흔들리는 제국의 위상 같은 문제들이야말로 19세기 중반기 강력한 남성성을 창조하려 했던 영국의 시도들이 실패로 돌아갔음을 보여주는 현상이라고 단언한다.[32] 간단히 말하자면 낸디는 세기말 영국의 남성성의 후퇴를 19세기 중반의 억압적인 성 정체성 규정과 실천에 대한 저항이라는 관점에서 바라보고 있으며, 스톨러는 강제로 성 정체성을 구성하려 했던 빅토리아 시대의 노력이 처음부터 헛된 것이었다고 주장한다.

3. 19세기의 대영제국과 식민지

대영제국의 기원은 16세기 탐험가들이 대서양을 누빈 시기로 거슬러 올라간다. 하지만 진정한 대영제국의 위상은 19세기에서 20세기 초에 이르는 동안에 형성된 것으로 볼 수 있다. 영국에서 19세기는 제국을 가장 극적으로 성장시킨 시기이며, 세계지도에서 이른바 〈텅 빈〉 곳을 식민지로 삼으려는 다른 서구 열강들과의 경쟁에서 지속적인 승리를 만끽한 시기이기도 했다. 이 당시 영국에서 가장 중요한 식민지는 〈왕관의 보석〉이라 불렸던 인도였다.

인도는 물질적 측면뿐만 아니라 정신적, 나아가 상징적 측면에서 모두 제국주의 영국에게 대단히 중요한 존재였다. 로렌스 제임스 Lawrence James는 인도를 위대한 문명과 문화의 원천으로, 〈빅토리아 시대 사람들을 사로잡을 만한 매력과 신비의 요소를 지녔으며, 인도의 지배가 영국인들에게 권력과 특권을 선사한다는 사실을 국민 모두가 인식했다〉[33]고 지적한 바 있다. 경제적 측면에서 볼 때, 영국은 1913년까지 인도가 수입하는 물품의 60퍼센트를 담당하였으며, 인도는 영국이 해외에 투자한 전체 자본의 10분의 1을 할당받았다.[34] 나아가 인도는 제국주의 쟁탈전에서 부각되는 지정학적 중요성뿐만 아니라 19세기 대영제국에서 가장 오래되고도 핵심적인 식민지라는 존재성을 띠고 있었다. 당시 영국의 대중들에게 인도는 엄청난 부, 이국 문화, 그리고 환상적인 모험의 공간이자 동시에 전제군주가 가지는 절대 권력의 이미지를 느끼게 해주는 대상이었다.

다분히 실제적 영역과 상상의 영역에 모두 걸쳐 있는 식민지에 대한 이러한 인식들은 19세기 영국의 제국주의 정책을 확립하는 데 큰 영향을 끼쳤다. 일부 제국주의 연구자들은 〈제국〉이라는 것의 존재가 중심부에서 그리 엄청난 무게를 지닌 것이 아니었음을 강조하곤한다. 영국 정치가들에게는 언제나 국내 현안이 더욱 중요했고, 제국 정책을 일관성 있게 추진할 만한 변변한 전담 부서조차 없었다는 주장이다. 하지만 다른 많은 학자들이 반박하고 있듯이, 행정이나 군사적 정복, 나아가 경제적 착취라는 이른바 〈실제적 영역〉과는 별도로 제국에 대한 관심은 매우 컸다. 19세기를 거치는 동안 영국인들의 인도 여행은 급증했고, 그곳을 직접 경험하는 일은 그들이 인도에 대해 품고 있던 환상에 가까운 상상들을 훨씬 사실적으로 인식하는 계기가 되기도 했다. 인도에서 겪은 구체적인 경험은 영국인들이 그곳에 대해 품고 있던 낭만적 오리엔탈리즘에 입각한 상상의 서사를 사실적인 서사로 바꾸게 된 계기를 마련해주었다.

영국인들은 인도에 관한 담론 속에 자신들의 역할을 적극적으로 새겨 놓았다. 즉 제국의 지배 이데올로기를 오리엔탈리즘에 주입하여 식민지 인도의 지배자로서 그들의 정체성을 확립하고자 했다. 오리엔탈리즘 속에 내재되어 있는 상상적 모험 서사의 주인공은 항상 영국 남성의 몫이고, 그 서사 속의 영국 남성은 막대한 부를 획득하며 초인적 힘을 발휘하고, 무한한 성적 매력을 발산하면서 식민지라는 공간에서 원주민 여성에 대한 성적 탐닉을 멈추지 않는다. 비록 영웅적인 영국 남성의 정체성이 상상적 식민 서사 속에 추상적으로 재현되는 것이었을지라도, 식민 서사는 개개의 영국인들에게도 강력한 통제력을 발휘하였다. 이는 인도를 직접 경험했던 많은 영국 남성들 역시 제국의 식민 서사가 구현해 놓은 영국 남성성의 담론에 지배를 받고, 이에 걸맞은 행동을 요구받았음을 의미한다. 이른바 〈강력한 영국 남성성〉은 동양에 관한 모험 서사에서 영웅적 이미지로 재현될 뿐만 아니라, 영국의 인도 식민 지배를 강화하고 그것을 영속화하기 위한 식민 담론으로서 기능했다. 식민지에 대한 지배자의 환상이 곧 식민 지배를 위한 이데올로기적 담론이 되었던 것이다.

흔히 서구 열강의 제국주의 경쟁은 19세기 후반 〈아프리카 쟁탈전〉으로 대표되곤 하지만, 영국 제국주의의 일대 전환기는 1857-1859년에 발생한 인도 항쟁Indian Rebellion으로 볼 수 있다. 사실 이 사건은 아직까지도 그 명칭을 두고 논쟁이 벌어지고 있을 만큼 복잡한 역사적 해석을 낳아왔다. 빅토리아 시대 영국인들은 이 사건을 반란으로 규정하고, 〈세포이(영국군으로 복무했던 인도인) 반란Sepoy Mutiny〉 혹은 〈인도 반란Indian Mutiny〉이라고 명명했지만, 이 표현은 이 사건이 군사 폭동이라는 제한된 의미만을 제공하여 인도 전역에서 일었던 민중의 지지를 간과한다는 한계를 안고 있다. 근래에는 〈인도 항쟁Indian Rebellion〉이라는 용어가 선호되는데, 그 이유는 항쟁이라는 말이 군사 반란의 개념뿐 아니라, 식민 지배에 대한 민중들의 저항 개념을 포괄할 수 있기 때문이다. 반면에 〈제1차 인도 독립 전쟁〉이라는 표현은 지나치게 민족주의적 함의를 갖고 있다는 문제점이 지적되고 있다. 이 사건은 19세기 동안 인도에서 영국이 수행했던 암묵적이고 더딘 식민 정책의 변화에 기인한 것으로, 결과적으로 빅토리아 시대의 성별에 따른 전형을 확고하게 만드는 데 이바지했다.

인도 항쟁 40년 후인 1897년 《블랙우드 매거진Blackwood's Magazine》의 한 기고가는 19세기 전체를 통틀어 〈인도 항쟁만큼이나 대중적 상상력을 자극시킨 사건은 없다〉[35]고 회고한 바 있다. 사실 인도 항쟁은 엄청난 정치적 파장을 불러일으켰고, 당대 소설에서도 지나칠 정도로 많이 묘사되었을 만큼 대영제국에게는 대단히 충격적인 사건이었다. 이 사건은 1857년 메루트Meerut에서 시작된 것으로, 영국 육군에 배급되었던 신형 엔필드 소총Enfield rifle의 탄약이 이슬람 교도와 힌두 교도에게는 금기시 되던 돼지와 소의 기름으로 칠해져 있다는 소문이 나돌면서 촉발되었다. 다수의 세포이로 구성된 한 부대에서 미심쩍은 그 탄약 사용을 거부하고 영국인 상관의 시정 명령에 불복종하게 되면서 양측 간에 총격이 유발되었다. 영국의 식민 지배에 불만을 품고 있던 농민과 시민들이 반란에 가담하면서 소요는 삽시간에 인도 북부 전역을 휩쓸었고, 어떤 지역에서는 2년 동안이나 혼란이 지속되기도 했다. 상당한 대중적 지지를 확보한 반란군들은 영국의 식민 지배로 실권했던 무굴 황제를 옹립하고, 일시적이나마 독립을 선언하기에 이르렀다. 그러나 영국군은 매우 신속하고 잔인하며, 때로는 광적으로 반란군을 진압하기 시작했다. 이 과정에서 양측 모두 수많은 사상자가 발생하였다.

이 사건은 인도에 대한 식민 지배를 당연하게 생각했던 영국인들의 안일한 인식을 한순간에 깨뜨린 계기가 되었다. 돌이켜볼 때, 사실 이 항쟁은 19세기 중반 균열이 심화되던 영국과 인도 간의 불안정한 식민 관계에 기인한 것으로, 그 폭발이 이미 예고되어 있었다고 할 수 있다. 하지만 영국은 예기치 않은 상황에서 반란에 부딪쳤으므로 그 충격의 정도는 심각한 수준이었다. 더욱이 잡지나 신문과 같은 매체들이 식민지에서 대영제국이 가진 의무와 취약점을 본국 국민들에게 지속적으로 인식시켜주면서 폭동으로 인한 충격은 실제 상황보다 더 악화된 측면이 있다. 이 사건을 계기로 인도에서는 새로운 정책들이 수립되었으며, 우호적이었던 영국인과 인도인의 관계는 큰 타격을 받게 되었다.

인도 항쟁에 대한 후속 조치로서 영국은 1858년 새로운 인도 통치법Government of India Act을 발령하였다. 제국의 통치를 더욱 효과적으로 수행하기 위해 빅토리아 여왕이 인도 황제 자리를 겸하게 되었고, 1877년 대관식이 거행되었다. 이와 함께 1600년 엘리자베스 여왕에게서 특허권을 받은 이후 인도에서 영국 식민 경영의 주체

역할을 해왔던 동인도회사East India Company가 폐지되었다. 이제 사기업인 동인도회사를 통한 일종의 간접 통치가 아니라 영국 정부가 주체가 되어 인도와 공식적인 식민 관계를 형성하게 된 것이다. 식민 정부의 관료 구조에는 큰 변화가 없었으나 공식 직함에는 변화가 있었다. 본국의 자문에 의존해온 일종의 지방의회Governor-General in Council는 인도 총독부Government of India로 개칭되었고, 주지사Governor-General는 총독Viceroy으로 바뀌었다. 이러한 직함의 변화는 인도의 식민 체제가 본격적으로 대영제국의 관리 하에 재편되었음을 의미한다. 사실 광대한 인도를 통치하기 위해서 영국은 오랫동안 다른 제국주의 국가들의 모범이 된 자문관resident 제도를 통한 간접 통치에서 치밀한 직접 통치 방식까지 아우르는 다양한 행정 체계를 수립한 바 있다. 하지만 본국이 직접적 식민 경영으로 전환한 바는 인도 항쟁 이후 급물살을 타게 되면서 제도적이며 공식적으로 진행되었다. 또한 세포이 반란과 같은 하극상의 재발을 우려한 영국은 대규모의 병력을 인도로 파견하여, 영국군 내 영국인과 인도인의 비율을 1 대 6 에서 1 대 2로 대폭 감소시켰다.[36]

영국 본토에서는 수많은 작가들이 인도 항쟁을 모티브로 이른바 〈반란소설〉을 내놓았고,[37] 이는 궁극적으로 제국의 안위에 대해 의구심을 자아내거나 불안감을 불러일으켰다. 사실 인도 항쟁은 빅토리아 시대의 영국인들이 식민지 인도와 대영제국에 대해 품고 있던 인식을 하루아침에 완전히 바꾸는 계기가 되었다. 인도인에 대한 불신과 두려움을 경험하게 된 영국인들은 인도에 대한 식민 지배를 강화하기 위해 구체적이고 신속한 정치적 변화들을 시도하게 된다. 식민 통치의 효율성을 고려하여, 식민 정책들은 공식적인 법률 절차를 밟아 이전보다 더 확고하고 엄격한 식민 권위를 가지고 집행되었다. 인도 내의 인종, 지위, 문화적 차별은 더욱 심화되었고, 식민 체제를 위협하는 어떠한 전복 요인도 철저히 억압되었다. 인종간의 성적 결합은 철저히 규제되었으며, 유라시아인Eurasians과 같은 혼혈인들은 취업 기회를 제한당했다. 나아가 영국은 인도에서 식민 지배자의 위치를 차지하고 있는 자국인일지라도, 거지나 술주정뱅이, 매춘부와 같이 올바른 지배자의 상을 갖추지 못한 백인들을 인도에서 추방시켜 나갔다. 결과적으로 1857년 이전까지 인도에서 정당한 지배자의 이미지를 점진적으로 구축해 나갔던 영국인들은 인도 항쟁을 계기로 더욱 강력하고 효율적인 제국의 남성성을 구현해야 할 시급한 필요성을 느끼게 되었다.

4. 각 장의 소개

이 연구는 영국사와 영문학이라는 각각 다른 두 분야의 전공자가 탈식민주의와 페미니즘의 이론을 바탕으로 제국주의와 젠더라는 주제를 조망한 간학문적 성과물이다. 따라서 19세기 영국의 남성성에 관한 구체적 쟁점은 영문학자인 박형지의 논의가 주축이 되며, 새로운 남성성이 형성된 역사적 맥락은 역사학자 설혜심이 담당하여 기술하였다.

제1장에서는 19세기에 들어 영국이 인도에서 보인 정책의 변화를 살펴보아 영국의 독특한 남성성을 하나의 퍼포먼스의 형태로 검증하는 데 중점을 둔다. 인도 항쟁을 계기로 인도에 주둔한 영국 남성들을 관리하는 규율이 엄격하게 변화했다는 사실은 명확하게 규정된 남성성의 이미지가 제국의 기획에 얼마나 필수적이었는가를 설명한다. 제2장에서는 생물학적 인종주의를 중심으로, 앞 장에서 제시된 이상적인 지배자의 상이 철저히 〈타자의 상〉에 대응하며 만들어진 것임을 논의한다. 즉 제국주의는 인종, 젠더, 나아가 계급이 교

차하는 질서이고, 이 위계 속에서 차가운 이성을 갖춘 백인 남성지도자를 최고점에 위치시키는 것은 곧 열등한 피지배자의 몸을 만들어간 과정이었음을 역사적 맥락에서 추적하는 것이다.

제3장은 〈집안의 천사〉로 정의되는 빅토리아 시대의 이상적인 여성성이 인도 항쟁을 계기로 어떻게 확고하게 정립되어갔는가를 살펴본다. 제국주의의 맥락에서 무방비 상태로 희생당한 여성의 취약함을 강조하는 수사적 전략은 식민지에 대한 가혹한 응징을 정당화하고, 동시에 영국 남성들에게 영웅의 역할을 구체화시켜서 기사도적인 남성성을 부여하였다.

제4장은 자국의 여성을 기사도적 영웅심으로 보호하려 했던 영국의 남성들이 식민지에서는 피지배민 여성들을 끊임없이 성적 대상으로 착취했던 이중성을 지니고 있었음을 지적한다. 나아가 19세기 후반 영국이 식민지에서 피지배민과의 성적 접촉을 둘러싸고 〈거리 두기〉로 정책을 전환한 배경을 분석하는데, 본국에서 일어난 순결 캠페인뿐만 아니라 성과학의 발달로 인해 백인 남성의 성적 열등감이 대두했던 측면을 고려해야 함을 주장한다.

제5장은 제국의 지배 엘리트를 길러낸 온상으로 알려진 영국의 퍼블릭 스쿨을 다룬다. 퍼블릭 스쿨은 제국으로 나가는 준비 과정으로서의 영국 내에 설정된 모험 공간이다. 철저히 남성만으로 이루어진 이 배타적 공간에서 소년은 온갖 시련을 통해 정형화된 남성성을 습득해 나가며, 동지애라는 이름으로 포장된 남성적 사랑이라는 동성애적 문화에 젖어들기도 한다. 제6장에서는 찰스 디킨스 Charles Dickens의 『위대한 유산 Great Expectations』을 통해서 〈신사〉의 정의를 논의한다. 빅토리아 시대 남성성의 체현이었던 신사는 제국주의와도 복잡한 관련성을 갖고 있음을 지적하고, 식민지 혹은 범죄의 근원과 깊은 관계를 맺고 있는 신사다움의 본질을 해부하여 영국 국

내의 남성성을 새로운 각도에서 규명해보고자 한다.

이 책은 전체적으로 공동 작업으로 이루어졌으나, 제1장, 제3장, 제6장은 박형지가, 제2장, 제4장, 제5장은 설혜심이 책임을 맡아 집필하였음을 밝혀둔다.

제 1 장

식민지의 영국인:
〈퍼포먼스〉로서의 남성성

1. 남성성과 퍼포먼스

  19세기 영국의 제국주의 역사와 영국적 남성성의 형성 관계를 살펴보는 이 책에서 본 장은 먼저 식민지 인도에서 영국 남성의 행동과 역할이 어떤 것이었는가 하는 문제를 다루기로 한다. 최근 인문학의 연구들은 정치적 또는 역사적 운동의 거대 담론뿐만 아니라, 그 안에서 개인의 역할이 어떤 것이었는가 하는 문제에 관심을 기울인다. 이런 접근들은 특히 거대한 정치적 변화 속에서 한 개인이나 특정 집단에서 나타나는 심리 현상들에 초점을 맞추고 있다. 개인적 주체인 독일 시민들이 나치의 유대인 집단 학살에 동참하는 동기와 과정을 잘 보여준 대니얼 골드하겐Daniel Goldhagen의 『히틀러의 자발적인 사형집행인들 *Hitler's Willing Executioners*』은 좋은 예가 된다. 그리고 한국전 당시 미군이 자행한 민간인 학살로 최근 논란을 불러일으켰던 노근리 사건 역시 평소에는 상상하기 힘들지만 전시 같은 특수 상황에서 일어나는 개인이나 집단의 불가해한 행동들의 대표적 사례라 할 수 있다.

물론 19세기 인도에 거주하던 영국인들은 한국전에서 민간인을 학살한 미군이나 유대인 학살에 동참했던 독일 시민들에 비하면 비교적 덜 응축된 상황의 영향을 받았다고 볼 수 있다. 하지만 인도를 향한 영국의 식민 지배 욕망은 대단히 강렬했으며, 이를 위한 식민 이데올로기 담론의 생산과 유지는 매우 체계적이었다. 이런 맥락에서 영국의 식민 전략은 인도에 있는 영국인들에게 식민 통치에 부합하는 제국주의자가 되도록 강요하였다. 즉 장교, 상인, 의사, 성직자와 같은 영국 개개인들은 제국주의의 정치적, 사회적 정책들이라는 좀더 큰 틀 속에서 그 정책을 강화하고 유지하는 데 매우 중요한 역할을 담당했다. 인도에 있던 영국인들은 각자의 위치에서 영국을 대표하는 역할을 하도록 스스로의 행동을 통제하고, 영 제국의 이미지 강화에 부합되는 범주나 규범적인 행동의 기대 수준에 맞춰 자신의 태도를 적절히 결정해야 했다. 예를 들면 자신의 인종과 계급 또는 성 정체성에 대하여 그다지 뚜렷한 자의식이 없던 영국 소년이 인도에 도착하자마자 곧 자신이 영국 백인 남성이며 동시에 지배 엘리트 계급의 일원임을 깨닫게 되는 것이었다.

이 장은 우선 19세기 대영 제국과 인도 사이의 관계가 어떻게 전개되어왔는지를 논의한다. 나아가 영국인 개개인이 제국과 식민지 사이의 관계라는 구도 속에서 어떻게 영향을 받았으며, 어떤 방식으로 철저한 제국주의자의 정체성을 갖추게 되었는지를 살펴보려 한다. 인도에서의 영국 남성성은 이국적 동양에 관한 일종의 환상과 모험에 기인하며, 이런 남성성의 형성은 식민 전략의 일환으로 구체화된 것이다. 즉 제국이 유지되기 위한 필수 요소인 영국적인 남성다움과 용기가 제국주의라는 구도 속에서 구현되었다.

하지만 이 접근은 제국주의적 맥락에서 시작된 남성성의 개념이 단지 인도라는 식민 공간에 국한되지만은 않는다는 전제에서 시작한다. 다시 말해서 영국적 남성성은 식민지뿐만 아니라 본토의 빅토리아 시대 영국 남성들의 성 정체성을 규정하는 역할을 동시에 수행했다는 것이 필자의 주장이다. 19세기 후반 서구 세계에서 이미 하나의 전형으로 굳어졌던 강하고, 정력적이며, 냉철함으로 대표되는 〈영국 남성성〉은 제국주의와 더불어 성장했고, 식민 통치를 영속하기 위한 식민 전략으로 기능했다는 시각이다.

린다 샤이어스Linda Shires와 같은 빅토리아 시대 성 담론 이론가들은 19세기의 성에 대하여 심도 깊은 논의를 펼치고 있지만 제국의 형성을 위해 요구되었던 성 역할이라는 문제는 상대적으로 간과하는 경향이 있다. 하지만 당대의 성 담론은 제국의 형성과 매우 긴밀한 관계를 맺고 있다. 제국의 형성은 빅토리아 시대의 성 담론에 큰 영향을 끼친 직접적인 변수로 작용한다. 남성과 여성, 그리고 가부장으로서의 남성성과 여권의 신장은 곧 영국과 인도, 서양과 동양, 그리고 식민 지배자와 피지배자의 관계로 해석될 수 있으며, 이러한 대립 관계가 제국의 형성과 발전 시기에 영국적인 남성성을 창조하는 데 중추 역할을 담당했다. 빅토리아 시대의 가부장적 남성성이 여권신장과 대립되는 지점에서 성장했던 것처럼, 영국 남성성의 발달 역시 식민 지배에 대한 인도의 저항이 거세어지고, 그로 인해 영국의 식민 권위에 대한 불확실성이 증폭되면서 이루어졌던 것이다.

즉 이 장의 논의는 박력, 강인함, 그리고 성적 매력으로 대변되는 영국 남성성을 둘러싼 개념이 어떻게 제국이나 식민 권력과 관련된 담론들과 결부되는지, 나아가 영국과 인도 간의 문화적 상관관계를 통해 그 남성성이 어떻게 적용되고 있는지의 문제이다. 미리 언급하자면 강인함, 냉철한 판단력, 심지어 초인적 인간상으로 대변되는 〈영국 남성성〉은 불안해진 제국의 위상을 보전하기 위해 대영제국이 선택한 이데올로기적 담론의 결과이다.

　머리말에서도 언급했듯이, 남성성에 관한 이 책의 논의는 상당 부분을 페미니즘의 가르침에 의존한다. 본래 여성의 행위를 묘사하고 설명하기 위해 개발된 이론들을 남성의 행동에 적용하려는 것이다. 이 장에서는 특히 젠더의 개념을 〈퍼포먼스performance〉의 관점에서 해석하는 페미니스트 비평을 동원한다. 〈퍼포먼스〉는 〈행위〉나 〈연행〉 등의 다른 용어로도 번역되지만, 여기서는 조운 리비에어 Joan Riviere와 여러 비평가들이 제기한 이론들을 가장 잘 반영하고 있는 〈퍼포먼스〉라는 용어를 사용하기로 한다. 1929년에 발표되었던 리비에어의 매스커레이드masquerade(가면극) 이론은 기본적으로 정신분석학의 관점에서 여성의 사회적 행동을 설명한다. 현재의 사회구조에서 여성들은 역설적으로 자신들의 공격성을 터부시하며, 전통적 개념의 여성성을 과장되게 표현할 경우에만 그들의 권력을 행사할 수 있다는 지적이다. 〈남성성을 갈망하는 여성들이 여성다움이라는 가면을 쓰지 않고서는 남성들의 보복에 대한 두려움과 불안을 피해갈 수 없었을 것〉[1]이라는 의미이다. 결국 여성스러운 행위는 특정한 사회적 지위와 권력을 얻기 위한 수단으로 사용된 외형적인 자기 재현으로 보인다. 더욱이 이러한 매스커레이드를 통해 위장된 본질은 가면을 쓴 정체성과 본질에 대한 구분이 사라지면서 그 행위 주체의 내면화된 본질이 된다. 리비에어는 〈이제 독자들은 내가 어떻게 여성다움에 대한 정의를 내리고 있으며, 순수한 여성다움과 '가면을 쓴' 여성다움을 어떻게 구분하고 있는가에 대해 궁금해할 것이다. 그러나 나는 본질과 가면 사이에는 사실 차이가 없다고 생각한다. 이 둘은 총체적인가, 피상적인가의 차이만 있을 뿐 근본은 서로 동일한 것〉이라고 주장한다.[2]

　사회적, 정치적으로 주변화된 집단이 권력의 전유와 주장을 실행하는 방법을 여성의 행동을 통해 분석한 매스커레이드 이론은 인도의 영 제국주의자들의 행동을 이해할 수 있는 단초가 된다. 샤이어스가 빅토리아 시대에 등장한 가부장적 남성성을 남성 권위의 추락과 권력의 불안정에 대한 상쇄 반응으로 해석하는 것처럼, 인도에서 나타난 영국 남성성 역시 1857년 인도 항쟁 이후 식민지에서 영국의 위상이 크게 흔들리고, 제국의 권위가 추락하게 된 사실에 따른 반동으로 형성되었다고 볼 수 있다. 즉 권력자가 권력을 상실했을 때 유발되는 심리 현상에 대한 이 이론은 인도에서 제국의 권위를 위협받게 된 영국인들을 논의하는 데 유용하다. 영국인이 인도에서 지배 집단으로서의 엘리트 이미지를 유지하려면 그러한 목적을 위해 구성한 남성성을 통한 〈퍼포먼스〉가 필수적이었다. 동시에 이러한 남성성은 곧 영 제국주의자들에게 자신들의 자아 개념과 불가분의 관계가 되었다. 〈영국 남성성〉은 그 자체로서 〈퍼포먼스〉였으며, 그 퍼포먼스는 19세기 인도에서 영 제국의 위상이 변화하면서 가장 극명하게 실천되었다. 이를 살펴보기 위해 여기서는 먼저 19세기 영국과 인도의 관계를 훑어보고, 제국주의 정책이 개인의 행동과 성 역할에 끼친 영향력을 분석해보기로 한다. 나아가 리비에어의 매스커레이드 이론을 제국주의의 맥락에 적용하여 〈식민 모방〉과 관련된 영국 남성성의 단면 역시 다루어보고자 한다.

2. 변화하는 인도 내 영국인의 역할

19세기 중반에 이르러 영국이 인도에서 가지고 있던 식민주의적 기반은 흔들리고 있었다. 그러자 영국은 인도 원주민들에게 강경책을 펼쳤으나, 그로 인해 인도인들의 거센 반감을 감당해야 했다. 인도 항쟁은 식민 지배자와 피지배자 간의 반목이 깊어진데다가 영국

군과 인도군 사이의 원활한 의사소통이 실패하면서 일어난 사건이었다. 19세기를 지나면서 강경 일변도를 따르게 된 영국의 식민 전략은 인도 내의 영국인들에게도 여러 면에서 변화를 요구하는 새로운 법률과 규제를 가하기 시작했다. 그러한 정책들은 모두 강력한 〈영국 남성성〉의 이미지를 형성하기 위한 것으로, 성별에 따른 행동 양식에서 결혼, 나아가 정년 연령에 이르기까지 영국인 개개인의 삶의 방식과 행동 양식을 통제하려는 것이었다. 이러한 규제들은 사실상 인도 항쟁을 촉발시킨 시대적 배경을 구성하던 주 요인이 되고 있었다.

서문에서 언급하였듯이, 1857-1859년에 발발한 인도 항쟁은 영국의 인도 통치에서 분수령을 형성한 중요한 사건이었다. 이 사건은 크게는 식민지에 대한 영국의 태도 변화에서 기인하였으며, 궁극적으로 사건 이후 그 변화는 가속화되었다. 이전의 시기로 거슬러 올라가 보았을 때, 영국인과 인도인의 관심이 원래부터 상반되었던 것은 아니었다. 18세기 중엽부터 1830년대에 이르기까지 인도에 진출한 영국은 비록 경제적 착취 의도를 내포하고 있었지만, 인도인들에게 문화적 차원뿐 아니라 개인적인 접촉에서도 매우 우호적인 관계를 유지하고 있었다. 영국과 인도의 관계를 심리학적 관점에서 연구한 애시스 낸디Ashis Nandy는 영국의 초기 인도 식민 통치 시기를 다소 이상주의적으로 설명한다. 인도에 거주하는 영국인들은 집에서나 직장에서 인도인들처럼 지냈으며, 인도 의상을 입기도 하고, 인도인의 풍습과 종교 행사 등에 많은 관심을 가졌다.[3] 낸디는 〈당시 많은 영국 남성들이 인도 여성들과 결혼했고, 인도의 신과 여신들에게 파자paja(공물)를 바쳤으며, 인도의 계급 중 최고의 승려계급인 브라만들의 법력을 공포와 경외감을 가지고 바라보았다〉고 주장한다.[4] 당시의 식민 정책에 대해 영국 본토에서 별다른 조처를 취하지 않던 상황에서 인도의 영국인들은 영국과 인도의 문화적 차이를 긍정적으로 바라보았다. 따라서 원주민과 접촉하면서 서로를 잘 이해하고 우호적인 관계를 증진시키는 데 별다른 문제가 없었고, 식민주의를 통한 경제적 부의 획득은 상호간의 우정과 협력을 통해 가장 효율적으로 성취될 수 있다고 여기는 분위기였다.

유럽 열강의 식민 정책은 유럽 남성이 원주민 여성들과 성적 관계를 맺도록 은연중에 부추기기도 했다. 일례로 앤 로라 스톨러Ann Laura Stoler에 따르면, 네덜란드 동인도회사는 유럽 남성과 아시아 여성이 식민지에서 가정을 꾸리는 것이 네덜란드에서 여성을 데려오는 것보다 훨씬 이익이라고 판단했다고 한다.[5] 유럽 남성과 현지 여성이 결합하는 경우, 회사의 보조 없이 〈본인이 모든 비용을 부담했고, 그들의 혼혈 자식들은 백인이나 아시아계 아이들에 비해 더 건강하다고 생각되었으며, 아시아 여성들은 유럽 여성들에 비해 까다롭게 굴지 않는다는 인식이 널리 퍼져 있었다〉[6]는 것이다. 무엇보다도 유럽 남성이 식민지 여성과 결혼하여 그곳에 가정을 갖는 것이 영속적인 식민 정착을 위해 많은 도움이 된다는 생각이 일반적이었다.[7] 적어도 식민주의 초기에는 식민 지배를 위한 법률의 강화와 규제가 크게 부각될 수 있는 사안이 아니었고, 오히려 당시의 식민 정책은 식민지 원주민들과 긍정적이고 상호 우호적인 관계를 구축하는 데 더 큰 초점을 맞추고 있었다.

그러나 19세기에 들어서면서 이러한 식민 정책에 큰 변화가 생기기 시작했다. 그동안 완전한 모양새를 갖추지 못했던 식민 전략들이 새로 수립되고 구체적인 정책들로 실행되기에 이르렀다. 영국과 인도 간의 문화 교류는 차츰 일방적인 강요의 성격으로 변질되었고, 식민 통치를 위한 정치적 규제들은 인도인들의 삶을 조여오기 시작했다. 이렇게 영국의 식민 정책이 변화한 원인은 다양하다. 먼저

1830년대 영국 전역을 휩쓸었던 개혁의 기운이 인도에도 영향을 미쳤던 측면을 들 수 있다. 더불어 그러한 개혁 바람에 한몫을 했던 기독교 선교 열풍이 거세졌고, 그동안 기독교의 선교 의지를 꺾어왔던 동인도회사의 세력이 약해지면서 종교계는 더 큰 힘을 발휘할 수 있게 되었다. 가령 1813년 영국 정부가 인도에 기독교 선교를 위해 최초로 예산을 배정했던 사실은 매우 상징적이다.[8] 이를 계기로 인도의 문학, 종교, 전통과 같은 토착 문화에 대한 상대주의적 경외심은 사라지고, 개혁 일변도의 공리주의 사상과 원주민 개종에 혈안이 된 선교사들의 배타적 선교 활동이 급속하게 인도 전역으로 퍼져갔다. 이러한 현상을 두고 낸디는 본격적인 식민주의는 영국과 인도 양국 문화의 상호주의가 상실되고 영국 중산층의 복음주의가 부흥하게 되면서, 영국이 식민지 토양의 문화적 가치를 도외시하고 식민 착취와 기독교 전파에만 열을 올리게 되어 시작되었다고 주장한다.[9]

인도와 영국의 식민 관계를 더욱 악화시킨 근본적인 이유는 영국의 경제적 수요가 증가하고 식민지 인도가 지정학적으로 중요해진 데서 비롯된다. 영국은 경제적 측면에서 수탈을 더욱 강화하고 인도의 식민 지배를 영속하기 위한 강경한 식민 정책을 구사하기 시작했다. 이러한 정책의 변화가 곧 양국간의 갈등을 유발시킨 직접적 원인이 된 것으로 보인다. 역사가들은 당시 인도가 경제적, 정치적 차원에서 대단히 중요한 식민지였기 때문에 영국은 가능한 한 모든 방법을 동원하여 식민 지배 체제의 안정과 영속화를 꾀했다고 분석한다. 로널드 로빈슨Ronald Robinson과 존 갤러거John Gallagher는 〈영국은 가능하면 무역이나 문화 교류를 통해 식민 체제를 구축하고 확장시키려 했지만, 필요한 경우 강압적인 식민 정책의 사용도 마다하지 않았다〉고 주장한다.[10] 반란과 인종간의 위화감, 대규모의 군대를 유지하는 데 드는 경제적 부담 등 많은 위험 요소들이 있음에도 영국에게 인도는 너무나 중요한 식민지였기 때문에 이를 통치하려면 어떤 위험과 불안도 기꺼이 감수해야 했다는 설명이다.[11]

즉 영국의 인도 지배 정책의 강경화는 인도 내부의 변화 때문이 아니라 본국의 정치적 필요에 따라 대두한 것으로, 이러한 영국의 태도 변화는 제국주의가 가지는 전형적인 식민 지배 수순을 따르는 것이다. 필립 커틴Philip Curtin은 영국의 인도 식민 지배 과정을 아프리카 식민 지배 과정과 비교한다. 그 시기가 인도에 비해 조금 늦을 뿐, 아프리카와 인도의 식민 지배 과정은 서로 대단히 흡사하다는 주장이다. 커틴은 이렇게 지적한다.

영국은 1880년대와 1890년대에 아프리카 식민지 쟁탈전에 뛰어들었다. 1850년대까지 영국은 소규모의 선교 목적과 시장 확보를 구실로 아프리카에 진출했는데, 이 무렵을 편의상 인도주의적 시기라고 칭할 수 있다. 그러나 인도에서 그랬던 것처럼, 영국은 그로부터 약 30년도 채 지나지 않아 인도주의적 태도를 버리고 폭력적인 식민 통치의 본색을 드러냄으로써 본격적인 제국주의 시기로 접어든다.[12]

영 제국이 노골적인 식민 정책을 전격적으로 펼치게 되면서, 식민 초기에는 평화롭던 인도와의 관계가 차츰 악화 일로를 치닫게 되었다. 과거에는 상대적 가치를 존중하고 공통점을 공유하며 평화로운 분위기를 이끌었던 영국은 1830년대에 이르러 식민 지배자의 입지를 강화하기 위해 영국과 인도의 차이를 강조하고 거리 두기를 시도하기 시작하였다. 식민 지배자와 피지배자 간의 분명한 위계질서를 확립하려는 영국의 입장에서 볼 때, 그동안의 관행은 인도 원주민과 지나치게 경계가 불분명했던 것으로 비쳐졌고, 이제 확실한 거리 두기로써 그 차이를 강조해야 했다. 그동안 영국인 지배자와 인도인 피지배자 사이에 형성되었던 우호적인 관계들, 특히 낭만적인 관계 또는 성적인 결합과 같은 관행은 더 이상 허용되어서는 안 된다는 인식이 퍼져갔다.

이제 인종 차별과 성적인 차원의 거리 두기는 반드시 지켜져야 할 식민 정책의 근간이 된다. 이런 상황에서 성 차별이 인종 차별과 함께 행해지기 시작했고, 그로 인해 남성과 여성 사이의 위계질서는 인종적 우월성의 식민 담론을 뒷받침하는 중요한 지배 담론의 역할을 담당하기 시작한다. 피치 못하게 인종간의 성적 결합이 발생할 경우에는 양자간에 인종적 위계질서가 형성되었는데, 그 상황에서도 오직 백인 남성과 인도 여성의 결합만은 암묵적으로 허용되었다. 그밖에 다른 형태의 인종간 성적 결합은 완전히 금지되었다. 이런 상황에서 영 제국의 식민 체제를 가장 대표적으로 묘사할 수 있는 특징은 〈남성다움〉이 된다. 영국 제국주의자는 성적 위계와 인종적 위계가 교차하는 식민 지배의 질서 속에서 남성 지배자의 전형을 갖추게 된 것이다. 남성다움의 미덕으로서 강인함, 지도력, 그리고 자기 절제가 남성의 성 역할을 위해 중요하게 요구되었으며, 영국 남성들은 행위로서 이러한 남성성을 실천하고 유지해야 했다.

제2장에서 자세히 살펴보겠지만, 가부장적 가치에 의한 자기 투영과 성적, 인종적 위계질서라는 복잡한 배경 속에서 본국의 계급 구조는 국외의 식민지에서 인종 차별에 따른 계급 분화로 전환된다. 영국의 계급 체제는 모든 개인에게 출생과 함께 의무적으로 수행해야 하는 역할을 부과한다고 주장한 비평가도 있다.[13] 계급과 성별, 인종간의 위계질서는 서로 긴밀하게 연결되어 각각의 체제를 강화시켜주는 동반 작용을 일으켰다. 특히 제국주의 시대에서 용맹함이나 권력과 같은 남성다운 미덕은 엘리트 지배 계급을 위한 성적, 인종적 이데올로기를 외부로 전파하는 데 대단히 중요한 요소로 자리

잡게 된다. 케네스 볼해체트Kenneth Ballhatchet에 따르면, 〈영국인들은 세계 어디를 가더라도 국내에서 느꼈던 것과 유사한 욕구를 느꼈으며, 국내에서와 마찬가지로 갈등을 겪었다. 그러나 인도에서는 조금 다른 양상을 보였다. 인도라는, 전혀 다르고 보다 공개되어 있는 무대에서는 도덕적인 차원뿐 아니라 정치적으로도 적절하게 행동해야 했던 것이다〉.[14] 인도라는 〈공개적인 무대〉에서 영국인들은 제국주의 첨병으로서의 위상에 걸맞은 행동을 취해야 했다.

그런데 이러한 〈역할극〉은 반드시 외부로 공연되는 선에서 그치지 않았다. 리비에어가 언급했던 가면을 쓴 여성성과 비견되는 가부장적인 남성성의 퍼포먼스는 차츰 영국인들의 정신을 지배하여 내면화되기에 이르렀다. 후천적 정체성을 향한 모든 자기 재현은 궁극적으로 주체가 자신의 행위를 선천적인 것이라고 믿게 만든다. 결국 제국주의자로서의 자기 믿음은 가상의 인종적 우월성을 성공적으로 전파하기 위한 첫 걸음이 된다. 그리고 제국주의자들은 〈이상적인〉 정체성을 자신과 동일시하는 데서 헤어나지 못하고 인종간 위계질서에 대한 확고한 믿음을 지니기 때문에 그 정체성에 대한 오해나 균열을 최소화해 간다. 그런 까닭에 제국주의자로서의 위상을 위해 인도의 영국인들은 남성다운 가면극의 퍼포먼스가 반드시 필요했고, 그렇게 생성된 성적, 인종적 정체성을 본래의 고유한 것으로 믿게 되었다.

성인의 성숙함은 강인한 남성성을 위해 기본이 되는 요구 사항이었고, 이 의무 조항은 지나치게 어린 사람과 노년층을 제국의 식민 경영 일선에서 제외시켰다. 인도 항쟁 이전 인도의 영국 군대에는 노련미가 부족한 다소 어린 병사들이 많았다. 영국 군대의 경험 부족과 미숙함은 그 항쟁을 수습하는 데 큰 문제점을 노출시켰으며, 사태를 더 악화시키는 요인이 되기도 했다. 인도 항쟁 당시 가장 치열한 접전지이기도 했던 칸푸르Cawnpore에 주둔했던 영국군은 강인한 남성 집단이라기보다는 카레를 즐기고 샴페인을 마시며 희멀건 피부를 가진 어린 소년들의 집단에 더 가까웠다. 인도 항쟁 이후, 영국군은 유약한 영국 병사들을 강인하게 훈련시킬 필요성을 절감했다.[15] 영국 제국주의자들은 모두 식민 지배자의 상징적인 존재들로서, 성숙되어가는 제국의 위상만큼이나 위엄 있는 남성성을 갖출 필요가 있었다.

정책적인 차원에서 영 제국이 새로 실시한 정년 제도는 한편으로 영국 군대의 노령화를 저지할 수 있었다. 에드워드 사이드Edward Said가 지적하듯이, 19세기 영 제국은 인도를 비롯한 세계의 식민지에서 영국인 관료를 55세의 나이에 은퇴시켜 오리엔탈리즘을 위한 새로운 전략적 효과를 창출하였다.[16] 그 효과란 식민지에서는 어떤 동양인도 노쇠하여 무기력해진 서양인을 구경조차 할 수 없게 된 것이다.[17] 강인한 백인의 남성성을 과시하기 위한 이 전략은 비단 인도인만을 대상으로 한 것은 아니다. 이 전략은 당시 식민지에 머물던 영국인들 역시 대상으로 삼았다. 이제 식민지에서 백인들 스스로가 강인하고, 이성적이며, 늠름한 젊은 식민 지배자들만을 보게 되고, 그 정체성을 거울 속의 자기 모습처럼 동일시했다는 점에서 사이드는 이러한 식민 전략이 자기반영의 속성을 가진다고 언급한다.[18]

다시 말해서 강인한 남성성에 바탕을 둔 식민 지배자의 이상적인 정체성 퍼포먼스는 식민 피지배자들에게 과시하기 위한 것일 뿐 아니라, 지배자 스스로의 자기훈육을 목적으로 하고 있었다. 결국 후천적인 정체성에 대한 자기 믿음은 인종적 우월성이라는 식민 이데올로기 담론의 생산과 소비를 성공적으로 수행하기 위한 첫 단계였다. 또한 사이드가 언급했던 전략은 영국인들이 개인적인 차원에서 스스로 수행하도록 강요했던 퍼포먼스를 집단적 차원으로 끌어올림으로써 실천 효과를 노렸던 식민 이데올로기로 이해될 수 있다. 궁극적으로 개개의 영국인들이 자신의 정체성이라고 믿고 실행해왔던 가부장적 남성성은 제국의 이미지를 구축하는 데 중요한 역할을 하게 된다. 또한 이를 위한 식민 전략은 이상적인 정체성에 부합되지 않는 식민 지배 집단의 일원들을 식민지에서 추방하여 식민 지배에 방해가 되는 요소들을 제거하는 데 그 초점을 맞추었다.

식민 지배 집단에서 경제력에 바탕을 둔 계급은 나이만큼이나 중요한 요소로 부각되었다. 노년층이 비교적 일찍 은퇴하고 본국으로 송환됐던 것처럼, 〈가난한 백인들〉역시 이상적인 지배 집단에 그다지 부합되지 못했다. 민간 차원과 군사 부문의 식민 경영과 통치는 항상 이상적인 엘리트 계층에 의해서만 이루어진 것은 아니었다. 또한 많은 영국인들이 본국의 정치적, 경제적 어려움을 피해 인도와 같은 식민지로 도망쳤던 것도 사실이다. 초기 식민 정부는 사랑에 실패한 도피자, 파산한 상인, 몰락한 귀족, 한탕주의를 꿈꾸는 모험가들로서 관료 경험이 일천한 오합지졸로 구성되기도 했다.[19] 이를 두고 미라 타마야Meera Tamaya는 〈영국은 본토의 사회적 낙오자들을 해외로 도피시켜 새 삶을 개척하게 하는 오래 된 전통을 가지고 있다〉[20]고 밝힌 바 있다. 이런 상황에서 하층 영국인들은 이상적인 제국의 이미지를 형성하고 유지하는 데 방해물이었다. 식민 지배자의 일원이면서도 경제, 사회, 정치적 측면에서 그들이 겪고 있던 불이익들은 피지배자와의 관계에서 인종 차별 정책을 효과적으로 수행하는 데 걸림돌로 작용했기 때문이다. 더구나 가난한 영국인들은 인종 차별과 분리라는 식민 정책의 철칙을 어기고 인도 원주민과 결혼하는 비율이 높았다. 비록 영국의 군사법에 따라 영국인과 인도인이 술집에서 같이 술을 마시지 못하도록 되어 있었지만, 실제로

이런 관행은 효과적으로 통제되지 못했다.[21]

식민지에서 사회적 규범을 어기는 백인들은 제국주의 이상에 어긋나는 여러 문제들을 일으키곤 했다. 파트나Patna의 한 식민 정부 관료는 〈술주정이나 풍기 문란으로 타락할 대로 타락해버린 유럽인들을 보게 되면 같은 백인으로서 수치스러움을 느끼게 된다. 그들은 위엄과 경외감으로 원주민들을 통치해야 하는 식민지에서 우리의 명예에 먹칠하는 행위를 하는 자들〉이라 기록하고 있다.[22] 식민지에서 영국의 이미지에 먹칠하는 주요 사례들은 술주정, 매매춘을 위한 호객 행위, 성적 문란함과 더불어 빈곤을 들 수 있었다. 19세기 식민 정책에서는 이른바 문제 있는 영국인들을 추방할 다양한 장치들을 고안해냈다. 장교들은 풍기가 문란한 사병들을 비교적 손쉽게 본국으로 송출하였지만, 민간인들을 통제하기란 그리 쉽지 않았다. 이런 문제에 대처하기 위해 봄베이Bombay와 캘커타Calcutta 등지에서는 자경단Vigilance Committee이나 사회정화위원회Social Purity Committee와 같은 다양한 기구들이 만들어졌다.

1866년 발생한 마리스카노 스캔들Mariscano scandal은 당시 인도에서 영국인들이 이미지 관리라는 문제를 어떤 차원에서 다루고 있었는가를 잘 말해주는 사례다. 〈이탈리아 출신 음악가〉 혹은 〈빈둥대는 놈〉이라고 불리던 클레멘티 마리스카노Clementi Mariscano는 캘커타 거리에서 아이작 그린맨Issac Greenman이라는 독일계 유대인을 살해한 혐의로 체포되었다. 살인은 그린맨과 동거 중이던 폴란드계 유대인 여성을 두 사람이 서로 차지하겠다고 싸우다가 일어났다. 마리스카노는 추방 대신 8년 동안 감옥에 수감되었지만,《인도의 친구The Friend of India》라는 영자 신문은 이 사건을 두고 〈캘커타에서 가난한 유럽인의 삶을 전형적으로 나타낸 일〉이라고 보도하였다.[23]

묘하게도 식민 정부의 정책 입안자들은 가난한 백인들에게 불안을 느끼면서도 동시에 그들에게 일정한 특권을 부여하기도 했다. 가난한 백인들을 위해 특별한 대책이 마련되었던 것이다. 백인 빈곤층은 식민 정부가 배분하는 구호 양식과 백인 공동체 차원에서 주는 각종 물자와 집 등을 제공받았고, 식민 정부는 유럽의 실직자들이 받는 생계 혜택과 유사한 수준에서 식민지의 실직자들이 생계를 유지할 수 있도록 도왔다.[24] 이런 조처는 식민지에서 추방하기가 여의치 않은 상황에서 백인이라는 지배층의 품위를 최소한 유지하도록 고안된 방책들이라고 풀이할 수 있다.

식민지에서 가장 민감한 사안은 식민 지배자와 피지배자 간의 성적 결합이었다. 인종간의 성 접촉은 식민 정책에 따라 규제되고 통제되어야 했으며, 그로 인한 혼혈인의 출생도 관리 대상이었다. 성과 관련된 영국의 식민 정책은 19세기를 거치며 여러 단계의 변화를 겪는다. 앤드루 워드Andrew Ward는 〈동인도회사가 통치한 첫 50년 동안 영국은 자국 여성들이 인도로 이민 가는 것을 금한 반면에, 남성들이 인도 여성들과 결혼하거나 애인을 두는 것은 바람직하게 여겼다〉[25]고 지적한다. 그에 따르면 동인도회사는 식민 통치 초기에 실제로 유럽 병사들에게 인도 여성들과 결혼하도록 보조금까지 지급했고, 고급 장교의 경우 인도의 귀족 출신 여성들과 결혼하도록 장려했다.[26]

초기의 이런 정책과 비교해볼 때, 19세기 중엽의 가장 두드러진 변화는 인종간의 결혼 장려 정책을 철회하고, 영국인과 인도인 사이의 결혼을 엄격히 금지한 것이라 할 수 있다. 그러나 인종간 결혼의 금지령이 한순간에 인도에서 영국 남성들이 현지 여성과 성 관계를 맺는 것을 막을 수는 없었다. 그들의 성적 에너지는 결국 영국 남성들에게 다른 형태의 배출구를 찾게 만들었는데, 그것은 바로 〈직접

〈蓄妾〉〉과 매매춘이었다. 영국 남성과 인도 여성 사이의 성적인 결합은 처음에 결혼이라는 관행으로 시작되었다가 나중에는 축첩으로, 다시 매매춘으로 이어졌다. 그러므로 이러한 점진적 변화는 곧 영속적이고 정신적인 믿음을 바탕으로 한 가정을 형성하는 결혼이라는 형태에서 차츰 일시적인 관계인 축첩을 거쳐 결국 상업적 관계인 매매춘으로 변질되어갔음을 의미한다.

식민 통치 초기에 축첩은 인도에서 재직하던 영국인들에게 이득이 될 수 있는 것으로 여겨진 일종의 제도였다. 인도 여성은 그들에게 성욕 해소의 파트너가 되었을 뿐 아니라 가정부 역할도 수행했기 때문이다. 그러나 이후 유럽인과 인도인 사이의 우호적인 유대 관계가 위협으로 인식되면서, 그러한 관행은 차츰 금지되는 경향을 보이게 되었다. 애당초 영국인과 인도인의 유대 관계는 양국 사이의 관계를 진전시킬 목적에서 의도적으로 장려되었으나, 이제 영 제국이 점차 인도에서 강경책을 펴나가면서 인종간의 구분을 모호하게 만드는 악습으로 인식되기 시작했다. 따라서 축첩 대신 〈상업적인〉 거래라고 할 수 있는 매매춘이 선호되었다. 축첩 제도는 상호간의 합의에 따른 동거이자, 암묵적인 일부일처의 원칙에 의거한 일종의 협력 관계였다. 그러나 이러한 준제도적 관행은 인종간의 분리를 위한 식민 정책뿐만 아니라 현금이 오가는 매매춘이라는 상업적 수단에 떠밀려 차츰 금기시된다.

스톨러는 인도 여성을 첩으로 들이는 것 자체가 이미 인도 여성들을 착취하는 것이지만, 성매매는 그보다 더 심각한 착취라고 지적한다.[27] 매매춘이 활성화되면서 인도 여성은 백인 남성의 성욕을 충족시키기 위한 수단으로 전락하여 인간으로서의 존엄성을 박탈당하고 상업적인 성매매 도구로 간주되었다. 인도 여성과 개별적 관계를 맺는 것은 감정이 개입될 위험이 있었지만 사회 현상으로 대두된 매매춘은 제도로서 통제될 수 있었다. 축첩은 인종간의 구분을 떠나 동등한 남녀 관계에 대한 일종의 환상을 제공한다고 할 수 있다. 이에 반해 인도인 매춘 여성과 백인 유럽 남성 간의 상업적인 성 관계는 제국과 식민지 관계 속에 내포된 경제적, 성적 권력의 불균형을 응집하여 서양인의 인종적 우월성을 더욱 강화시켰다.[28]

따라서 매매춘은 식민 정책의 차원에서 결혼이나 축첩과 같이 인종 간의 구분을 모호하게 할 위험한 제도들보다 더 선호되었을 뿐 아니라, 〈비정상적인〉 성행위에 대한 해독제 역할도 수행했다. 제4장에서 자세히 다루겠지만, 일부 영국인들은 식민지에서 원주민 여성들과 성적 결합을 완전히 금했을 경우, 백인 남성 사이에서 동성애와 같은 〈비정상적인〉 성행위의 가능성이 높아지게 될 것이라고 우려했다. 사실 영 제국의 정책 입안자들은 영국군 사이의 그러한 행위를 매춘을 통한 성병으로 성 기능을 상실하는 것보다 더 심각한 것으로 판단했다. 볼해체트는 식민 정부 관료들이 영국군 막사에서 매춘부들을 추방하는 것과 관련하여 토론을 벌일 때마다 조심스런 어조로 동성애의 가능성을 제기하지 않을 수 없었다고 지적한다.[29] 강인한 남성성을 유지하는 것이 영국인과 인도인 사이의 인종적 차별을 정당화하는 핵심이었음을 감안할 때, 성적인 욕구 불만을 왜곡되게 배출하는 수단인 동성애와 자위행위는 식민 지배자의 위상에 대단히 해로운 것이 될 수 있다고 여겼기 때문이다. 이렇듯 군인들 사이의 성 관계나 자위행위에 대한 영국인들의 불안감 때문에, 동성애를 방지하는 차원에서 적어도 이성간의 성 관계이므로 그나마 반감이 덜했던 매매춘을 합법적인 제도로 만들었던 것이다.

매매춘 역시 그 나름대로 문제점을 안고 있었다. 우선 영 제국주의자들도 영국 남성들의 성욕 배출구가 마련되어야 한다는 것을 인정하고 있있다. 그러한 욕구를 충족시기기 위해 인도에서 영국인 님

녀가 가정을 꾸리도록 지원하는 것보다는 성매매를 장려하는 것이 훨씬 더 경제적인 선택이었다. 하지만 매춘은 분명 난잡하기 이를 데 없는 제도였다. 성병 유발 가능성과, 술에 만취되어 성매매를 옹호하는 〈부도덕한〉 유럽인들이 불러일으키는 나쁜 이미지는 심각한 문제를 가져왔다. 이에 대한 해결책으로, 1868년에 영국에서 통과된 제1차 전염병 법안은 성병 확산을 방지하기 위한 각종 조치에 즉각적인 효력을 발휘하기 시작했다.

새로운 규제들에 대한 후속 조치라는 차원에서 성병 확산을 방지하기 위해 대단히 공격적인 방안들이 실시되었다. 의료 개혁을 빌미로 많은 매춘부들이 학대를 받았으며, 성병에 감염된 매춘부는 즉시 완전히 〈치료〉될 때까지 병원에 감금당했다. 이와 함께 의료 검진을 무사히 마친 매춘부들도 정기적인 건강 검진을 의무적으로 받아야 했으며, 군 부대에서 매매춘을 위한 보건증을 발부받아야 했다. 심지어 그들은 특정 부대의 소속 대원들처럼 부대가 이동할 때 함께 이동했다. 전략상 중요한 영국군 부대의 경우, 근처에 성병 전문 병원을 설립하여 성병 확산을 막는 등 군사 목적이라는 차원에서 매춘부 관리에 각별한 관심을 기울였다. 영국군의 이러한 관심은 여성들의 건강을 위해서가 아니라 군대의 사기를 고취시키고 최상의 군사력을 유지하기 위한 방편에 불과했다.[30] 제도적으로 매매춘을 용인했던 관행이나 조치들은 19세기 후반에 와서야 비로소 정의라는 차원에서뿐만 아니라 효율성의 차원에서 대대적인 반대 여론에 부딪혀 금지되기에 이른다. 그러나 매매춘을 제도로 허용하면서도 매춘 여성들에 대해서는 타락하고 퇴폐적인 존재로 손가락질했다.

영국인과 인도인 사이의 성적 결합은 영국 남성과 인도 여성의 관계에만 국한되지는 않았다. 흔하지는 않았지만 백인 여성과 원주민 남성 사이의 성 관계는 영 제국의 이상을 불안정하게 만들기에 충분했다. 당시 문서에 기록되기도 했던 사례인 인도의 라자Rajah(왕자)와 영국 하층민 출신 백인 여성의 결혼은 계급 불평등 문제까지 내포하고 있었다. 인도인 남편에 대한 백인 여성의 종속은 영 제국이 추구하던 인종간의 위계질서를 뒤집는 것이었고, 게다가 영 제국 내의 계급 질서 또한 혼란스럽게 만들었다. 원래 하층민 출신이므로 영국 상류층에서 배척되어야 마땅한 그 백인 여성이 이제는 인도 왕자의 부인으로서 런던의 최상위 계급에 편입될 수 있기 때문이었다.[31]

영국인 매춘 여성 역시 식민지에서 영 제국이 대단히 금기시하던 부류였다. 백인 매춘 여성이 제국의 지배 인종인 백인에 대해 부정적인 이미지를 심어줄 수 있기 때문이었다. 그런데 그들의 존재를 배척하는 현상은 실제 유럽 여성 매춘부들의 숫자에 비해 지나친 우려였다. 예를 들어 1875년 캘커타에서 매춘부로 등록된 영국 여성은 불과 9명뿐이었고, 1880년에 이르러서도 매춘부로 등록된 7천 명의 여성들 가운데 유럽인은 65명이었다.[32] 그럼에도 제3장에서 자세히 논의될 백인 여성의 순수한 이미지는 백인 여성의 매춘이라는 개념과 공존할 수 없었다. 로널드 하이엄Ronald Hyam에 따르면, 인도나 그밖의 식민지에서 발견된 백인 매춘 여성들은 강제로 본국에 송환되었다. 식민지에서 그들은 제국의 명성에 먹칠을 하는 존재로 여겨졌다.[33] 한편 캘커타 경계위원회Calcutta Vigilance Committee는 〈유럽 여성의 공공연한 매춘은 그 어떤 경우에도 (……) 인도를 지배하는 영 제국에 불명예를 안겨준다〉[34]고 생각했다.

과정이 어떠했든 영국인과 인도인의 성적 관계는 결국 혼혈아를 낳게 되었고, 이로 인해 다른 인종간의 결혼에 대한 불안이 증폭되었으며 더욱더 무거운 규제가 가해졌다. 인도인과 유럽인의 혼혈, 즉 유라시아인들은 자신들이 유럽인인지 인도인인지에 대한 계급적, 사회적 인식에 혼란을 느꼈다. 인도 식민 초기에는 영국인들은 유라시아인을 영국과 인도 식민 관계의 결실로, 양국 공동체를 위해 이로운 존재들로 여기곤 했다. 18세기를 거치는 동안 유라시아인은 영국인 아버지의 비호를 받아 식민 정부의 요직에 진출하기도 했다.

그러나 유럽인 아버지에게 인정을 받지 못하거나 후원을 받지 못한 유라시아인은 골칫거리로 남을 수밖에 없었다. 스톨러는 대다수의 서자들이 아버지에게 자식으로 인정받지 못했으며, 백인 권력 집단으로 흡수되지도 못했다고 밝히고 있다. 비록 자신들의 혼혈 후손을 인정하는 사람들도 있었지만, 대부분의 유럽인 아버지들은 네덜란드, 영국, 또는 프랑스 등 본국으로 되돌아갔고, 식민지에서 맺었던 현지처 및 자식과의 관계를 단절했다.[35] 이제 자식에게 충분한 경제적 뒷받침을 해줄 수 없는 어머니들과 함께 버려진 혼혈 자손들은 〈가난한 백인〉과 마찬가지의 계층으로 전락하여 영 제국에게 환영받을 수 없는 집단의 일원이 되었다.

식민 통치 초기에는 혼혈 자손들에게 식민 정부 요직에서 일할 수 있는 기회를 주곤 하였지만, 점차 제국의 통치 기구가 성장하면서 그들의 입지는 좁아져만 갔다. 그들이 원래 차지하고 있던 자리들마저 차츰 한직으로 밀려나자 유라시아 공무원들은 단순히 인도의 영국인을 위한 후원자라는 위치로 전락하게 된다. 1791년 동인도회사의 이사들로 구성된 자치 법원Court of Directors에서는 〈유라시아 혼혈인들은 동인도회사 소속의 민간, 군사 및 해양 업무에 보직을 발령받을 수 없다〉고 판결했다.[36] 그들은 점차 식민지 백인 사회 내에서 유럽인과 원주민 사이의 육체적 경계를 침범한 존재로 간주되었고, 제국 권력의 위상에 어울리지 않는 집단으로 여겨졌다.[37] 인도 항쟁은 영국 군대를 위해 일하는 인도인들에 대해 강한 불신을 불러일으킨 계기가 되었고, 이러한 백인의 불안은 유라시아인들에게도 투사되었다. 공직에서 유라시아인을 몰아내고자 하는 움직임은 귀족이나 엘리트 출신이 아닌 백인 계층이 득세하는 데 대한 우려와 맞물려서 백인 중심의 식민 지배 계급의 인종적, 계급적 배타성을 드러내는 계기가 되었다. 백인과 인도인 사이의 연결 고리로서 한때 식민 정부의 호의를 사기도 했던 유라시아인의 인종적 정체성은 결국 영국의 강경 정책이 추구하는 인종 차별 정책 속에서 오히려 악재로 작용하게 되었다.

비윤리적인 성 풍속, 혼혈 자손, 그리고 원주민과의 성적 결합은 무엇보다도 영국인 지배자들의 성 윤리에 대단히 부정적 이미지를 만들어낸 것이 사실이다. 식민 지배자의 위치를 유지하기 위해 영국 남성들에게 가장 중요하게 요구되던 이미지가 규범적인 이성애에 바탕을 둔 강력한 남성의 모습이었음을 고려할 때, 그 악영향은 쉽게 간과될 수 없는 것이었다. 더불어 강력한 남성성과 병치되는 여성스러운 유약함이나 동성애의 흔적들 또한 당시 제국주의 식민 담론의 인종 정책과 성 담론에 치명적인 악영향을 끼치는 것이었다. 식민주의를 정당화하는 식민 담론은 무엇보다 심리 현상에 기반을 둔 이미지 투사의 효과에 크게 의존한다. 위에 언급된 것처럼 노쇠하고, 유약하며, 빈곤한 백인들을 식민 지배 계급에서 배제시키고, 동성애를 탄압하며, 원주민 여성과의 교감을 차단하고, 혼혈인에 대한 인종적 차별을 가하는 일련의 현상들은 식민지인들의 정신을 지배하고자 하는 식민 이데올로기였다.

영국인들은 이상적인 대영제국을 건설하기 위해 위와 같은 식민 정책을 준수하는 차원을 뛰어넘어, 스스로 그 정책의 일부가 되어 적극 동참하고자 했다. 식민 정책의 핵심에는 인종 차별 외에도 성적 이분법을 강화하는 극대화된 남성성이 놓여 있었다. 리비에어가 언급했던 여성성의 가면극적 행위는 사회적으로 남성이 지시하고 기대하는 형태의 행동 방식을 여성이 그대로 따르는 것이다. 그러한 여성의 자기 재현은 결과적으로 남성과 여성의 성적 이분법을 강화시키는 역할을 하게 된다. 영국의 남성들 역시 자신들의 강력한 남성성을 드러내기 위해 가면극으로서의 남성성을 동일한 방식으로 실행했다. 리비에어의 가면을 쓴 여성들은 그들 자신뿐 아니라 타인, 즉 남성을 위해서 여성다움을 연기하며, 그 과정에서 여성이라는 본질과 여성다움의 행위는 분리되지 못한 채 동일시된다. 제국주의 이상을 꿈꾸는 남성들도 자신과 같은 백인 남성들을 위해, 그리고 관람하기를 강요받은 관객, 즉 식민 피지배자들을 위해 자신들에게 요구되는 남성다움을 실행한다. 동시에 그러한 가면극으로서의 남성성을 고유한 자신의 성 정체성으로 내면화시킨다. 그리고 백인 남성의 행위를 관람하도록 유도당하거나 강요받은 관객들은 제국주의 이상을 효과적으로 실현하는 차원에서 백인이 연출한 가면극 속의 일원이 된다. 다음 장에서 더 자세히 살펴보겠지만 19세기 중엽 강력한 남성성을 추구하게 된 제국주의는 인종과 성의 경계를 정의내리기 위해 지속적인 노력을 아끼지 않았다. 이런 관점에서 인도에 주둔한 영국인들은 우월한 인종적 혈통을 지닌 백인 이성애자라는 정체성을 스스로 각인시키는 식민 이데올로기의 생산적 주체와 소비 대상이 된다. 결론적으로 제국주의가 성공적으로 실현된 것은 식민 지배자의 물리적 힘이나 통솔력 이전에 식민 담론을 통한 강력한 제국주의 이미지를 성공적으로 투영할 수 있었기 때문이다.

3. 식민 모방

강력한 남성으로서의 퍼포먼스에 바탕을 둔 식민 정책은 영국인들에게만 영향을 끼쳤던 것은 아니다. 낸디가 지적하듯이, 지속적이고도 지배적인 식민 담론의 실천은 식민지의 피지배자에게도 상당한 영향력을 발휘했다. 영국인들이 이상화된 남성성을 더욱 강화하는 데 노력을 기울이는 동안, 인도인들 역시 식민 지배자에 대한 피지배자의 모방 심리를 반영하듯 영국인 지배자들의 태도를 답습하기 시작했다. 낸디, 에메 세제르Aimé Césaire, 마노니O. Mannoni는 제국주의 구도 내에서 지배자들을 흉내내려는 피지배자들의 욕망을 본격적으로 이론화하였다. 최근에는 호미 바바Homi Bhabha와 카자 실버만Kaja Silverman 같은 학자들이 식민 모방에 대한 문제를 다루기 시작했다. 이들 이론가들은 모두 의식적이든 무의식적이든 간에 성별에 따른 역할 행동, 즉 〈매스커레이드〉에 대한 리비에어의 견해를 식민 지배자와 피지배자 간의 인종별 역할 행동에 대한 개념으로까지 확대시킨다. 식민 치하에서 발생하는 심리 현상들을 다루는 식민 모방 이론은 식민 지배자와 피지배자 사이의 상호 모방과 의존 관계를 분석하는 것에서 출발한다.

낸디에 의하면 우선 인도 문화는 영국의 영향을 받아들이는 과정에서 새롭게 주어진 서양의 가치와 질서를 따르고 동화될 수 있도록, 인도 고유의 가치와 우선권을 미묘하면서도 확실하게 변화시켜 영 제국의 영향을 내면화했다. 낸디는 이렇게 발전해가는 모방의 상태가 부인되는 과정을 지적하면서, 사실 피지배자들이 식민주의의 부산물인 새로운 문화의 기원을 거꾸로 자국 문화에서 찾아내는 현상이 나타난다고 주장한다. 예를 들어 인도인들은 영국이라는 존재가 자국의 변화를 가져왔다는 사실을 받아들이려 하지 않고, 오히려 인도의 전통적인 치국책의 개념 속에 잠재해 있는 호전적인 민족이라는 이데올로기를 부활시키고 그것에 새로운 중심점을 부여했다.[38] 식민 지배를 받는 인도인들에게 그러한 회피는 인도 고유의 문화 전통을 부활시키는 동시에, 문화 면에서 변화를 일으켰던 서양의 문화 침투를 위장하는 수단이 되었다. 이러한 현상은 가면극의 배우가 주어진 배역을 본래 자신의 모습인 양 내면화하는 것과 동일한 원리에 기초한다.

낸디는 19세기 인도 문학을 재현하여 전반적인 인도의 문화적 변화들을 추적해가면서 이렇게 주장한다.

> 인도인의 의식 변화는 식민지 인도에서 중요하게 간주되는 세 가지 개념, 즉 남성성의 정수(精髓)인 푸루사트바purusatva, 여성성의 정수인 나리트바naritva, 그리고 양성성의 정수인 클리바트바klibatva를 통해 간략하게 언급될 수 있다. (……) 남성성 내의 여성스러운 특성은 남성의 정치적 정체성에서 가장 부인되어야 할 속성으로 인식되었다. (……) 모든 형태의 양성적인 속성들을 하나로 통합하여 획일화된 남성성에 대치되는 것으로 간주하려는 시도가 존재했다.[39]

가령 양성성, 남성성 내의 여성성, 또는 동성애나 복장도착증 등 성 정체성을 불확실하게 하는 모든 요소들은 새로 확립된 이분법적 성 개념을 불안정하게 만든다는 이유로 배제되거나 그 가치를 박탈당했다. 동시에 이른바 여성스러운 모든 것들은 예외 없이 논의에서 제외되었다. 남성성에 대치되는 성 정체성으로서의 여성성은 간 곳 없이 사라지고, 남성다운 행위만이 논의의 대상이 되었다. 더욱이 위 인용문의 마지막 두 문장에서 낸디의 주장이 함축하고 있듯이, 인위적으로 구성된 남성성의 규범들은 그러한 잠재적인 변화에 필요한 안티테제로 작용하기 위해서 확립되었다. 갑자기 견고하게 〈획일화된 남성성〉은 논쟁의 여지가 없는 명확한 행위 규범이 되었으며, 반면에 〈남성성 내의 여성성〉을 위해서는 한치의 여유도 허락되지 못했다. 오로지 남성다운 행동과 특성들만이 남성성과 비남성성을 양분하는 잣대가 되었다. 낸디는 인도 문학을 통해 영국적인 남성의 정체성과 행동에 관한 영국인의 가치 부여와 인도 내의 사회 움직임이 병행되었음을 증명한다.

이와 같은 식민 피지배자의 지배자 모방은 탈식민주의 이론의 핵심 개념이다. 바바는 식민지의 성 정체성 변화를 자신의 대표적 이론인 〈흉내내기mimicry〉로 설명하면서, 낸디가 언급하는 성 정체성 변화에 〈아이러니〉 개념을 도입한다. 바바는 낸디의 이론을 토대로 문명의 지배자를 미개한 원주민이 모방한다는 고답적인 이론 틀에서 탈피하여 자신의 후기구조주의 이론을 전개해나간 것이다. 최근의 탈식민주의 이론에서 연구되는 것처럼, 그는 양자의 식민 관계가 단순히 일방적인 명령과 복종의 구도가 아니라, 후자의 흉내내기가 잠재적으로 식민 권력을 불안정하게 만들어 식민 권력 관계를 복잡하게 만든다는 점을 이론의 바탕으로 삼고 있다. 바바는 〈흉내내기는 가장 교묘하고 효과적인 식민 권력과 지식의 전략 중 하나〉[40]라고 정의내린다.

> 식민 흉내내기는 거의 똑같지만 완전히 똑같지는 않은, 차이를 지닌 주체로서, 문명화되고, 인식 가능한 타자에 대한 욕망이다. 다시 말해 흉내내기 담론은 양가성ambivalence을 토대로 구성된다. 이를 효과적으로 수행하기 위해 흉내내기는 〔주체와 타자 간의〕 지속적인 미끄러짐, 과잉, 그리고 차이를 생산해야 한다. (……) 따라서 흉내내기는 그것〔주체〕이 권력을 구상화할 때, 타자를 전유하기 위한 개혁과 규제, 훈육의 복잡한 전략을 위한 이중 발화의 기호이다.[41]

바바는 단순한 동일시의 모방 개념과는 상이하게 흉내내기의 불확실성을 강조하는 미끄러짐, 즉 〈부분적 재현〉의 개념을 통해 자신의 탈식민주의 이론을 전개한다. 그는 〈흉내내기를 통해, 즉 글쓰기와 되풀이 과정을 통해 '진정한authentic' 주체로 거듭나려는 욕망이야말로 부분적 재현의 궁극적 아이러니〉라고 설명한다.[42]

결국 흉내내기의 잠재적인 전복성은 흉내내기의 미끄러짐, 즉 식민 지배자를 향한 피지배자의 〈거의 똑같지만 완전히 똑같지는 않은〉 모방에 존재하게 된다. 그러므로 바바와 낸디는 식민 모방의 과정과 그 〈불완전함〉에 관해 서로 다른 시각을 가지고 있다. 낸디는 점차 지배 문화의 위치를 차지하게 되는 영국적인 가치들을 존중하며 모방하는 식민지의 문화적 변화에 대해 진지하고 신랄한 분석을 시도한다. 즉 식민 모방에 따른 미끄러짐은 완전한 서양화와 문명화에 대한 실패의 결과라는 것이다. 반면에 바바는 식민 모방의 미끄러짐으로 인한 〈실패〉, 즉 모방 속에 내재되어 있는 지배자와 피지배자 간의 거리 두기를 유지케 하는 수단인 모방의 불완전함을 모방의 대상으로부터 자유를 얻는 잠재적인 가능성으로 바라봄으로써, 모방을 지배 권력에 대한 전복의 전략으로 분석한다.

바바는 또한 〈식민 재현의 권한authorization에 대한 문제〉[43]를 제기한다. 그는 성경과 관련된 다양한 해석들을 논의하는 가운데 〈모든 사람들이 성경을 기꺼이 받아들일 것〉이라 장담하는, 벵골의 한 선교사가 1817년에 쓴 편지를 인용한다.[44] 하지만 성경을 받아본 사람은 성경 내용에 내포된 문화적인 의미를 완전히 바꾸어 해석할 수도 있다. 어떤 사람은 〈그 성경을 얼마간의 돈으로 맞바꿀 수 있을지에 대한 호기심으로 보관할 수도 있고, 또는 폐지로 활용할 수도 있었을 것이다〉.[45] 즉 선물로 주어진 성경은 상황에 따라 얼마든지 전달자의 의도와는 다른 운명에 처할 수 있었다. 어떤 성경들은 시장에서 물물교환으로 거래되었고, 또 어떤 것들은 코담배 가게에서 담배 종이로 사용되기도 했다.[46] 성경이 갖고 있는 문화적 상징성에 대한 각기 다른 반응들은 하나의 사실을 두고 광범위하고 다양한 해석을 가능케 하는 불완전한 모방, 즉 흉내내기의 속성을 반영하고 있다. 바바는 불완전한 식민 모방 전략의 핵심을 모방 대상인 원형으로서의 유럽인들이 아닌, 피지배자의 교활한 은폐성mansprisions에 두고 있다. 그뿐만 아니라 이러한 흉내내기는 리비에어의 가면극 이론에서처럼, 그 자체로서 식민 피지배자의 본질과 분리될 수 없는 그들만의 정체성으로 환원된다. 바바는 이에 대해 〈흉내내기는 그것〔모방 행위자〕의 마스크 뒤에 어떠한 존재나 정체성을 감추고 있지 않다〉고 설명한다.[47]

　바바와 앞으로 논의하게 될 실버만은 모두 루스 이리가레이Luce Irigaray가 제기했던 〈흉내내기mimicry〉와 〈가면극 이론masquerade〉 사이의 구분을 무너뜨린다. 이리가레이는 리비에어의 가면극 이론을 사회적 행동 규범에 대한 비자발적 순응으로 해석하는 반면, 흉내내기에는 가면극 이론에 부재한 행위자의 의도성이 내포되어 있다고 주장한다. 또한 흉내내기는 사회적인 행동 규범을 의도적으로 모방하며, 흔히 풍자적인 특징을 지닌다고 설명한다. 이리가레이는 여성성의 가면극 행위에서 여성은 본래의 자신을 상실하게 되지만, 흉내내기의 여성은 의도적으로 여성스러운 역할을 연기해야 한다고 지적한다.[48] 이는 곧 흉내내기를 통해 순종이라는 가면의 형태를 당연시하여, 이미 그 행위에 대해 반기를 들기 시작한 것이라고 이리가레이는 해석한다.[49] 그녀는 흉내내기가 가지는 전복적이고 아이러니컬한 속성을 높게 평가하고 있다. 반면에 바바의 경우 풍자로 시작된 모방이 결국 행위자가 자아를 상실하는 가면극이 된다. 이와 동시에 바바는 흉내내기에 대단히 고무적이고 의미심장한 가치를 부여한다. 〈담론을 방어적인 전투 행위에 비유한다면, 흉내내기는 공손함이라는 규율의 틀 안에 존재하는 예절 바른 불복종

civil disobedience의 순간들, 즉 눈에 보이는 저항의 기호들〉을 나타낸다고 바바는 설명한다.[50] 그러나 흉내내기는 의도성의 경계, 즉 흉내내기가 애초에 의도했던 전복에 실패한다는 점에서 모방 행위 속에 존재하는 전복의 가능성은 문제시 될 수 있다는 것이 필자의 견해다.

그런데 바바의 이론은, 피지배자가 식민 지배자를 어떻게 해석해 내는지의 반응에 주로 초점을 맞추며 모방의 대상이 지니는 이미지의 안정성에는 의문을 제기하지 않는다. 영 제국주의자의 행위 역시 식민 전략의 일환으로 거듭 변천되어왔다는 필자들의 논의를 감안한다면, 바바의 흉내내기 모델은 더욱더 이해하기 어려워진다. 제국 군대의 장교의 행동에서 선교사의 메시지에 이르기까지 다양한 해석 코드를 가진 지배자의 텍스트는 이미 그들 내부에서 이루어지는 서로간의 모방에 불과하다. 원주민의 불완전한 흉내내기에 따른 원본과 모방 사이의 미끄러짐은 식민 지배자 스스로도 자신이 부여받은 제국의 사명, 또는 행동 규범을 완벽하게 수행할 수 없다는 사실에서 이미 자명하다고 할 수 있다. 다시 말해 영국인 지배자의 행동 또한 인도인들이 완벽하게 따를 수 있는 완전한 교과서가 될 수 없다. 무엇보다도 영국인들의 행위 역시 제국주의 이상이 만들어 놓은 상징적 기호들을 반복, 재현하는 기표적 행위에 불과하다. 그뿐만 아니라 아래에서 구체적으로 논의하겠지만, 식민 지배자 역시 피지배자의 행위에 반응하고 심지어 모방하기도 한다. 결국 식민 피지배자는 이미 불완전하고, 불안정한 지배자들의 행위를 다시 흉내내는 것뿐이다.

카자 실버만 역시 기본적으로는 〈이중 모방double mimesis〉의 개념을 통해, 위에서 언급한 것처럼 불완전 모방의 상호적인 속성을 언급한다. 그러나 실버만은 식민 피지배자가 지배자를 일방적으로 모방한다는 고답적인 식민 모방 이론을 해체하는 동시에, 양자간의 흉내내기 효과가 상호적이며, 또한 상이하게 드러난다는 사실에 역점을 둔다. 식민 담론으로서 이상적인 제국주의자의 이미지를 먼저 식민 지배자, 그리고 나중에는 흉내내기를 통해 피지배자가 차례로 모방한다는 점에서 식민 모방은 이중의 행위라 볼 수 있다. 한편 실버만의 이중 모방은 식민 피지배자를 모방의 원형 대상으로 간주하는 자기지시적인(自己指示的, self-referential) 성향의 이론으로서, 모방의 대상과 방향에서 기존의 개념과는 크게 대조된다. 이 이론에서도 근본적으로 원주민들은 영국인 식민 지배자를 모방한다. 그러나 원주민들이 영국인들을 모방하는 그 순간, 이미 영국인도 피지배자인 원주민의 행위를 모방하고 있다는 것이다.

로렌스T. E. Lawrence의 자전적 소설 『아라비아의 로렌스 *Lawrence of Arabia*』에 대한 논의에서, 실버만은 흉내내기에 대한 자신의 이론적 비틀기에 관해 설명하며, 〈아라비아에서 로렌스는 자신의 이미지를 [아랍인들에게] 재생산하기보다는 오히려 자신이 그들의 태도, 풍습, 의상 등을 받아들였다〉[51]고 지적한다. 로렌스는 아랍인보다도 더 아랍인처럼 되고 싶어한다. 〈만일 아라비아 의상을 갖춰 입고자 한다면, 최고의 것을 선택하라〉고 그는 조언한다. 이어서 로렌스는 〈유럽인들이 아랍인들의 게임에서 아랍인들을 거꾸러뜨리며 승리를 거두는 것은 가능하다〉고 주장한다.[52] 〈유럽인들이 아랍인들의 게임에서 거둔 아랍인에 대한 승리〉는 마치 지상 최고의 목표인 것처럼 여겨지며, 로렌스의 흉내내기 역시 그런 의도를 숨기고 있다. 실제로 〈만약 그들[아랍인]을 능가할 수 있다면, 당신은 완벽한 성공을 향해 한층 진일보한 것〉이라고 로렌스는 기술한다.[53] 로렌스는 〈스스로에게 역할 모델의 위상〉을 부여하고자 했던 것이다. 결국 아랍인들이 그를 모방하게 되면서, 로렌스는 아랍인으로

가장한 채 그들의 지도자가 된다.[54)]

아랍인보다 더 아랍인처럼 된다는 것은 분명 문제의 여지가 있다. 아랍인에게 동화되지 않은 순수한 〈로렌스〉에게 남는 것은 과연 무엇인가? 로렌스는 자신을 둘러싸고 있는 아라비아의 영향력에 대한 감수성을 스스로도 인정하고 있다. 1910년 자신의 어머니에게 보낸 한 편지에서 로렌스는 자신이 아라비아의 환경에서 받은 인상을 사진 찍기 원리를 통해 은유적으로 묘사한다. 그는 자신에게 투사된 모든 대상들을 검은색과 흰색으로 인화하는 민감한 감광 필름으로 스스로를 비유한다.[55)] 실버만이 지적하듯, 로렌스는 전통적으로 여성과 식민 피지배자가 점유하고 있는 공간이라고 일컬어지는 지점에 스스로의 위치를 정한 것이다.[56)] 문제는 그가 강력한 제국주의자의 이미지와는 상치되는, 감수성이 예민하고 의도성이 결여된 영국 백인 남성으로서 불완전하고 불안정한 지배자의 정체성을 지닌 채 그 공간에 빠져들었다는 점이다. 실버만은 로렌스의 흉내내기에 대해 다음과 같이 분석한다.

〔로렌스의〕 전략은 서양인의 모방이 단순히 타자에 대해 피상적인 흉내내기를 하는 수준에 머물 것이라는 가정에 바탕을 두고 논의되어왔다. 그러나 아이러니하게도 그의 모방은 반복적으로 타자인 아랍인과 동일시되는 방향으로 흘러갔기 때문에, 로렌스의 문화적 가면극은 자신의 이미지를 아랍인들에게 성공적으로 순응시키기보다는 오히려 자신의 주체성을 〔아랍인의 것으로〕 다시 쓰는 셈이 되고 말았다.[57)]

무엇보다 원주민들은 실버만이 지적하고 있듯, 〈항상 본래 모습으로 귀환하는 속성, 즉 많은 변화에도 불구하고 항상 다시 원래의 모습으로 되돌아가고자 하는 특성〉[58)]을 보여준다. 그러나 로렌스는 궁극적으로 원래 자신과는 다른 모습과 위치에 머물고 만다. 필자의 견해로는 〈아랍인보다 더 아랍인처럼〉 되고자 하는 로렌스의 흉내내기 전략은 권력에 대한 의지가 아니라 오히려 그러한 권력에 대한 실패를 감추기 위한 방어적 의도에서 비롯된 것으로 보인다. 아랍인과 자신 사이에 거리 두기에 실패한 로렌스는 유럽인으로서 흉내내기의 원형 모델이 되어 아랍인의 민족적 정체성을 붕괴시키기는커녕 오히려 아라비아의 낯선 환경에서 자신의 정체성을 상실하게 된 것이다.

19세기 영국이 인도에서 제국주의적인 권력과 존재의 전형을 확립하고 유지하는 과정에서 이를 위한 퍼포먼스 모델은 강력한 남성성을 외부로 발산할 수 있는 방법을 토대로 한다. 오히려 타자에게 동화되고마는 우를 범한 로렌스와 달리, 성공한 식민 지배자는 자신과 원주민 사이에 거리를 두는 모방 거부 성향을 가진다. 이상적인 제국주의자가 되지 못한 로렌스의 실패는 이미 19세기를 지나 20세기 초를 살았던 그의 시대적 변화에도 원인이 있다. 19세기 말에는 제국주의 전략에 치명적인 균열이 나타나기 시작했으며, 로렌스 자신이나 조셉 콘라드Joseph Conrad의 『어둠의 속 *Heart of Darkness*』에 등장하는 커츠의 예에서 드러나듯, 식민 사업의 〈실패〉나 원주민과의 동화, 〈원시로의 회귀going native〉를 그린 소설들이 발표되기 시작했다.

앞서 논의했듯이, 제국주의를 위해 핵심적인 전략 기반을 이루던 차이, 강인함, 식민 권력을 과시하는 행위는 근본적으로 성별 차이의 논리를 기초로 삼고 있다. 성 정체성을 다루는 주디스 버틀러 Judith Butler의 이론은 여기서 논의하는 제국주의 시대의 남성성을 설명하는 데 힘을 실어준다. 버틀러는 〈성 역할은 **반복되는** 퍼포먼스를 요구한다〉[59]고 주장하며, 다음과 같이 말한다.

이와 같은 반복은 이미 사회적으로 구축된 일련의 의미들을 즉각적으로 정당화하고 다시 경험하는 것을 뜻한다. 그리고 그러한 반복은 그 의미들에 다시 의미를 부여하여 강화하기 위한 세속적이고 의식화된 형태이다. (……) 퍼포먼스는 성의 이분법적 구도에서 성별을 유지하는 전략적 목표를 실현한다. 그 목표는 하나의 주체에 의해 의도될 수는 없지만, 그 주체를 구성하고 강화한다는 것을 우리는 이해해야 한다.[60]

성 정체성이 이분법 구도를 영속적으로 강화하고 재구축하기 위해 끊임없이 반복되는 퍼포먼스를 필요로 하는 것처럼, 식민 구도 하에서 영국인의 강력한 남성적 이미지도 지속적인 반복과 강화라는 퍼포먼스를 요구하였다. 버틀러에게 성은 안정적인 정체성이나 다양한 행동들을 가능케 하는 구심적인 행위자라는 속성으로 이해되지 않는다. 그녀에게 〈성은 시간의 경과에 따라 불확실해지고, 행위의 양식화된 반복을 통해 외부 공간에서 제도화되는 유동적 정체성이다〉.[61] 따라서 성 차별에 의존하는 기존의 사회적 위계질서는 인종 차별을 유지하기 위한 제국주의 식민 전략과 동일한 메커니즘으로, 그 불안정성 때문에 끊임없이 성 담론의 반복과 강화의 과정이 필요하다.

19세기 중반 식민지 인도에서 제국주의의 권위를 유지해야 한다는 압박감을 느끼던 영국인들은 정체성과 행동, 자기 재현 전략을 규정하고 구성하는 방식에서 성 역할에 따른 퍼포먼스에 의존하였고, 이를 실천하고자 하였다. 영국 남성들의 남성성과 제국주의자로서의 우월성은 반복되는 퍼포먼스를 통해 식민 주체에게 각인되었다. 그리고 그 효과는 대단히 성공적이고 지배적이어서 제국주의를 통해 새로이 구성된 그들의 정체성은 본질적인 것으로 인식되었다. 한편 남성으로서, 그리고 제국주의자로서 그들이 채택했던 가면을 쓴 퍼포먼스들은 여성과 원주민에 의해 또 다른 가면을 쓴 퍼포먼스를 일으켰다. 리비에어가 가면극으로서의 퍼포먼스로 규정했던 여성성과, 바바의 식민 흉내내기는 근본적으로 억압받는 자를 중심으로 한 퍼포먼스이자 모방이다. 하지만 필자의 주장은 이른바 피지배자가 모방할 수 있었던 표준이자 모델로서의 영국 남성 제국주의자들의 정체성이 결코 고정되거나 불변하거나, 영속적이지 않으며, 반복과 강화로써 구성된 퍼포먼스의 결과에 불과하다는 것이다. 결국 퍼포먼스를 통해 여성다움을 갖추게 되는 리비에어의 여성을 바라보는 남성들 역시 그들의 각본대로 남성성을 연기하는 사람들이었다는 점이다. 같은 맥락에서 원주민들의 모방 대상이 되는 제국주의자들 역시 권력의 가면을 쓰고 자신들에게 합당한 역할을 수행한다. 여기서 백인 남성 중심의 인종 담론과 성의 지배 담론은 결코 분리된 권력의 이데올로기가 아니다. 가부장적인 성 담론은 항상 다른 권력의 위계질서를 구성하는 구심점 역할을 해왔고, 이 두 지배 담론의 행위는 영국 남성이 인종적, 성적 헤게모니를 장악하기 위해 수행하였던 동일한 성격의 지배 이데올로기에 바탕을 두고 있다.

4. 영국 본토의 남성성

영국이 강력한 제국주의를 실시하기 위해 사용했던 전략들을 관찰하고 분석하기 위해 영 제국이 최고의 전성기를 맞이하기 이전인 19세기 전반과 중반에 인도에서 펼쳐졌던 영국 남성성의 양상들을 살펴보았다. 개별적인 제국주의자로서 영국 남성들은 개인적인 자기 재현을 통해 식민 지배자에 합당한 이미지를 전략적으로 연출하고 유지하는 성 역할을 수행한 것으로 나타난다. 획일적으로 정의된 강력한 남성성은 제국주의자로서의 이미지를 투사하기 위한 가장 중요한 요소였으며, 19세기에 새롭게 정의되는 이성애적 남성성을 유지하기 위해 성 담론의 반복과 강화가 일어났다. 이러한 가면극 같은 퍼포먼스는 원주민들만을 대상으로 연출되었던 것은 아니며, 결과적으로 영국인들 스스로를 위한 자기 재현의 수단이 되기도 했다. 제국주의가 식민 피지배자를 여성화하고, 그 반대 급부로서 식민 지배자를 남성화한다는 것은 이미 자명한 사실이다. 결국 행위의 결과로 형성되는 〈영국 남성성〉은 인도에서 영국의 현존을 가장 대표적으로 상징하는 개념이 된다.

한편 인도에서 규정된 영국 남성성은 식민지뿐만 아니라 영국 본토에서도 젠더에 관한 풍습과 전형에 영향을 미치게 된다. 향후 논의되겠지만, 19세기 영국 남성성은 여성은 집안에 머물고 남성은 공적인 영역에서 일을 해야 한다는 〈별개 영역separate spheres〉의 이데올로기를 따르고 있다. 강하고 활동적인 이미지를 대변하는 〈신사다움〉, 〈신사〉 등의 문제와 같은 시기에 정의된 〈남성성〉의 개념은 모두 필요에 의해 식민지에 투사되었던 이미지라는 유사성을 갖는다. 새로 형성되는 남성적인 자기 재현이 구체제식의 과도한 예의범절에 대한 반동인지, 아니면 오히려 지나친 순응인지에 관해서는 논란의 여지가 있을 수 있다. 그러나 한 가지 분명한 사실은 강력한 제국의 남성성이란 궁극적으로 퍼포먼스를 통해 이루어진 사회적, 문화적 구성물이라는 점이다. 식민지에서나 본토에서나 영국 남성들은 다양한 층위의 남성다운 태도와 행위를 수용하고 따르도록 요구받았으며, 인종, 성별, 그밖의 여러 가지 사회적 위계질서 속에서 자신들만의 위치를 명확히 구분짓기 위해 가면을 쓴 채 연기를 했던 것이다.

제 2 장

타자의 몸: 인종, 성, 계급의 교차점

1. 생물학적 인종주의

앞 장에서 살펴보았듯이 19세기 영국은 강인함, 자기 절제, 지도력을 갖춘 이상화된 영국의 남성상을 창출해내었고, 제국주의자들 개개인이 이를 실행하고자 시도하는 과정에서 우월한 지배자의 이미지를 내면화했다. 이상적인 지배자 상은 자본주의를 동반한 제국주의 구도 속에서 인종 차별과 성적 차별의 질서를 토대로 도출되었다. 이 장에서는 이러한 영국인의 남성성이 단독으로 만들어진 것이 아니라, 철저히 대타성을 토대로 형성된 것임을 논하기로 한다. 이상적인 남성의 이미지를 만들어내는 과정이 동시에 대척점에 위치한 식민지인의 전형을 만들어낸 과정이었음을 살펴보는 것이다. 흔히 〈굳게 다문 입술〉과 〈스포츠로 단련된 육체〉, 나아가 〈신사적 행정가〉라는 수식어로 설명되는 영 제국주의자의 이미지는 성숙하고, 냉철한 판단력을 갖추었으며, 원칙을 고수하는 공적 영역의 남성이라는 존재이다. 제국주의의 위계질서에서 차가운 이성을 갖춘 백인 남성 지도자를 최고점에 위치시키기 위해 상대적 극단으로 동원한 것은 다름 아닌 식민지인의 열등한 〈몸〉이었다.

19세기에서 20세기 초에 이르기까지 유럽에서 이른바 〈야만인〉을 전시하는 것은 매우 흔한 일이었다. 박물관, 동물원, 서커스, 심지어는 시골의 장터에서까지 제국의 〈먼 변방〉에서 데려온 〈신기하게 생긴 사람들〉을 흥미로운 구경거리로 내세웠다. 특히 〈괴물 쇼Freak Show〉라고 불리는 기형 전시장에는 온갖 인종이 다 전시되곤 하였는데, 백인들 중에서는 매우 특이한 〈기형적 신체〉를 가진 사람들만 전시되었지만 유색인종은 별다른 신체적 특징이 없어도 그 자체만으로 구경거리가 되었다. 책이나 이야기, 혹은 그림이 아닌 〈실물〉을 전시하는 것이 얼마나 생생하게 〈타자의 몸〉에 대한 이미지를 전달하였을지는 충분히 짐작하고도 남을 것이다. 전시된 식민지인은 곧 제국의 실재를 말해주는 것이고, 식민지에 살고 있는 사람들의 〈괴물〉과 같은 이미지를 정형화하는 것이었다. 나아가 그들을 세워놓고 구경한다는 자체는 곧 지배-피지배의 권력을 가시화하는 것이었다. 이런 구도는 외형적으로 보이는 〈몸〉을 매개로 생성된 것임을 주목해야 한다.

1970년대 이후 포스트모더니즘의 영향에 따라 엘리트, 남성, 서유럽, 정치사 중심의 역사학에서 숨겨져 온 부분들을 복원하고자 하는 시도들이 이루어져왔다. 이 과정에서 〈이성〉에 밀려 도외시되었던 〈육체〉, 즉 〈몸〉에 대한 관심이 높아졌다. 미셸 푸코Michel Foucault가 권력이 파고드는 규율의 대상으로서의 육체를 재구성한 이후 토머스 래커Thomas Laqueur, 로이 포터Roy Porter 등의 연구는 육체가 역사의 흐름에 따라 다르게 인식되어왔고, 또한 물질 문화, 기술, 통제 수단의 변천과 맞물려 독특한 〈몸〉의 역사가 만들어져왔음을 시사한 바 있다.[1]

그럼에도 역사학의 주제로서 〈몸〉을 다루는 연구는 이 분야에 대한 관심에 비하여 아직도 그 성과가 미흡한 것이 사실이다. 일차적 이유로는 이른바 〈정신〉을 다룬 연구에 비하여 사료가 절대적으로 부족하다는 사실을 들 수 있다. 고대부터 육체는 정신의 상대물로서 이분법적 구도에서 열등한 위치로 파악되었고, 그에 따라 〈몸〉 자체에 대한 담론이 활발하게 생산될 수 없었다. 같은 맥락에서 이 〈열등한 주제〉를 다루는 연구 성과 역시 상대적으로 미미한 축적을 이룰 수밖에 없었다. 이런 상황에서 지금까지 〈몸〉이라는 화두가 〈몸〉 자체로 주목받기보다 다른 주제들에 끼어 있는 경우가 대부분이라는 사실을 부인할 수는 없다. 최근의 역사학 연구에서 〈몸〉이 가장 활발하게 논의되는 분야는 〈여성학〉, 〈스포츠〉, 〈섹슈얼리티〉, 〈인종주의〉, 〈파시즘〉, 나아가 〈의사학〉 등의 분야이다. 이들 주제들은 몸에 부여된 사회적 상징성을 분석하여 역사적 맥락에서 〈몸〉에 대한 인식이 어떻게 창출되었는가를 논의하곤 한다.

그런데 〈몸〉이라는 화두에서 가장 넓은 범위를 아우르는 주제는 바로 인종주의이다. 〈인종〉의 발견, 혹은 발명으로부터 파생된 근대의 인종주의에서 인종을 구분짓는 일차적 요소는 〈몸〉이었다. 인종을 탄생시킨 개념 자체가 인간이 자연적으로 서로 다른 몸을 가지고 있고, 그것을 크게 몇 개의 범주로 나눌 수 있다는 가정에 근거한 것이기 때문이다. 이렇듯 인종주의의 출발은 몸, 특히 보이는 외형이었기 때문에 한동안 생김새가 다른 형제들이 상이한 인종으로 분류되는 일도 빈번하였다.[2] 이후 혈액형, 유전자 등의 요소들이 인종을 구분하는 변수로 첨가되었지만, 인종이란 근본적으로 〈생물학적 단위〉이고, 그 생물학적 단위의 기초는 〈육체〉라는 영역이다. 이것은 〈타자〉를 인식할 때에 언제나 가장 먼저 접근하는 방식이 〈몸〉을 둘러싼 차이라는 사실을 말해주는 것이기도 하다.

그러나 인종주의에 대한 관심이 큰 반면, 〈몸〉이라는 화두가 오히려 인종주의에 가려 빛을 보지 못한 측면을 무시할 수 없다. 역사학에서 인종주의에 대한 관심이 지속되어오는 동안 마치 〈인종주의〉에 대한 연구 자체가 〈몸〉이라는 화두를 모두 포괄하고 있는 듯 여겨왔기 때문이다. 즉 인종주의에 대한 담론이 팽창하는 것 자체가 〈몸〉에 대한 이야기 역시 확대하는 것이라고 생각했고, 따라서 〈몸〉이 자체적인 중요성을 갖는 주제가 되기보다는 역사학이 만들어낸 거대 담론인 〈인종주의〉에 밀려 그 자체에 대한 다양한 접근을 방해했던 측면이 있다.

그런데 더욱 심각한 문제로는 최근의 인종주의 연구에서 생물학적 인종주의라는 영역을 은폐해가는 경향을 지적할 수 있다. 흔히 인종주의를 신체적 차이를 주목하는 〈생물학적 인종주의〉와 신체적 차이보다는 유대인이나 아리아 인종처럼 인간 집단 간의 차이를 주목하는 〈사회적 인종주의〉로 나누곤 한다. 그런데 20세기를 거치며 과거 생물학적 인종주의가 내세웠던 이른바 〈과학적 근거〉라는 것들이 오류였음이 밝혀지면서 생물학적 인종주의를 둘러싼 연구들이 존립 기반을 잃게 되었다. 따라서 〈몸〉을 떠난 사회적 인종주의에 대한 역사학의 관심은 팽창하는 반면, 오히려 인종주의에서 〈몸〉 자체는 거의 주목을 받지 못하는 상황이 벌어진 것이다. 이제 역사학에서 인종주의는 그것이 가져온 사회·정치적 영향력에 주로 집중되게 되고, 이 과정에서 인종주의의 틀을 형성한 〈몸〉이나 〈몸을 인지하던 역사적 맥락〉은 오히려 고찰의 대상에서 멀어지는 상황이 벌어졌다.

하지만 엄격하게 말해서 근대 인종주의의 출발은 〈생물학적 인종주의〉이다. 학자들은 〈1800년에서 1900년까지의 생물학에서 일어난 변화란 엄청난 것이었다〉[3]고 말한다. 이 말은 생물학 자체의 변화뿐만 아니라 그것이 사회 전반적으로 불러온 파급 효과의 변화를 의미하기도 한다. 19세기 이전에는 비유럽인에 대한 억압, 착취 등을 신체적 차이가 아닌 문화적 원시성에서 기인한 것으로 풀이하였던 것에 반해 19세기 초부터 등장한 〈과학적 인종주의〉는 신체적 차이야말로 인간 사이의 지배-피지배 관계를 결정짓는 절대 요소라고 단정하였다. 과거 〈야만인〉이라 불린 사람들이 〈흑인〉이나 〈홍인(紅人)〉 등으로 바뀌어 불리게 되는 것은 분명히 〈문명〉보다는 신체적인 특징을 더욱 강조하는 현상이다. 그런데 이 생물학적 인종주의에서 말하는 인종적 정체성이 처음부터 흑인과 백인, 혹은 백인과 유색인종처럼 이분화된 구도를 갖고 있었거나, 사람들이 선험적으로 의식했던 것은 아니었다. 인종적 정체성이나 인종에 대한 정의 자체는 아주 다양하고도 모호한 개념에서 출발해서 지난 수백 년 동안 끊임없는 변화 속에서 만들어져온 것이다.[4] 이런 맥락에서, 19세기의 생물학적 인종주의를 사회적 효과라는 프리즘이 아닌, 몸 자체에 대한 인식의 형성 과정을 통해 재구성해볼 필요가 있다.

생물학적 인종주의를 만들어낸 토대는 다름 아닌 제국주의이다. 제국주의는 인종주의뿐만 아니라 민족주의, 성 차별주의, 계급차별주의들이 교차하고 중첩하면서 몸에 대한 인식을 만들어내는 터전이다. 이 장의 논의는 제국주의 관계 속에서 〈타자의 몸〉이 어떻게 인식되었는가 하는 문제이다. 즉 제국주의자들이 식민지인의 몸에서 구체적으로 무엇을 읽었고, 왜 그것을, 그렇게 읽고자 하였는가를 살펴보는 것이다. 이를 위해 우선 유럽의 역사에서 면면이 지속되어온 타자에 대한 전통적 인식의 틀이 있었음을 주목하며, 그 틀이 새로운 과학적 방법론으로 포장되어 계승되었던 측면을 살펴볼 것이다. 이 논의는 영국뿐만 아니라 유럽 전체의 양상을 포괄하는데, 그 이유는 생물학적 인종주의가 사실 범유럽적 현상으로, 그 뿌리를 문화적 공동체인 유럽 전체의 역사에 두고 있기 때문이다. 따라서 여기서는 제국주의를 문화적 현상으로 보며, 19세기에 제국주의의 첨병으로 부상한 영국뿐만 아니라 유럽을 포괄하는 중심부와, 그 영향에 놓이게 되는 주변부라는 이분법적 도식을 사용하기로 한다.

사실 외양이 내면을 투영한다는 〈상응〉의 개념은 고대 그리스-로마 시대부터 시작된 것이고, 역사적으로 새로운 과학적 패러다임 속에서 껍데기만을 바꾸며 지속되어왔다. 보이는 몸에서 보이지 않는 도덕적 가치를 읽는 것은, 유럽 사람들이 이미 본성에 가깝도록 오랫동안 체화해온 것이다. 그리고 그 과정은 곧 몸을 통해 〈우리〉와 〈타자〉를 구분하는 관행이었다. 따라서 이 장은 유럽이 제국주의를 시작하기 오래 전부터 지녀온 외양을 통한 구별 짓기가 제국주의의 확산과 더불어 생물학적 인종주의로 구체화되어간 양상을 추적한다. 이 논의는 19세기 영국의 이상적인 남성성을 만들어내었던 배경으로서의 생물학적 인종주의를 살펴볼 뿐만 아니라 〈타자의 몸〉을 상대적 극단으로 설정하고, 이와의 대타성을 통해 만들어진 〈지배자의 몸〉이 어떤 특성을 갖추게 되었는가를 규명하고자 한다.

2. 인식과 해석

학자들은 몸을 둘러싸고 펼쳐진 19세기의 담론들을 계몽사조의 산물로 해석하곤 한다. 계몽주의의 물결 속에서 새롭게 만들어진 〈몸〉에 대한 인식이 〈근대적 몸〉의 출발이라는 것이다. 이런 인식의 배경에는 생리학이나 해부학의 발달이라는 사실을 강조하는 측면이 있다. 새로운 과학적 방법론은 과거에는 본질적으로 같다고 생각한 남성과 여성의 몸을 전혀 다른 개체로 분리시켰다. 이 변화는 생물학적인 성적 차이가 사회적으로 해석되는 과정, 혹은 거꾸로 사회적으로 강조되기 시작한 성적 차이가 생물학적으로 정당화되는 과정이다. 같은 맥락에서 남녀간의 신체적 차이뿐만 아니라 계층간의 몸과 인종간의 차이의 근거가 생물학적으로 설정되고 해석되었다.[5]

19세기 초부터 유럽에서는 인종들 사이의 본질적인 차이를 찾으려는 다양한 노력이 시도되었다. 영국의 학자들이 이런 움직임을 주도하였는데, 가장 대표적으로 1820년대 에딘버러 대학교의 해부학자로 명성을 떨친 로버트 녹스Robert Knox를 꼽을 수 있다. 그는 비록 〈물리적인〉 제국주의에는 반대하였지만 조직적인 강탈과 살인, 그리고 물리적 힘으로 이루어지는 모든 정복과 지배를 〈육체적, 정신적으로 열등한 이들이 겪을 수밖에 없는 인종적 운명〉으로 풀이하려고 했다.[6] 『인종론The Races of Men』(1850)을 비롯한 그의 저작들은 유럽에서 이른바 〈과학적〉 인종주의의 시대를 열었던 주역으로, 인간은 해부학적으로 차이를 보이는 몇 개의 군으로 이루어졌고, 그 외부적 특질이 반영구적인 것이라고 주장함으로써 인종주의와 의학을 결합시켰다.

이른바 이 새로운 〈과학적 인종주의〉의 초점은 두개골이다. 인종을 분류하는 가장 큰 기준으로 두개골이 부각된 이유는 18세기 후반부터 〈뇌〉에 대한 관심이 확대되었기 때문이다. 사실 고대부터 사람들은 인간의 정신이라는 것이 몸의 어느 부분에 자리 잡고 있는가에 대하여 끊임없이 의문을 품어왔다. 아리스토텔레스는 정신이 심장에, 플라톤과 갈레누스는 뇌에 있다고 믿었고, 데카르트는 뇌는 정신과 독립된 일종의 기계로 파악하였다.[7] 그런데 18세기 후반에 뇌가 행동, 특히 사회적 행동과 관계가 있다는 주장이 제기되면서 의사들을 중심으로 뇌와 마음이 연관되어 있다는 개념이 퍼져나갔다. 특히 골상학의 창시자로 알려진 빈의 의사 프란츠 요제프 갈Franz

Joseph Gall이 뇌가 모든 정신 기능의 소재지라고 주장하면서 이후 뇌 연구의 〈근대적〉 지침을 열었다. 여기에 두개골이야말로 인종의 신원을 밝히는 영구적 지표들이 남아 있는 곳이라는 생각이 가미되면서 두개골은 과학적 인종주의에서 가장 중요한 척도가 되었다.

두개골이 중요해지면서 이후 인류학은 인종을 파악하는 가장 중요한 요소로 안면각과 두장폭시수를 제시하게 된다. 안면각은 1770년대부터 네덜란드인 페트루스 캠퍼Petrus Camper가 고안한 것으로, 안면각에 따라 분류된 얼굴형으로 구체적인 〈인종〉의 모습을 시각적으로 지표화하였다.[8] 두장폭시수는 스웨덴의 해부학자 안드레스 레치어스Andres Retzius가 도입한 것으로, 두개골 폭을 길이로 나눠 100을 곱한 것이다. 안면각과 두장폭시수는 19세기 말까지 생물학적 인종주의에서 인종을 규정하는 절대적인 척도가 되었다.

그러나 안면각이나 두장폭시수와 같은 정교한 기준치가 제국주의 유럽에서 실제적으로 〈타 인종〉을 인식하는 절대적 기준이었는가는 의심해볼 필요가 있다. 『영국의 인종들The Races of Britain』(1885)을 출간하면서 영국에서 인종론의 유행을 창출한 존 베도John Beddoe조차도 〈사람은 낯선 종족을 만났을 때, 처음 본 사람에게서 그들의 일반적인 신체적 정형을 만들어낸다〉[9]고 말한 바 있다. 그런데 여기서 사람이 인지하는 일반적인 신체적 정형이란 철저히 문화적으로 습득된 것이고, 그 문화는 오랜 역사적 맥락 속에서 만들어지는 것이다. 이런 맥락에서 〈제국〉을 지배하는 중심부 사람들이 피지배자인 주변부 사람을 인식할 때에 안면각이나 두장폭시수를 적용하였을까? 오히려 그들은 아주 오랜, 이방인을 인식하는 〈타자의 몸〉에 대한 전통적 틀을 차용하였지 않는가 하는 가능성을 생각해보아야 한다. 그렇다면 제국주의 구도 속에서 무엇이 지배자와 피지배자의 몸을 구분하는 가장 중요한 요소가 되었을까? 지금까지도 학자들은 제국주의의 지배와 피지배 관계를 설명할 때에 백인과 유색인이라는 단어를 거부감 없이 사용하곤 한다. 프란츠 파농Frantz Fanon의 『검은 피부, 하얀 가면 Black Skin, White Masks』이라는 책의 제목이 말해주듯이,[10) 인종주의의 폐해를 고발하는 탈식민주의 비평가들마저도 피부색을 제국주의 구도를 응축한 상징으로 내세우는 문화적 관행에서 벗어나지 못하는 것이다. 그만큼 피부색은 강력한 인종주의의 표지이자 결과였다.

3. 피부색

이미 제국주의가 시작되었던 18세기에도 이른바 〈정체성〉이라는 것을 논할 때에 〈인종〉이 주된 카테고리로 등장하지는 않았다.[11) 그러나 이때에도 〈우리〉와 〈타자〉의 몸을 구별하는 분명한 기준이 있었다. 가장 두드러진 것이 바로 피부색이다. 인종주의를 둘러싼 논의들은 종종 피부색으로 인종을 구분하는 경향을 근대의 산물로, 특히 노예제 폐지 이후 흑인에 대한 차별을 과학적으로 정당화하기 위해 〈창출된〉 것으로 보곤 한다. 이런 시각을 견지하는 학자들은 19세기 이전에는 피부색에 별다른 가치를 부여하지 않았다고 주장한다. 즉 과거에는 흑인을 〈검은 사람〉으로 인식하지는 않았으나, 어느 순간 그들이 〈검은〉 군(群)에 편입되었다는 것이다. 이런 주장은 〈검은색〉에 대한 도덕적 가치는 있었지만, 그것을 사람의 정체성에 부여하지는 않았다는 시각이다.

스노든F. M. Snowden과 같은 학자들은 검은색에 대한 편견이 기독교의 보급과 더불어 나타났다고 보면서, 그리스-로마 시대에는 흑인에 대한 편견이 없었음을 강조하기도 한다.[12) 고대 그리스만 해도 검은 피부에 대한 혐오가 별로 두드러지지 않았으나 이후 기독교가 보급되면서 흑백을 대비시키는 세계관이 나타나 검은 것과 악마를 연관시키게 되었다는 주장이다.[13] 그리고 앞서 언급한 것처럼 19세기 이후에 〈위협적이고 악마적인〉 검은색의 카테고리에 흑인을 밀어 넣었다고 주장한다. 하지만 분명히 고대부터 검은 피부는 타락한 성상을 가진 것으로 풀이되었고, 배척의 대상이었다. 프톨레마이오스Ptolemy는 세상을 남쪽과 북쪽, 그 가운데에 위치한 중심부로 구분하면서 남쪽에 사는 사람들을 피부가 검고, 두껍고, 꼬불거리는 머리카락을 가졌으며, 끊임없는 열 때문에 야만적인 습성을 지닌 존재로 풀이하였다.[14] 로마 시대의 관상가 폴레몬Polemon 역시 〈피부가 검고 꼬불거리는 머리카락에 금속 빛이 나는 눈을 가진 남쪽의 사람들〉은 항상 거짓말을 하고 도벽이 있다고 기술한 바 있다.[15]

피부색은 어쩌면 몸의 개별적인 부분을 인지하기 이전에 전체적으로 다가드는 가장 강력한 식별 요소일 수 있다. 아메리카 인디언의 구술사 기록에 따르면 처음 유럽인을 만나기 전 인디언 부족의 추장이 〈밝은 피부색의 사람들〉이 곧 도착할 것이라고 예언하였던 사례가 있다.[16] 이 경우에 피부색이란 가치 중립적인 것으로, 타자를 인식하는 주된 인식의 표지에 불과하다. 이런 맥락에서 학자들은 초기 아메리카 원주민과 조우한 유럽인들 역시 그들의 피부색에 열등한 가치를 부여하지 않았다는 점을 강조하곤 한다. 이후 아메리카 인디언을 〈홍인종〉이라고 분류하였던 것과는 달리, 초기의 기록들은 그들의 피부를 〈햇볕에 탄〉 것으로 인식하였다는 것이다. 즉 그들이 태어날 때는 유럽인과 마찬가지로 흰 피부를 가지고 있으나 살면서 강한 햇볕 때문에 그을렸다고 보았다는 것이다.[17]

그런데 이런 주장은 유럽인들이 자신들과는 달리 아메리카 원주민이 자유자재로 변색하는 피부를 가졌다고 생각하여 두려움을 느꼈다는 측면을 간과하는 것이다.[18] 나아가 그들이 이미 훨씬 더 검은 사람들의 존재를 알고 있던 상황에서 아메리카 원주민들의 피부를 상대적으로 백인에 가깝게 인식하였을 가능성도 배제할 수 없다. 한편 왜 유럽인들이 아메리카 원주민들의 피부색을 자신들과 같은 색이라고 말했을까 하는 이유를 생각해보아야 한다. 왜냐하면 유럽은 아주 오랫동안 색채에 도덕적 특성과 가치를 부여해왔고, 인간의 피부색에도 역시 같은 논리를 적용해왔기 때문이다. 17세기 영국의 일기작가 존 에블린John Evelyn은 이런 격언을 들려준다.

> 붉은 얼굴을 한 남자에게는 책을 읽어주고
> 흰 얼굴을 한 남자에게는 칼을 뽑아라.
> 갈색 얼굴의 남자와는 빵을 자르고
> 검은 얼굴의 남자로부터는 네 아내를 지켜라.[19]

유럽 역사에서 피부색은 그 자체로 인간의 성상을 투영하는 일종의 표지였다. 이것은 외형과 내면이 상응한다는 오랜 믿음에서 나온 것이다. 그리고 거기서 색채는 이미 그 자체가 도덕적 가치를 부여받은 범주이다. 그렇기 때문에 누군가를 〈흑인〉으로 분류하는 것은 이미 만들어진 견고한 범주에 끼워 맞추는 과정일 뿐이다. 따라서 그것은 반드시 19세기 초에야 나타났던 현상은 아닐 것이다. 여기서 색채가 갖는 가치는 지속적으로 시대에 따라 변하는 과학적 패러다임 속에서 〈합리화〉되어온 과정을 거쳤다. 이미 18세기 후반에 범유럽적으로 관상학의 선풍을 일으킨 요한 카스파 라바터Johann Caspar Lavater는 이렇게 말한다.

> 일반적으로 흰색이 발랄하고 검은색이 어둡고 무섭다고 하는 것은 우리가 빛을 사랑하기 때문이다. 우리가 빛을 사랑하는 이유는 그것이 우

리로 하여금 지식을 갈구하는 영혼들에게 사물을 알게 하고, 필요한 것과 위험스러워서 피해야 하는 것을 발견하게 해주기 때문이다.[20]

따라서 타인의 피부색을 다른 색으로 인지한다는 것 자체가 이미 오랜 역사를 거쳐 성립된, 색채를 둘러싼 대립 구도를 깔고 있다. 여기에는 흰 피부에 대한 긍지와 다른 빛깔의 피부에 대한 폄하가 공존한다. 19세기 후반 프레더릭 매리어트Frederick Marryat는 〈사람들은 영국인, 혹은 그들이 우리를 부르는 〈흰 얼굴〉에 대하여 높게 평가한다〉[21]고 기록한 바 있다. 영국인의 긍지가 곧 〈흰 피부색〉에 대한 우월감으로 전환되는 예이다. 또한 외형적인 피부색은 종종 〈몸〉을 둘러싼 모든 것, 곧 생물학적인 몸과 형이상학적인 내면의 가치를 결정짓는 척도가 되기도 한다. 19세기 영국의 의사 찰스 화이트Charles White 같은 이들은 심지어 흑인의 기생충은 유럽인의 그것보다 검다는 이론을 설파하기도 하였다.[22] 기생충이란 결국 기생하는 숙주에 따라 결정되는 것으로, 피부색이 검은 사람들의 기생충은 본질적으로 백인의 기생충과는 다르다는 설명이다. 여기서 주목할 것은 언제 검은 피부를 가진 사람을 〈흑인〉으로 불렀는가 하는 것이 아니라, 오히려 무엇이 〈검은 사람은 내장이나 심지어 기생충까지도 다르다〉고 인식하게 하는 변화를 가져왔는가 하는 점이다.

4. 기형적인 식민지인의 몸

제국주의 구도에서 지배자들이 자신들의 몸과 피지배자의 몸을 구분하는 또 다른 요소는 기형이라는 개념이다. 기형이라는 개념은 신체적 비정상을 뜻하는 것으로, 정상이라는 개념을 먼저 상정하고 만들어진다. 여기서 비정상적인 몸은 종종 그로테스크한, 괴물과도 같은 이미지를 가진다. 그런데 타자의 몸을 기형적 이미지로 덧칠하는 것은 서양 역사에서 아주 오래 된 관념이다. 호메로스와 헤로도토스, 그리고 이후 플리니우스의 저술들은 저 먼 바깥 세상 사람들의 모습에 대한 정형을 만든 정전들이었다. 어깨에 눈이 달리고 머리가 없는 사람, 개의 머리를 가진 사람, 다리가 하나인 사람과 같이 보편적 인간형에서 벗어난 〈기형〉적인 사람의 모습이 〈이방인〉에 대한 혐오스러운 정형을 제공하였던 것이다. 고대의 전통을 계승한 『맨더빌의 여행기Travels of John Mandeville』와 같은 중세의 텍스트들 역시 지리적으로 먼 곳이자 때로는 상상의 경계에 놓인 많은 〈다른 곳의 사람들〉이 비정상적인 신체를 갖고 있다는 이미지를 형성시켰다. 이들 문헌들에서 공통적으로 등장하는 이른바 〈피그미족pygmies〉은 이런 기형적인 인간의 모습을 묘사하는 대표적 예이다.

인디아의 중앙에는 피그미라고 불리는 검은 인간들이 산다. (……) 그들은 매우 작아서 큰 사람조차 키가 1미터 남짓이고, 대부분은 75센티미터 정도이다. 그들의 긴 머리카락은 무릎을 덮고, 수염은 인간의 어느 종족보다도 길다. 남자들의 성기는 엄청나게 길어서 발목까지 늘어져 있고, 굵다. 그들은 들창코에 추한 몰골을 하고 있다.[23]

이렇듯 서양 역사에서 이방인을 둘러싼 기형적인 몸의 이미지는 너무나도 견고하고 오래 된 전통적 인식의 틀이었다. 따라서 이른바 〈신대륙의 발견〉 과정에서 원주민들과 조우한 유럽인들은 아주 큰 혼란을 경험하였다. 〈낯선 이들〉에 대한 유럽인의 묘사가 일치하지 않고 다양한 양상을 보이는 것은 그 혼란을 반영하는 당연한 결과였다. 아메리카 원주민에 대한 초기의 기록들은 그들을 혐오스러운 존재로 묘사하는 것부터 경외의 대상으로 승격시키는 사례에 이르기까지 매우 다양하다. 유럽인들은 종종 그들이 매우 쭉 뻗고, 균형 잡힌 멋진 몸을 가졌다고 기술하곤 하였다. 더구나 그들에게서는 피부병이나 절름발이처럼 유럽에서 흔히 볼 수 있던 신체적 결점을 전혀 찾아볼 수 없다면서 감탄하곤 하였다. 그러나 다른 한편으로 종종 원주민들은 〈원숭이같이 편편한 얼굴을 가지고, 개처럼 울부짖으며, 그들은 동물처럼 출산을 한다〉[24]고 묘사되었다. 여기서 〈원숭이〉나 〈개〉와 같은 동물을 인간의 특정한 성상과 비교하는 것은 아리스토텔레스 이후 유럽에서 내려오던 분석적 관상학의 전통을 답습하는 것이다. 예를 들어 〈원숭이는 호색적이다〉라는 도식을 성립시키는 것이 그것이다. 이런 맥락에서 1607년 에드워드 톱셀Edward Topsell은 신대륙 사람들이 〈낮고 편편한 코를 가진 남자는 여자를 밝히는 원숭이처럼 호색적이고, 두터운 입술과 윗입술이 아래를 덮은 사람은 당나귀나 원숭이의 입술이 말해주듯이 바보라고 볼 수 있다〉[25]고 말했다. 즉 유럽인들은 자신들의 전통적 · 문화적 맥락 속에서 낯선 사람들을 인지하려 하였던 것이다.

아메리카 원주민의 모습에 대한 상반된 기술과 그 안에 함축된 제국주의자들의 혼란스러움은 자신들이 알고 있던 이방인에 대한 개념과 실제 이방인의 모습 사이에 나타나는 간극에서 비롯한 갈등 그것이다. 즉 얼굴이 가슴에 붙어 있는 이방인을 상상했던 유럽인들에게 아메리카 원주민의 모습은 생각보다 훨씬 덜 괴상한 것이었다. 여기서 이런 혼란은 크게 세 가지 방식으로 그 해결점을 찾는다. 먼저 유럽인들은 신대륙에서도 자신들의 행동반경을 벗어난 더 먼 곳에 〈괴물〉이 산다고 생각하곤 하였다.[26] 신대륙에 도착한 유럽 사람들이 그곳에서 또 다시 개념적인 〈중심부〉와 〈주변부〉를 상정하고, 문명과 야만의 지리적 경계를 나누었던 것이다.

그러나 또 다른 방식은 낯선 이들의 모습을 유럽이 오랫동안 만들어온 이방인의 이미지에 적용시키는 것이었다. 이 과정에서 때로는 신대륙 사람들이 본래 모습보다 훨씬 더 유럽인과 닮은 모습으로 묘사되기도 한다. 이것은 외부 세계의 이방인이 유럽 사회 내의 타자의 모습으로 치환되는 것이라고 볼 수 있다. 이런 현상은 아메리카 대륙의 원주민을 그린 그림들이 유럽에 보급되는 과정에서 겪는 변화를 보면 잘 알 수 있다. 〈신대륙〉에서 그린 그림들이 유럽에 와서 다시 인쇄되는 과정에서 아메리카 원주민의 모습이 유럽인의 모습과 비슷하게 바뀌는 것이다.[27] 이것은 결국 이런 그림과 같은 매체들이 보는 사람들이 갖고 있던 전통적 사고의 틀에 맞추어 생산될 수밖에 없는 한계성을 띠고 있었음을 반증한다.

그러나 더욱 두드러진 현상은 낯선 사람들을 고대 이후 전해 내려온 〈괴물〉처럼 묘사하는 것이다. 이것은 흔히 그들의 몸에 몇 가지 공통된 〈기형〉적 요소를 부여하는 형태로 나타난다. 이 과정에서 가장 많이 나타난 것은 〈꼬리〉와 〈기형적 성기〉에 대한 담론들이다. 유럽 역사에서 〈꼬리〉는 인간과 동물의 경계, 인간의 미덕을 갖추지 못한 하등 인간, 나아가 악마성을 나타내는 신체의 표지였다. 1647년 아일랜드를 정복한 영국 병사들의 행동은 그런 전통을 단적으로 드러내는 사례이다. 아일랜드인들을 상대로 저지른 잔인한 살육에 대하여 책임을 추궁당한 영국 병사들은 아일랜드 병사들의 시체에서 20센티미터가 넘는 꼬리를 발견하였다고 보고하였다. 재판관이 그 사실에 대하여 회의적인 태도를 보이자 무려 사십 명이 넘는 병사가 동일한 증언을 하였다.[28] 아일랜드인은 꼬리가 있기 때문에 악마들이고, 따라서 죽여 마땅하다는 논리가 깔려 있는 사건이었다.

영국뿐만 아니라 18세기 프랑스에서도 중앙아프리카에서 꼬리가 있는 식인종들이 발견되었다는 보도가 계속되었다. 꼬리가 있다는 종족은 남남Gnamgnam, 얌얌Yam Yam, 실란Ghilanes, 혹은 니얌-니얌Niam-Niams 등의 이름으로 불렸는데, 이 소문은 이슬람교로 개종한 루이 드 쿠레Louis du Couret가 아프리카를 여행하면서 발간한 여행기에서 비롯되었다. 이후 〈원숭이〉에 가깝다고 주장되기도 한 이 종족에 대한 묘사를 들어보자.

> 이 특별한 인종은 원숭이와 대단히 흡사하다. (……) 팔은 길고 가늘다. 발과 손은 다른 인종들의 그것보다 길고 납작하다. 매우 강하고 긴 아래턱을 가졌고, 광대뼈는 튀어나왔으며 이마는 좁으나 뒤로 많이 젖혀진 모양이다. 길고 흉측한 귀를 가지고 있다. (……) 이 종족의 가장 특이한 점은 척골이 외부로 돌출되어 있는 것인데, 남자든 여자든 2인치에서 3인치에 이르는 꼬리를 형성한다.[29]

18세기 말 꼬리가 있는 종족의 유무에 대한 논쟁이 시작되고, 19세기 후반까지도 꼬리가 있는 흑인에 대한 이야기는 계속 회자되었다.[30] 심지어 《네이처Nature》지는 1896년 〈최근 꼬리가 있는 흑인 종족이 아비시니아에서 발견되었다〉고 보고하기도 하였다.[31]

꼬리만큼이나 관심의 초점이 되었던 주변인들의 신체적 특성은 이른바 〈기형〉적인 성기이다. 특히 여성의 생식기관 가운데 외음부는 주변부 사람의 몸을 기술함에 있어 담론의 팽창을 목도할 수 있는 부분이다. 남성과 여성의 성차를 생물학적으로 해명하려고 하고, 나아가 여성에게 모성을 존재의 본질로 부여하고자 했던 19세기 과학은 여성의 생식기를 둘러싸고 엄청난 양의 담론을 생산해내었다. 이런 맥락에서 여성의 성감, 생식기관에 대한 생물학적인 관심은 곧 타자의 몸을 구성하는 데도 그대로 적용되었다. 특히 19세기의 의학서들은 생식기의 이상을 설명하는 데에 주변부 여성의 몸을 그야말로 적극적으로 동원하곤 하였다. 여기서 식민지 여성들의 몸, 특히 생식기는 그 자체로 기형의 대명사로 자리 잡게 된다.

대중용 성 지침서는 〈어떤 나라, 특히 구대륙의 동쪽 나라들(중동 지방)의 여성들은 소음순이 지나치게 성장하여 질의 입구를 덮고 있기 때문에 그것을 제거해야 할 필요가 있다〉[32]는 내용을 〈객관적 사례〉들로 포함하곤 한다. 미국의 의사인 프레더릭 홀릭Frederick Hollick은 〈호텐토트 족 여성들 가운데는 소음순이 엄청나게 자라나서 질의 입구를 베일처럼 덮고 있는 이들이 있다. 이것은 흔히 '앞치마'라고 불리는데 어떤 종족에게서 특별하게 나타나는 현상이다〉[33]라고 말하기도 한다. 그는 흔히 호텐토트의 비너스라고 불리던 사라 바트만Sara Bartman이라는 남아프리카 여성을 영국에서 직접 관찰하였음을 강조하며, 그녀에게서도 이 〈앞치마〉가 발견되었다고 증언한다.

> 이런 여성들은 생식기의 외형이라는 측면에서 백인 여성의 것들과 매우 다르다. (……) 상대적으로 대음순이 작고, 질이 더 깊은 반면 그 입구가 훨씬 더 뒤쪽으로 나 있어서 거의 동물과 같은 구조를 하고 있다.[34]

한편 남성의 성기에 대해서는 우선 그 크기가 논란거리였다. 17세기부터 19세기까지 유럽 사람들은 아메리카 원주민 남성이 매우 작은 성기를 갖고 있다고 믿었다.[35] 그러나 흑인 남성의 경우, 엄청나게 큰 성기가 강조되곤 하였다. 향후 제4장에서 자세하게 살펴보겠지만, 엄청나게 큰 흑인 남성의 성기에 대한 담론은 흑백 혼혈, 특히 흑인 남성과 백인 여성의 결합에 대한 서구의 두려움을 드러내는 단면이다. 그렇기 때문에 엄청나게 큰 흑인 남성의 성기는 곧 백인 여성이 흑인 남성에게 느끼는 매혹이라는 신화와 연결되곤 하였다.[36] 그러나 성기의 크기만으로는 이른바 〈기형〉의 범주에 집어넣기에는 부족했던 것 같다. 흑인 성기는 그 크기뿐만 아니라 기형의 범주에 들어가야 할 무언가 다른 것이 필요했다.

여기서 등장하는 것이 흑인 남성의 성기에 〈뼈〉가 있다는 주장이다. 19세기 의학계에서는 종종 〈흑인 남성의 성기는 원숭이의 그것에서 나타나는 연골 조직이 있고, 흑인 여성은 질의 입구에 처녀막이 없다〉[37]는 주장이 상당히 신빙성 있게 받아들여졌다. 홀릭은 인체의 정상적인 발달 과정에서 벗어난 〈기형〉의 대표적 예로 〈골화 현상〉을 지목하며 하등동물과 〈흑인〉에게서 성기의 골화 현상, 즉 뼈가 발견된다는 예를 든다.[38] 이런 기형적인 몸을 가졌기 때문에, 그들의 정액은 백인 남성의 그것과는 본질적으로 다르다는 이론[39]이나 그들에게서는 종종 고환이 하나밖에 발견되지 않는다는 이야기들이 자연스러운 근거를 확보하게 된다. 그들은 〈흑인〉이고, 당연히 〈기형〉적이어서 〈이들 종족의 여성들의 생식기가 특이한 데 비하면 고환이 하나밖에 없다는 것은 신기한 일이 아니다〉[40]라는 주장이 제기되기까지 한다.

여기서 〈과학적 인종주의〉는 기존의 편견들을 정당화하는 장치에 불과하다. 마찬가지로 생식기의 기형은 곧 〈야만성〉의 하나인 성적 파행을 설명해주는 〈몸〉의 표시이다. 〈지나치게 큰 성기는 지나치게 큰 성적 욕구를 말해주며, 그렇기 때문에 이성이 자리할 공간이 없다는 주장〉[41]이 강하게 제기되었다. 같은 맥락에서 비유럽 여성의 몸에는 종종 너무 큰 클리토리스가 있으며, 그것이 때로는 발기하여 동성애에 이용될 수 있다는 담론이 제기되었다.[42]

신체적 기형을 창출해내는 데 왜 그렇게 성기에 집착하였는가를 생각해볼 필요가 있다. 먼저 성기는 외형적으로 관찰할 수 있기 때문에, 그에 비례하여 〈성욕〉을 수량화해서 위계를 매기려고 한 것이 아닐까 생각할 수 있다. 그런데 여기서 위계를 매기는 데 왜 성기라는 몸의 특정 부분을 주목하였는가를 따져보자. 성기는 몸에서도 가장 보기 힘든 부분이다. 따라서 성기에 담론이 집중되는 것은 보기 힘든 부분이야말로 담론을 생산할 때에 가장 통제하기 쉬운 부분이기 때문이라는 추측을 할 수 있다. 제국주의가 진행됨에 따라 본국과 식민지 사이의 물리적인 관계가 확대되고, 실제적 접촉이 활발해졌다. 이런 상황에서 가장 은폐하기 쉽고 왜곡할 수 있는 부분은 몸에서 가장 잘 드러나지 않는 영역이 아닐까. 마음대로 흉측한 괴물을 상상하였던 과거와는 달리, 실제로 이방인을 만난 유럽인은 혼란을 체험하게 되었다. 지배-피지배의 가시화된 권력 관계에서 이제 과거의 〈괴물〉은 〈기형〉이라는 차이로 대치되고, 기형을 구성하는 새로운 인자들을 규정하고, 학습해가는 과정을 거친다. 피부색, 머리카락, 홍채, 그리고 두개골과 같이 이른바 〈과학적 인종론〉에서 주목하는 부분들은 과거에 한눈에 알아볼 수 있었던 커다란 괴물 덩어리가 아니다. 이제 기형은 미시적이고, 숨겨진 어떤 것으로 대치되게 되었다. 이런 맥락에서 마지막으로 감추어진 부분인 성기는 아직도 상상과 과장이 침투할 수 있는 최후의 영역이다. 다시 말하면 잘 볼 수 없는 곳인 만큼 더 큰 권력이 숨을 수 있는 영역이 되는 셈이다. 그리고 성기가 관장하는 〈성욕〉이라는 부분은 19세기 유럽에서 가장 민감한 영역인 〈성〉의 영역이었고, 그만큼 담론의 생산과 통제가 활발할 수 있었으며, 가장 영향력 있게 도덕적 잣대를 들이댈 수 있는 전천후 무기였던 셈이다.

5. 진화가 덜 된 원숭이

몸을 읽는다는 것은 몸을 둘러싼 사회적 코드를 읽는 것이다. 몸은 결국 보이는 외모를 통해 가치를 인식하는 표상이다. 그리고 이 표상은 다양한 권력 속에서 만들어지고, 인지되며, 해석된다. 따라서 타자의 몸에 대한 담론은 결국 그 몸을 통해 〈보고자 하는 것〉이 수반하는 가치 그 이상도 이하도 아니다. 그리고 그 가치를 유추하고, 추출하여 정립하기 위해 한 시대의 합리적 방식, 즉 이른바 〈과학적〉 방법들이 적용되었다. 여기서 19세기의 〈과학〉이 〈타자의 몸〉을 규정한 것이 아니라, 〈사회적 목적〉을 띤 가치를 몸에 투영하기 위해 당시의 과학을 〈동원〉했음을 강조할 필요가 있다. 다시 말하면 타자의 몸은 일차적으로 역사적으로 지속되어온 편견에 따라 인지되고, 그 과정에서 투영하고자 하는 〈가치〉를 정당화하기 위해 보이는 신체와 보이지 않는 가치 사이의 연관성을 찾는 데에서 과학을 동원했다고 보는 것이다.

따라서 영국을 비롯한 제국주의 유럽은 타자의 몸을 〈읽었던〉 것이 아니라, 타자에게 투영하고 싶은 가치를 몸에 연결시켰다고 보는 것이 정확한 표현일 것이다. 몸의 생김새가 달라도 그것이 투영하는 내용은 같을 수 있었고, 동원하는 〈과학〉이 달라지고 〈해석〉의 방법이 달라졌음에도 대체로 몸에서 동일한 도덕적 가치를 찾곤 하였다. 이러한 현상을 가장 잘 드러내주는 것은 19세기의 생물학적 인종주의의 담론들이 구체적인 내용에서 많은 모순을 지닌다는 사실일 것이다. 예를 들어 오랫동안 흑인의 외형적 표지로 알려져온 〈돌출된 하악〉에 대한 논쟁을 살펴보자. 맨체스터의 외과 의사였던 화이트는 〈흑인의 아래턱은 돌출된 것이 아니라 오히려 원숭이처럼 움푹 들어갔다〉[43]고 주장하였다. 그런데 흑인의 하악이 과연 돌출인가 함몰인가를 둘러싼 논쟁은 그 모습이 실제로 어떠한가에 대한 확실한 판단을 유보한 채, 하나같이 〈원숭이처럼〉 생겼다는 결론으로 수렴되었다. 궁극적으로 이런 담론은 흑인의 아래턱의 돌출 여부가 아니라, 〈원숭이처럼〉이라는 열등한 가치를 부여하는 데 목적이 있다.

엄지발가락의 모양에 대한 분분한 이견들 역시 동일한 결론을 도출한다. 〈흑인, 말레이시아인, 호텐토트 족 등에게서 공통적으로 나타나는〉, 짧은 엄지발가락이 〈그들이 원숭이와 같다는 증거〉라고 주장한 사람들이 있는가 하면, 어니스트 헤켈Ernest Haeckel은 〈야만인들〉의 엄지발가락은 손가락과 마찬가지로 길다는 입장을 천명한다.

야만인들 가운데는 엄지발가락을 마치 엄지손가락처럼 다른 네 발가락에 맞댈 수 있는 종족들이 있다. 따라서 원숭이가 하듯이 이렇게 〈쥘 수 있는〉 발을 뒤쪽에 있는 손처럼 사용할 수 있다. 이 뒤쪽의 손을 이용해 중국의 뱃사공들은 노를 젓고, 벵골의 노동자들은 옷감을 짠다. 흑인은 특히 이 큰 엄지발가락이 강하고 자유자재로 움직이기 때문에 마치 〈네 손〉 원숭이처럼 나무를 탈 때 그것으로 나무를 잡는다.[44]

이 논쟁에서도 궁극적으로 도출하고자 하는 결론은 두말할 나위 없이 그들이 〈원숭이〉와 같다는 것이다.

이런 맥락에서 타자의 몸은 식민지인의 열등성을 나타내는 표지여야 하였다. 우선 〈몸〉은 그 자체가 〈야만적〉 관습에 공통적으로 나타나던 핵심적 공통분모가 된다. 19세기 영국과 기타 유럽 국가들 사이에는 다른 문명권의 이른바 〈야만성〉을 강조하는 관행들이 사회적 관심의 대상이 되었다. 중국의 전족과 매춘, 인도의 사티 sati/suttee, 영아 살해, 인간 제물, 식인, 오스트레일리아와 태평양에 내려오는 문신, 아메리카 인디언과 아프리카인 사이에 행해지는 일부다처제와 기타 성 관습들[45]이 그것들이다. 이들 관습들이 모두 〈정신〉의 영역이기보다는 〈몸〉의 영역임을 주목해야 한다. 따라서 문제가 되는 관습들이 모두 〈몸〉을 매개로 하고 있다는 사실 자체가 이들 문명권을 우월한 〈이성〉의 영역에서 밀어내고, 빈 껍데기에 불과한 〈몸〉만 남겨서 서구와는 전혀 다른 세계의 모습으로 만들어버린다. 나아가 〈야만적 관습〉의 중심축을 이루는 타자의 몸은 실제적 증거로서 제공되면서 이른바 계몽을 위해서라는 이름으로 제국주의적 침략을 정당화해 나간다. 앤서니 페그든Anthony Pagden이 고찰하였듯이, 〈니얌-니얌이라고 불린 식인종들은 날고기를 잘 먹기 위해 날카롭게 이를 갈아주는 습관이 있다〉[46]와 같은 담론은 유럽인들이 16세기에 만들어낸 이야기들이 19세기에 이르러 강력한 정치적 효과를 발휘할 수 있는 토대를 제공하기도 한다.[47]

인간을 원숭이와 비교하는 것을 흔히 진화론의 영향 탓으로 보는 경향이 있지만, 실제로는 진화론이 대두하기 오래 전부터 인간의 열등성을 강조하기 위한 수단으로 원숭이와 비교하는 관행이 존재했다. 앞서 언급한 〈피그미〉는 이른바 준인간sub-human의 대표적 예로, 원숭이에 가까운 인간의 모습이다. 중세 후반에는 고대부터 전해 내려온 〈피그미〉와 같은 〈열등한 인종〉을 인간으로 보아야 하는가에 대한 논쟁이 격렬하게 일어난 바 있다. 이른바 〈신대륙〉과 조우한 이후에도 유럽에서는 원숭이와 유사한 열등한 종족에 대한 논의가 계속되었다. 이런 생각을 구체화시킨 사람은 17세기의 영국인 에드워드 타이슨Edward Tyson이다. 1699년에 내어놓은 타이슨의 연구는 원숭이와 인간을 해부학적으로 비교한 최초의 경험적 보고서로 간주된다. 그는 이 문헌에서 〈하등인간〉의 신체적 표지, 즉 몸은 모든 가치를 그대로 반영하는 결과물임을 피력하였다.[48] 더구나 그들에게 고귀한 정신적 능력을 부여할 수 없는 상황에서 〈몸〉은 그들의 가치를 투영하는 절대적이면서도 유일한 증거물이 될 수밖에 없다.

하등인간을 다룰 때에 다른 동물이 아닌 〈원숭이〉에 비유하는 것은 자연계, 즉 거대한 존재의 사슬에 〈위계〉가 있다는 개념 때문이다. 중세 기독교 세계관에서는 인간이 동물계와 식물계를 아우르는 절대적 지배권을 갖고 있다고 생각했다.[49] 하지만 계몽주의 사조는 인간이 자연계에 대해 가진 지배권을 신에게서 부여받은 것이라기보다는 존재의 사슬 속의 위계질서 때문이라고 해석하고자 하였다. 이런 변화 속에서 광적인 분류 체계에 대한 집착이 나타나고, 볼테르Voltaire는 〈저 사람들은 흑인보다 우월하다. 마치 흑인들이 원숭이보다 우월하고, 원숭이는 굴보다 우월하듯이〉라고 말하게 된다.[50] 여기서 열등한 종족은 인간과 가장 흡사하면서도 결코 인간의 미덕을 갖추지 못한 집단이 되며, 〈원숭이〉로 표상되는 인간과 짐승을 나누는 〈경계〉에 위치한다.

유전적 요소를 강조하여 이른바 〈근대적 의미〉의 인종이라는 개념을 처음 사용한 것으로 알려진 조르주-루이 르클레르 뷔퐁George-Louis Leclerc Buffon은 인간과 원숭이 사이에 넘을 수 없는 분명한 차이가 있다는 입장을 견지하였다. 그럼에도 그는 〈호텐토트 족〉으로 대표되던 〈흑인〉과 〈아메리카 원주민〉을 〈최하층의 야만인〉, 곧 인간보다는 원숭이에 가까운 존재로 묘사한다.

> 그들은 짐승 같은 눈, 두껍고 돌출된 입술, 펑퍼짐한 코, 멍청해 보이면서도 흉포한 생김새를 가졌고, 여성은 길고 늘어진 유방, 뱃가죽은 늘어져서 무릎을 덮는다. 이 사람들은 흉물스럽고, 더러운 때로 덮여 있다.[51]

이런 분위기에서 흑인, 혹은 야만인에 대한 담론은 이들에게서 인간으로서의 특성을 찾기보다는 이들과 〈원숭이〉 사이의 유사성을 찾는 데 집중되어갔다. 호텐토트의 비너스를 검사한 퀴비에는 〈그녀의 재빠르고도 제멋대로인 움직임은 원숭이 무리를 연상케 한다. 더구나 그녀는 오랑우탄처럼 입술을 내미는 버릇이 있다)[52]고 말한다. 에드워드 롱Edward Long 역시 〈그들의 본성은 속임수와 잔꾀로만 이루어졌다고 볼 수 있다. 그렇기 때문에 원숭이처럼 특이한 기민함으로, 변덕스럽고 부정직하기 이를 데 없다. 그들은 사고를 조합하거나 이성적인 추리를 할 능력이 없다)[53]고 주장하였다.

이런 담론은 종종 그들에게서 〈어린아이 같은〉 유치하고 미성숙함이 발견된다는 것을 강조하는 이야기로 이어졌다. 선거권, 재산권을 획득하는 기준인 〈성인〉이 될 수 없는 어린아이라는 특성은 비단 아메리카 원주민, 흑인뿐만 아니라 이후 여성과 하층민들에게 공통적으로 부여되었다.

> 이 열등한 야만인들은 마치 갓난아기처럼 내일이 무엇을 의미하는지 모른다. (……) 모든 여행자들은 흑인의 대다수가 우리 유럽의 어린이와 같다는 점에 동의한다. 그들은 생각이 없고, 변덕스러우며, 신중하지 못하고, 수다스럽고, 재빠르고 지성이 모자라기가 어린아이와 같다.[54]

이른바 열등한 종족의 〈몸〉에 대한 담론에서 분명히 드러나는 것은 이들의 신체적 특징이 곧 그들의 열등함을 보여주는 〈증거〉라는 것이다. 여기서 원래 원숭이의 자질이 어떤 것이었는가는 문제가 되지 않는다. 단지 원숭이가 놓여 있는 거대한 동물계의 위치에 흑인을 밀어 넣고자 할 뿐이다. 그렇기 때문에 종종 유럽인들은 자신들이 흑인에게 부여하고자 하였던 자질들을 〈원숭이의 특성〉으로 단정짓기도 하였다. 고대 관상학에서 원숭이가 〈호색〉의 표지였다면, 이제 구체적으로 〈엄청난 성기〉를 가진 원숭이가 나타난 것이다. 이런 경향은 이미 17세기에도 나타나는데, 엄청난 성기로 여성을 황홀

하게 하는 원숭이에 대한 묘사들이 그 대표적인 예이다.[55]

6. 인종별 체질의 발명

지구상의 사람들을 〈인종〉 혹은 〈종족〉이라는 범주로 나누고, 그들에게 위계를 매기는 것은 과학의 전통적인 방법론과 새로운 방법론 양쪽 모두에서 목도되는 현상이었다. 18세기 중엽, 당대의 저명한 자연학자였던 뷔퐁은 인종의 다양성을 설명하는 과정에서 이른바 환경결정론의 모태가 될 만한 주장을 제기하였다. 아메리카 대륙은 습하고 기후 조건이 좋지 않기 때문에 큰 종류의 생물체는 번성할 수 없는 반면 곤충과 같은 〈차가운〉 성질을 가진 것들이 번성한다는 이론을 내놓았던 것이다. 기후와 인종 간의 관계를 설명하는 이론은 광범위한 호응을 얻었다. 관상학의 대가 라바터는 이렇게 말한다.

흑인의 튀어나온 입은 원숭이들에게서 나타나는 현상으로, 뜨거운 기후 때문에 지나치게 성장하고 부어오른 것이다. (……) 덥고 습한 기후는 동물이 자라고 흑인이 생겨나는 데 매우 적합하다. 자연의 섭리는 이 기후에서 강하고, 근육질이고, 기민한 것들을 만들어낸다. 그러나 그것들은 더럽고, 게으르고, 무익한 것들이다.[56]

흑인의 몸이 근육질이고, 기민한 것이었던 반면, 〈신대륙〉의 원주민의 몸은 〈차가운〉 성질을 가진, 약하고 작은 것으로 인지되었다. 뷔퐁은 이렇게 말한다.

신대륙의 야만인들은 우리 세계의 사람들과 비슷한 몸집을 지녔지만,

(……) 이들 야만인들은 약하고, 작은 생식기를 가졌다. 그들은 수염이나 체모도 전혀 없으며 같은 종족 여자들에 대하여 열정도 없다. 훨씬 더 많이 뛰어다니는 탓에 그들은 유럽인들보다 가벼우나, 몸은 훨씬 더 약하고, 무감각하며, 겁이 많고 소심하다.[57]

신대륙의 원주민들이 〈생기도 없고, 영혼의 활기 또한 없다〉고 보는 것은 사실 고대 그리스 시대부터 이어 내려온 전통적인 〈체질설〉의 연장선에 있는 것이다. 특히 히포크라테스는 『공기, 물, 장소에 대하여On Air, Water, Place』를 통해 사람의 생김새와 체질에 차이를 가져오는 원인으로 기후와 풍토를 꼽았다.[58] 여기서 신대륙 원주민의 〈몸〉은 그들의 특성뿐만 아니라 그들이 살고 있는 환경까지도 함축적으로 드러내는 기제다. 하지만 이런 담론에서 주목할 것은 그들이 〈환경〉 때문에 그렇게 되었다기보다는 열등하기 때문에 그 열등성을 설명하는 과정에서 환경이 동원되었다는 측면이다. 이 유럽 중심적 시각은 우선 우열이라는 위계를 정하고, 그 틀에 맞추어 그들의 몸을 인지하며, 그 몸의 특이성이나 자신들과의 차이점을 설명하기 위하여 환경, 사회, 관습 등의 모든 것을 동원한다. 따라서 종종 같은 대상에 대하여 나타났던, 〈건장하고, 잔병 없는 근육질 몸〉과 〈생기와 활기가 없는 몸〉이라는 상반된 기술들이 궁극적으로는 모두 동일한 열등성을 끌어내었던 것이다.

19세기 초 아메리카 원주민을 〈탐사〉하러 떠났던 조사단의 일원은 〈잘 발달되지 않은 인디언의 체질은 점액질 그 자체이다. 모든 정신 활동이나 감각마저도 마치 마비 상태에 있는 것처럼 보인다〉고 보고하였다.[59] 이런 무기력의 상태는 곧 〈활발한 정신 활동의 부재〉로 해석되고, 오직 동물적 충동, 그리고 그것마저도 최소한의 생존을 위한 필요에 부응하는 〈게으르기 짝이 없는〉 그들의 특성을 배태하는 것이다. 흑인의 체질이 특이하다는 것은 심지어 그들의 〈혈액〉에서도 드러나는 사실이라고 주장되었다.

> 흑인의 혈액은 백인의 것보다 탁하고 덜 붉다. 이런 혈액은 상대적으로 빨리 응고하며, 느리게 고동친다. 그렇기 때문에 흑인은 아시아의 황인종과 마찬가지로 유럽인에 비하여 감각이 둔하다. 따라서 외과 수술에서 고통을 덜 느끼고 고열의 위험에 덜 노출된다. 신경 계통 역시 백인에 비하여 덜 발달되어 있다.[60]

신경 계통이 덜 발달해 있기 때문에 이른바 〈열등한 종족〉들은 고통에 잘 견뎌낸다는 주장이 제기되었다. 그들은 마치 짐승과도 같이 고통 없이 출산을 하기 때문에 산파가 필요 없다는 이론이나, 그들은 잘 아프지 않고, 가혹하게 다루어진다 할지라도 〈마치 인간이 아니라 짐승인 것처럼 감정이 없는 듯 잘 견뎌낸다〉는 이야기들이 강조되었다.

> 좀더 지적이고 고귀한 사람들은 그들의 몸 자체가 본래 예민하고 섬세하고, 부드럽다. 반면 그런 미덕을 갖추지 못한 자들은 그들의 몸 자체도 덜 예민할 뿐만 아니라 극단적인 고통도 잘 참아내고 더위와 추위의 급격한 변화도 잘 견딘다. 그들은 또한 병에 잘 걸리지 않을뿐더러 섬세한 사람 같으면 치명적일 부상을 입어도 빨리 낫는다.[61]

고통을 덜 느낀다는 점, 즉 그들의 〈몸〉의 무감각성은 이른바 〈감수성〉이 부활하고, 신체에 가해지는 잔인함에 대해 신랄한 비난이 일어났던 이른바 〈인권〉을 발명한 바로 그 시대에 모순적으로 노예제와 같은 가혹한 억압과 착취를 정당화할 수 있는 강력한 담론이었다. 한 예를 들어보자.

　　흑인과 북아메리카 인디언의 두개골을 비교해보면, 우리는 그들이 처한 상황을 이해할 수 있다. 인디언은 파괴성, 조심성이 더 많은 반면 자비심이 부족하고, 존경심은 비슷하다. 그들의 지적 능력은 그리 뛰어나지 않으나 자긍심과 의지는 더 크다. 그렇기 때문에 그들은 자존심이 강하고, 길들여지지 않고, 파괴적인 야만인의 특징을 갖고 있으며, 자유를 유지할 수 있는 것이다. (……) 반면 흑인은 유럽 인종의 우월한 도덕과 지적 능력을 감지할 수 있는 능력이 있고 그들의 지배 아래서 사는 것에 어느 정도 만족할 수 있다.[62]

　　여기서 이들의 몸은 그 자체가 〈문명〉을 습득할 수 없으며, 본성이 미천하기 짝이 없다는 〈사실〉을 설명하는 원인이자 결과이다. 두개골에 대한 관심의 연장선에서 나타난, 19세기의 대표적 사이비 과학이었던 골상학은 보이지 않는 내면의 가치를 보이는 몸의 부분에 유물화시키는 대표적인 예이다. 뇌는 정신적 기관들의 집합으로, 뇌를 덮고 있는 두개골을 만져보면 사람에게서 어떤 성상이 특히 발달하였는가를 알 수 있다는 것이다. 이 골상학 담론은 종종 열등한 도덕적 가치를 설명하기 위해서 비유럽인의 몸을 동원한다. 19세기 미국의 골상학자 새뮤얼 웰스Samuel Wells는 『성격을 읽는 법How to Read Character』(1883)에서 인간의 두개골에서 〈진실〉이라는 요소를 관장하는 기관은 〈영국 판사들이 발견한 것과 같이 아프리카인, 힌두인, 아메리카 원주민에게서 지극히 미발달 상태로 나타난다〉고 말한다.[63]
　　이른바 문명인이 갖추어야 할 〈미덕〉의 영역에서 주변부 사람들의 몸은 미덕의 결핍을 설명하는 단골 메뉴였다. 골상학자들은 〈명

랑함〉이라는 기관은 인간에게만 있는 특별한 기관으로, 웃거나 웃음을 자아내는 원인을 인지하지 못하는 하등동물에게는 나타나지 않는다고 주장한다. 웰스는 미국의 대표적 유머 작가 찰스 브라운 Charles F. Browne의 두개골은 이 기관이 지극히 발달하였음을 보여주는 반면, 인디언 추장의 머리에는 이런 기관이 전혀 발달하지 않은 것으로 나타난다고 말한다.[64] 〈계산〉에 대한 감각 역시 비유럽인들에게는 결핍된 것으로 풀이되었다. 18세기 라바터는 흑인은 〈6까지밖에 셈하지 못하고, 그보다 많은 것은 무조건 '셀 수 없이 많다'라고 말하는 족속들〉[65]이라고 매도한다. 19세기 골상학자 슈푸르자임 J. G. Spurzheim은 흑인을 〈계산〉이라는 기관이 발달하지 않아서 다섯까지밖에 세지 못하는 사람으로 보았다면서, 웰즈 역시 같은 이론을 주장하였다.[66] 여기서 몸은 내면의 가치를 외면에 투영하는 장치이다. 그리고 그 장치를 인지하는 방식은 오랜 전통적 틀과 새로운 과학적 방법론 모두를 차용하던 것이었다. 그리고 절대적으로 설정된 〈열등한 가치〉를 구체화하기 위해 제국주의자들은 식민지 사람들의 〈몸〉을 끌어들였던 것이다.

7. 교차, 통합, 동종화

그동안 학계에서 제국주의 시기에 〈몸〉을 둘러싼 담론을 고찰하는 방식은 주로 유럽이라는 중심부의 몸, 그리고 식민지의 〈야만인의 몸〉이라는 단순한 이분법적 구도 속에서 이루어지곤 하였다. 하지만 포스트모더니즘의 영향을 받으면서 유럽과 비유럽이라는 대립적 구도에 계급과 성별이라는 또 다른 요소들이 첨가되면서 〈타자〉의 개념이 재정립되고 있다. 유럽의 백인 남성 부르주아를 주체로 상정할 때 상대 개념인 타자는 비유럽, 유색인, 여성, 프롤레타리아를 모두 포괄하는 범주로 풀이된다. 〈몸〉을 둘러싼 담론들은 어떻게 이 다양한 〈타자〉들이 한 범주로 묶어지게 되는가를 잘 보여준다. 19세기 영국의 골상학자 조지 콤George Combe은 이렇게 말한다.

이것은 흑인의 두개골이고, 이것은 스코틀랜드 고지인의 것이다. 이것은 성 빈센트 섬의 카리브 해 원주민의 것이다. 보라. 얼마나 놀랍게 모성의 기관이 발달하였는가. (……) 에스키모 역시 이 기관이 아주 크게 발달하였다. 여기 견본이 있다. 페리 선장이 말하기를 모성은 이들 족속들에게 나타나는 유일한 호의적 감정이라고 말한 바 있다.[67]

그런데 여기서 흑인, 스코틀랜드 고지인, 카리브 해 원주민과 같은 다양한 집단은 하나의 카테고리로 통합되며, 그들을 묶는 것은 〈모성〉이라는 여성적 성상이다. 그리고 두개골, 즉 〈몸〉은 이 열등하고 여성적인 성상을 과학적 사실로 실체화시키는 〈증거〉이다. 여기서 흥미로운 사실은 콤 자신이 스코틀랜드 출신임에도 스코틀랜드 고지인을 잉글랜드 중심인 영국 문화에서 주변부인으로 인식했다는 점이다.

어느 문화권에서나 마찬가지로 나타나는 현상이겠지만, 〈타자〉를 설정하는 것은 사실 유럽의 역사에서는 뿌리 깊은 관행이다. 이미 그리스 시대부터 사람들은 자신들의 나라를 지리적, 문화적 중심부로 설정하고, 기타의 나라를 북쪽 혹은 남쪽의 야만의 땅으로 보았다. 중세 유럽의 기독교 문명 역시 세상을 기독교적 중심부와 비기독교의 주변부로 나누는 이분법적 세계관을 수립하였다. 그런데 이런 이항적 구도에서 〈타자〉는 끊임없이 교차되고 통합되며, 동종화되는 현상을 보인다. 여기서 〈타자〉를 구성하는 많은 집단들의 정확한 지리적 위치나 민족적 특성은 별로 중요하지 않다. 오랜 동안 유럽 사람들은 인디아와 아프리카를 종종 위치와 상관없이 혼용하였고, 15세기에 이르면 아프리카에 살고 있는 사람들을 뭉뚱그려서 에티오피아Aethiopia 사람이라고 불렀다.

이런 과정에서 타자의 〈몸〉이 시각적으로 다양한 모습을 하고 있다는 것은 유럽 사람들에게 일종의 딜레마일 수 있었다. 라바터의 〈흑인도 백인만큼이나 다양한 종류가 있다〉[68]는 발언은 이런 딜레마를 드러낸다. 하지만 그런 딜레마는 한시적인 것으로, 곧 그들 사이의 다양성에 대한 이야기는 묻혀버리고, 다양한 〈타자들〉이 어떤 공통점을 갖고 있는가 하는 측면만 강조된다. 라바터는 흑인에게서 다양한 종족이 나타난다는 것은 그들이 백인과 같다는 이야기가 아니라 동물계에서 다양한 종이 나타나는 것과 마찬가지의 현상이라고 해석한다. 여기서 흑인과 동물이라는 열등한 두 타자간의 공통점이 부각된다.

최근의 연구들은 유럽이 비유럽이라는 타자와 접촉해서 자신에 대한 새로운 정체성을 만들어낼 필요를 느꼈고, 타자라는 존재 탓에 기존과는 전혀 다른 정체성을 확립하였음을 주목한다. 여기서 학자들은 종종 〈너무나도 다양하고〉 〈통일성 없으며〉 〈혼란스러운〉 원주민들에 비하여 유럽 국가들은 최소한 문화적으로, 언어적으로 단일한 통합체였다고 강조한다.[69] 그러나 단일한 자신들의 가치, 특성을 추출해내기 위하여 상대방인 타자 역시 통합적인 가치와 특성이 부여되었을 것이라는 가능성을 배제할 수 없다. 따라서 여기서 〈타자〉에게 부여된 속성들은 결국 자신의 정체성을 위한 안티테제로 설정된 것이고, 이것 역시 유럽의 오랜 문화적 맥락에서 형성된 것임을 부인할 수 없다.

타자들 사이에 〈공통분모〉를 부여하여 만들어지는 이미지가 분명할수록, 〈타자〉와 반대편에 놓인 〈주제〉의 상대적 이미지 역시 분명해진다. 그렇기 때문에 여기서 유럽은 훨씬 선명한 〈바깥 세상의 타자〉와 익히 알고 있는 〈유럽 내의 타자〉의 이미지를 교차시킨다. 여기서 유럽 내의 타자의 이미지는 전통적으로 만들어온 〈정형〉들이다. 그리고 이 과정은 민족주의, 성 차별주의, 계급차별주의와 인종주의가 혼합되는 과정이다. 가장 손쉽게 동원할 수 있는 타자는 전통적인 소외 집단으로서, 19세기 유럽에서 혐오스럽고 열등한 종족을 나타내기 위해 가장 빈번하게 동원된 〈전통적 타자〉는 유대인이었다. 유대인에 대한 신체를 둘러싼 정형화된 편견은 흔히 〈신뢰할 수 없고, 부도덕하며, 의심스러운 성상을 나타내는 것으로 알려진 유대인의 코〉 이외에도 유대인의 신체 곳곳에서 나타났다. 〈평평한 발, 뒤뚱거리는 걸음걸이, 짧은 목, 커다란 귀, 거무스름한 피부색〉이 그것이다.[70] 프랑스 혁명기에 유대인 해방을 외쳤던 것으로 알려진 앙리 바티스트 그레과르Henri Baptiste Grégoire조차도 유대인은 일반적으로 〈누르스름한 혈색에 매부리코, 푹 꺼진 눈, 솟은 턱과 조로하는 성향〉이라는 점을 피력하였다.[71] 이런 신체적 표지는 결국 그들이 신경질적인 체질을 가진 상습적 자위행위자라는 결론을 끌어내게 하였다. 유대인에게 부가된 이런 특성은 바로 유럽 내의 〈주변인 집단〉, 예를 들어 집시, 동성애자, 상습 범죄인, 정신병자, 나아가 흑인에 이르기까지 모든 〈타자들〉의 신체적 특성으로 식별되곤 하였다.[72]

빅토리아 시대에 영국에서 특히 중간계급 이상의 사람들은 하층민과 아일랜드인, 그리고 스코틀랜드인을 뭉뚱그려 〈열등한 인종〉으로 간주하곤 하였다. 영국 내의 인종에 대하여 방대한 기술을 남긴 베도는 아일랜드 사람들을 〈크로마뇽의 후손〉으로 〈아프리카가 고향〉인 족속이라고 규정하기까지 하였다.[73] 그는 아일랜드 사람들 중에서도 상류층은 하류층에 비하여 눈이 더 검고, 좀더 밝은 색의 머리카락을 가졌다고 계량화하는데, 이런 차이를 아일랜드의 상류층을 형성하는 지주층이나 전문가 계층에 보다 많은 잉글랜드인의 피가 혼혈된 탓으로 해석하였다.[74)]

이런 상황에서 자신이 살고 있는 사회에서 사람들을 구분하는 일차적 척도를 유럽인과 비유럽인의 구분에 적용하는 현상은 당연한 귀결일 수 있었다. 따라서 이른바 생물학적인 인종론은 당시 유럽에서 사람들을 구분하던 일차적 척도인 〈사회적 위치〉에 의해 휘둘려지는 경향이 있었다. 한 사회 내에서도 사회적 위치에 따라 분명한 〈인종적 차이〉가 있고, 그런 위계 구도는 그대로 다른 사회에도 적용될 수밖에 없었다. 그렇기 때문에 17세기 아메리카 인디언들과 조우한 영국인들은 그들과 유럽인 사이의 신체의 차이를 찾기보다 종종 그들 사이의 신분적 위계에 따른 신체의 차이를 먼저 주목하려고 하였다.[75)] 20세기 초까지도 일본인이 사회적 신분에 따라 뚜렷이 나뉘는 두 인종으로 구성되어 있다는 주장이 제기되었다. 하층민인 농민은 동아시아인에 가까운 인종이지만 귀족들은 〈폴리네시아인〉에 가깝다는 것이다.[76)] 이들 두 종족은 생김새에 뚜렷한 차이가 있어, 농민 인종은 〈넓적하고, 편편한 얼굴, 납작한 코, 돌출된 광대뼈, 처진 눈썹, 반쯤 벌어진 입, 작고 검은, 째진 눈〉을 가진 반면, 〈귀족은 흰 피부에 유연한 몸, 긴 두상, 올라간 눈썹과 달걀형의 얼굴 윤곽, 광대뼈가 별로 튀어나오지 않았고, 매부리코, 입은 작다〉고 주장되었다.[77)]

흥미롭게도 여기서 새로운 담론의 주체인 백인 부르주아 남성은 자신들이 무너뜨린 봉건 귀족이 지닌 귀족적 고상함과 노예 소유자로서의 정체성을 모두 자신들이 지향하는 〈지배자의 모습〉에 투영하려고 한다.[78)] 상대적으로 자신들이 부리는 노동자 계층은 〈노예〉와 마찬가지여서 이미 활기를 상실한 몸이다. 〈노동 인종〉이라고도 부를 수 있는 프롤레타리아의 몸은 알콜이나 기타 마약에 찌든, 더럽고 병든 몸으로 묘사되었다. 그들의 몸은 동물과도 같은 성적 방탕을 배태하며 건전한 정신적 활력이 결핍한 몸이다.

또 다른 타자의 전형은 여성이었다. 고대부터 여성은 이성이 부재한 절대적 소외 집단이었지만, 18세기 후반부터 여성의 열등성은 좀 더 정교하게 생리학적 개념에서 풀이되기 시작하였다. 전술하였듯이 19세기는 특히 성적 차이를 강조하는 의학 담론이 쏟아져 나오며, 해부학은 남성과 여성이 본질적인 차이를 보임을 강조하였다. 여성과 남성의 몸은 키, 뼈, 두개골, 사지, 신경을 비롯한 모든 요소들에서 차이를 보인다는 것이 강조되었고, 생식기의 근본적인 차이 역시 부각되었다. 여성은 〈넉넉한 골반이 바로 모성을 결정〉한 존재로서, 〈연약한 사지와 부드러운 피부는 여성의 활동 영역이 좁을 수밖에 없고, 가사에 적합한 몸이며, 평안한 가정을 꾸미도록〉 만들어진 것으로 풀이되었다. 프랑스 혁명기의 〈평등〉의 이념에서 여성을 배척하고 싶은 남성들의 딜레마는 계몽주의자들과 과학자들이 해결해나가야 했던 문제였다. 새로운 과학은 여성이 공공영역에 적합하지 않은 몸과 정신을 갖고 있다는 〈사실〉을 〈증명〉해 나갔다.[79]

다음 장에서 자세히 논의하겠지만, 19세기 여성은 〈집안의 천사〉로 가사와 육아의 영역에 묶이게 되었다. 참정권과 재산권, 나아가 경제 활동에서 배제된 이들은 〈남자〉가 아닐 뿐 아니라 〈성인〉 역시 아니었다. 야만인들에게 부여되었던 〈어린아이 같다〉는 특성은 그대로 여성들에게 적용되었다. 포스너E. W. Posner와 같은 의사들은 여성들이 진화에서 조기 정지 상태를 보인다고 말하며, 〈유럽 남성의 몸의 형태야말로 그 반대로 여성, 흑인, 그리고 어린아이들을 측정할 수 있는 성숙함의 표본을 보인다〉고 주장하였다.[80] 따라서 성숙한 남성이 주도하는 세계 질서에서 종속민들은 여성성을 띤 것으로 상정되고 〈남성적〉중심부와 〈여성적 주변부〉라는 성차에 근거한 도식이 나타나는 것은 당연하였다.

이른바 〈열등한 집단〉들을 교차시키고, 통합하여 주체와 대비되는 동종 집단으로 범주화하는 경향은 그들 사이의 교배 가능성에 대한 관심을 낳기도 했다. 볼테르는 〈열대 지방에서는 원숭이들이 여자들을 정복하는 것이 있음직한 일이다〉[81]라고 쓴 바 있다. 18세기 후반 롱은 흑인들과 오랑우탄이 매우 흡사한 존재들이라고 설파하면서 이렇게 말한 바 있다.

그들은 서로 매우 친밀한 관계와 혈족 관계를 맺고 있음이 분명하다. 성적인 관계 역시 흔한 일이다. 흑인들이 실제로 그런 성적 교접이 일어난다고 증언한다. 이로 미루어 이들 두 종족이 음탕한 성상이라는 측면에서 매우 잘 어울린다고 볼 수 있다.[82]

흑인들을 폄하하던 기준은 그대로 영국 내의 하층민 여성에 대하여 적용되었다. 또 다른 문헌에서 롱은 〈영국의 하층 여성들은 차마 입에 담지 못할 이유로 흑인을 좋아한다. 그 여자들은 만약 법이 허용만 한다면 아마도 말이나 당나귀와도 관계할 것이다〉라고 말한다.[83] 하층민과 여성이라는 두 가지의 열등한 인자가 겹치는 사람들은 곧 흑인이나 짐승의 영역과도 교차할 수 있는 범주에 속하게 되는 것이다.

18세기 후반, 인간이 짐승들, 특히 원숭이군과 같은 종이 아니라 훨씬 우월한 존재라는 것을 입증하기 위하여 두 종 간에는 교배가 불가능하다는 것을 증명하려는 노력이 있었다. 런던에서 행해진 이 실험에서 창녀와 수컷 오랑우탄을 가두어 놓고 성적인 결합을 강제하였다. 결과적으로 수태는 실패한 것으로 〈증명〉되었다고 보도된다. 한편 그 결과의 객관성에 의문을 제기하는 사람들은 남성과 암컷 오랑우탄의 교미 역시 이루어진 다음에야 실험의 객관성을 확보할 수 있을 것이라고 주장하였다.[84] 그러나 이 실험은 이루어지지 않았다. 하층민, 여성, 흑인, 그리고 짐승은 서로 교차하며 열등성의 카테고리를 만들어냈던 반면, 〈남성〉이라는 변수는 열등한 종족에 완벽하게 부합하는 것이 아니었기 때문이다.

8. 대타성: 주체의 몸

1810년 런던 사람들 사이에서 가장 큰 화제 가운데 하나는 호텐토트의 비너스, 즉 사라 바트만을 구경하는 일이었다. 앞서 언급했던 대로 바트만은 1789년에 남아프리카의 케이프 동부에서 태어난 코이 족의 일원이었는데, 1810년에 런던으로 이송되어 우리에 갇힌 채 〈전시〉되었다. 그녀의 명성은 〈엄청나게 큰〉 엉덩이에서 비롯한 것이라고 전해지지만, 사실은 엉덩이뿐만 아니라 그녀의 커다란 소음순이 관심의 초점이 되었다. 당시의 관객들은 그런 그녀의 몸이 모든 코이 족의 일반적인 몸의 형태라고 받아들였다고 한다. 1814년까지 영국 곳곳을 돌며 〈괴물 쇼〉에 전시되다가 사창가로 넘겨졌고, 1815년 파리로 옮겨져서 일단의 과학자들에게 집중적인 연구 대상이 되었다. 1816년 숨진 그녀의 시신은 조르주 퀴비에Georges Cuvier와 앙리 드 뱅빌Henri de Blainville 등에 의해 정밀하게 해부되었다. 죽은 직후 석고로 본을 뜬 그녀의 몸 인형과 해부 후의 잔해는 1974년까지도 파리의 인간사 박물관Musée de l'Homme에 전시되었다.[85]

사라 바트만의 서글픈 명성은 영국의 제국주의, 나아가 제국주의의 남성성을 살펴보는 데 어떤 의미를 가지는가? 최근 제국주의 연구는 종종 〈제국〉이라는 것의 존재가 중심부에서는 그리 엄청난 무게를 지닌 것이 아니었음을 강조하곤 한다. 그들에게는 언제나 〈국내 현안〉이 더욱 중요하였고 〈제국〉은 유럽의 일상에 별 의미가 없는 것이었다는 시각이다. 하지만 일군의 학자들이 반박하였듯이 행정이나 군사적 정복, 나아가 경제적 착취라는 이른바 〈실제적 영역〉과는 별도로 〈제국〉에 대한 관심은 컸었고, 이것은 본격적인 제국주의가 시작하기 이전부터 존재해왔다. 여기서 제국은 일상에서 엄청나게 절실한 현실은 아니었다 할지라도, 그들의 세계를 이루는 〈배경〉으로서 일상생활에서 마치 환경처럼 자리하는 것이다.

〈몸〉을 둘러싼 19세기 유럽의 담론들이 말해주는 것은 어느 곳에 있는 어떤 종족인가조차도 불분명함에도 그들의 〈몸〉이 끊임없이 동원되고 있다는 사실이다. 이른바 〈야만인〉들의 〈몸〉을 이야기한다는 것은 무엇을 의미하는가? 그것은 유럽의 전통적 상응의 논리, 즉 외양과 내면이 일치한다는 가정에서 〈그들〉의 모든 것을 이야기하는 것이었다. 자신들과 같은 이성적 존재, 기독교적 존재로서의 존엄성을 인정할 수 없기에, 그들에게서는 〈이성〉이 아닌 〈몸〉을 주목하고, 이야기해야 하였다. 이런 상황에서 그들의 〈몸〉은 끊임없이 거론되고, 논란이 되며, 구체적 이미지로 만들어진다.

여기서 몸을 둘러싼 제국주의의 실체는 결국 세계 구석구석의 존재에 대하여 제시할 수 있는, 지식을 가진 주체로서의 우월성이다. 제국주의의 중심부는 새로운 과학적 방법론을 동원해 이들 식민지를 거대한 실험 집단으로 삼아 조사하고, 관찰하며, 실험을 가동시키는 주체가 된다. 이른바 계량화의 물결 속에서 식민지의 몸은 〈객관성〉이라는 것을 확보하게 하는 넓은 표본 집단으로서 동원되는 것이다. 전 세계로 그 단위가 확대된 담론 체계는 기존의 담론보다 훨씬 더 객관적인 듯 보일 수 있었고, 그렇게 보이기 위해서 세계 곳곳

의 사람들의 몸을 〈말해야 하는 것〉이었다. 그리고 그렇게 말하는 주
체는 곧 우월성과 지배의 정당성을 확보한다. 다른 집단을 논하는 화
자는 곧 침묵하는 우주를 아우르는 권력의 중심을 형성하게 된다. 여
기서는 〈그들의 몸을 동원하는 것〉 자체가 제국주의이자, 제국주의
의 정당화 양식이다. 콤의 과학담론은 인도가 영국의 지배 속에 놓여
질 수밖에 없는 제국주의의 당위성을 이렇게 설파한다.

여기 갓난아기의 두개골과 어른의 두개골이 있다. 그 크기가 얼마나
다른지 비교해보자. 이것은 스위스인의 두개골이고, 이것은 힌두인의 두
개골이다. 스위스인의 두개골이 힌두인의 그것보다 훨씬 크다는 사실이
무엇을 말해주는가? 하나는 일찌감치 독립을 쟁취하고 온갖 흉악한 부정
에 맞서 독립을 지켜온 사람들의 것이고, 다른 하나는 침략자의 희생물
이 되어버려 천만 명이나 되는 사람들이 고작 오십만 명의 영국인의 지
배를 받게 된 두개골이다.[86]

19세기 〈몸〉을 둘러싼 담론에서 제국을 동원하는 것은 견고한 타
자의 이미지를 만들어내서 〈주체〉를 재정립하는 과정이기도 하였
다. 다시 말하면 제국주의 유럽의 백인 부르주아 남성이라는 주체
는 대타성을 통해 새로운 남성성을 추출할 수 있었던 것이다. 영국
의 엘리트 남성들에게 제국이란 종종 일종의 〈통과의례〉로, 〈성인
남자〉로 인정받기 위해서 치러내야 하는 실습 과정과 같은 것이었
다. 향후 자세히 논의하겠지만, 19세기 영국의 문학과 역사를 연구
하는 학자들은 〈제국〉이라는 존재가 엘리트 남성들에게 일종의 성
장소설의 배경을 형성한다는 점을 주목한다. 그들은 〈제국〉을 만들
어지는 것으로 생각하였으며, 보이지 않는 수많은 난관과 싸움을 벌
일 수 있는 실습지로 생각하였다. 중심부의 주체들은 제국주의 전쟁

터에서, 정글 속의 탐험 여행에서, 심지어 포경선 위에서도 제국주의적 〈타자〉가 존재하는 배경 속에 있었다. 그 과정에서 마주치는 〈타자〉의 이미지는 자신들이 물리쳐야 하는 외부 상대역이었을 뿐만 아니라, 그들과 대면하는 과정을 거쳐 스스로 극복해야 하는 내면의 열등성이기도 하였다.

여기서 〈열등한〉 집단은 앞서 고찰한 것처럼 기형과 불균형으로 표상되고, 그런 표상은 곧 여성적인 것과 중첩되었다. 따라서 균형 잡힌 남성성의 이상은 이런 대타성 속에 창출되었고 〈남성으로서 제국 지배자의 이미지는 국내에서는 여성의 권리 주장에 대한 방어책으로, 그리고 식민지에서는 식민지 종속민에게 복종을 요구하는 수단으로 사용〉[87]될 수 있었다. 여기서 진정하게 남성적인 것은 〈균형〉과 〈절제〉라는 미덕이다. 〈남성적 아름다움의 정형이란 〈조화〉와 절제된 움직임뿐만 아니라 있어야 할 곳에 딱 맞는 모든 것으로서, 어떤 것도 우발적으로 있어서는 안 되는 것〉[88]이 된다. 제국주의 유럽에서 시각적인 남성성의 이상이란 단순하고도 절제된 아름다움이었다. 이제 남성의 육체는 가장 완벽한 육체적 이상을 표현하는 것으로 고양되었다. 19세기 제국주의의 중심부에서는 18세기 후반에 요한 요아힘 빙켈만Johann Joachim Winckelmann이 재현하기 시작한[89] 그리스 시대 조각상의 아름다움이 부활하면서 군살 하나 없이 고상한 얼굴과 완벽하게 균형 잡힌 남성의 몸이 육체적 이상으로 떠오르게 되었다.[90] 문학 분야에서 표현되었던 다양한 남성성의 이상형인 〈신사, 사제, 그리고 군인〉은 궁극적으로 이러한 육체와 맞물린 〈자기 절제〉를 강조하는 전형들이었다.[91]

〈절제〉와 〈균형〉의 강조는 과거 〈힘〉과 〈근육〉을 강조하는 노동자 계층의 남성성과는 매우 다른 것이었다. 이제 〈물적 생산〉의 직접적 영역에서 한 발을 뺀, 〈담론의 생산자〉들이 만들어가는 지배 집단의 이미지가 공고해져 가는 것이다. 여기서 부르주아의 남성성은 육체를 강조하는 노동자층의 남성성에 비하여 훨씬 심리적인 것, 내면적인 것이 되어간다.[92] 그리고 육체에 대한 정신적 통제가 무너지는 악덕은 곧 성적 방탕과 야만성으로 연결되어 〈열등성〉으로 풀이되었다. 그리고 그런 열등성은 비유럽인, 프롤레타리아, 여성과 같은 〈타자〉의 전유물로 귀속된다. 따라서 그런 남성성의 상징물로 중세적 사제가 이상적인 남성상으로 부활하는 것은 당연한 귀결일지도 모른다. 사제는 지식의 독점자이며, 자발적 금욕의 표상이다. 여기서 금욕은 타자의 표상이 배태하는 기형, 야만, 성적 파행의 다른 극단에 놓인 대치물이다. 그리고 정상적 육체를 뛰어넘어 이성을 최고조로 승화시키는 상태를 의미한다.

1840년대 토머스 칼라일Thomas Carlyle은 〈우리는 사제에 대하여 너무 많이 듣는다. 실제나 가공의 역사, 어디서든 말이다〉[93]고 말한 바 있다. 철저히 〈이상적〉으로 재창출된 이미지로서의 사제에 대한 담론이 급증하면서, 남성으로만 이루어진 세계를 대표해온 수도원이 19세기 남성들의 관계를 정립하는 모델로 등장하기 시작하였다. 새롭게 대두된 남성상은 모든 〈타자〉와 확연히 구분되는 지극히 배타적인 공동체를 가상하였다. 19세기 영국의 남성성에서 수도원을 부각시키는 양상은 향후 제5장에서 논의할 퍼블릭 스쿨과도 깊은 관계가 있다. 남성만으로 이루어진 이 지식의 양성소는 엄격한 규율과 배타성, 나아가 남성 사이의 동지애가 강조되는 곳이다. 제국의 지도자를 양산하는 퍼블릭 스쿨에서 형성된 남성성은 그대로 제국을 유지하는 군대라는 또 다른 남성적인 집단으로 확산된다. 여기서 강인함, 지도력, 냉철한 판단력과 자기 절제가 강한 남성상은 분명한 중심부를 형성하며, 인종, 제국, 계급, 젠더를 둘러싼 제국주의 담론 체계를 통해 공고한 지배자의 이미지를 만들어낸다.

이런 제국주의적 남성성의 이상화된 이미지는 열등한 식민지의 여성성이라는 전형과 대비되면서 극대화될 수 있었다. 따라서 사라 바트만의 명성은 제국주의의 남성성을 설명하는 중요한 단초가 된다. 호텐토트의 비너스는 이상화된 제국주의적 남성성의 상대적 극단을 형성하는 정수였고, 여기서 만인 앞에 공개적으로 전시되어야 하는 당위성이 발생한다. 검은 피부와 기형적으로 커다란 엉덩이와 소음순을 가진 그녀의 벌거벗은 몸은 수많은 관찰과 응시를 힘없이 받아내야 하는 대상이다. 그녀의 〈몸〉은 〈절제〉와 〈균형〉으로 무장하고 정신적 가치를 추구하던 19세기 영국의 남성성과 가장 극단적으로 대비되는 것으로서, 제국주의가 낳은 지극히 전형적인 〈타자〉의 표상이었다.

제3장

제국의 선봉에 선 〈집안의 천사〉

19세기 영국 사회에서 일어난 젠더 문제가 사회적 역할 수행과 긴밀하게 얽힌 양상이라고 할 때, 그 기대치는 남성보다 여성들에게 훨씬 더 엄격하게 적용되었다. 제1장에서 설명했듯이 제국이 처한 급박한 현실이 남성성을 형성하는 계기로 작용하였지만, 특정한 모습으로 이상적인 여성성을 규정하려는 노력은 빅토리아 시대의 전반에 걸쳐 유행으로 자리 잡았다. 앞으로 제6장에서 논의되겠지만 〈신사〉가 의복과 돈, 지위, 예절 등 수많은 기대치를 조건으로 삼고 있었다면, 빅토리아 시대의 여성은 그보다 더 많은 사회적 기대에 부응해서 살아가야 했다.

빅토리아 시대에 이상적인 여성상들 가운데 가장 두드러지고 가장 관례적인 형태는 상냥하고 자기희생적이며 가정적 미덕의 화신인 〈집안의 천사〉라는 개념이다. 이 개념은 코번트리 팻모어 Coventry Patmore가 지은 동명의 장편 이야기 시인 『집안의 천사 *The Angel in the House*』에서 선명하게 드러난다. 1854년에 출간되기 시작한 팻모어의 시는 빅토리아 시대의 여성성에 대한 당대의 보편적인 개념들의 진수를 상당 부분 집약하고 재구성하였다. 〈집안의 천사〉라는 개념은 빅토리아 시대에는 대단히 인기가 높았으나, 이후 혹독하게 매도당하기도 했다. 후세대인들은 이 시를 성 차별주의적 이고 관례적이며 도덕적으로 경직되고 위선적이었던 빅토리아 시대 의 가장 추악한 면모를 드러내는 것이라고 비판했다.

그런데 필자는 〈집안의 천사〉라는 개념을 제국과 빅토리아 시대 에 구성된 남성성이라는 보다 큰 맥락에서 면밀하게 검토해보아야 한다고 생각한다. 제1장에서 고찰하였듯이 강인하고 단호하며 감정 에 얽매이지 않는 남성성의 전형은 부분적으로 제국주의 정책의 필 요성에 의해 규정되었다. 곧 지역적으로 멀리 있는데다 차츰 다루기 힘들어진 제국의 치안을 유지해야 할 필요가 대두되면서 함께 생겨 난 것이다. 그렇다면 〈집안의 천사〉 역시 빅토리아 시대의 대영제국 이 만들어낸 산물로 이해할 수 있을 것이다. 필자는 제1장에서 1857-1859년의 인도 항쟁이 영국과 인도의 관계에서 한 전환점을 형성했다고 볼 수 있으며, 대영제국의 측면에서 볼 때 좀더 위압적 인 제국주의 정책으로 점진적으로 전환할 것을 구체화하고 확립하 게 된 계기가 되었다고 설명한 바 있다. 인도 항쟁은 대영제국의 정 책이 강화되는 데 대한 인도인들의 반발로 작용했지만, 다른 한편으 로는 그 항쟁 자체 때문에 더욱더 빈틈없고 억압적인 대영제국의 정 책들이 생겨났다.

여기서 인도 항쟁에 대한 영국인들의 반응을 좌우한 수사적인 전 략을 살펴볼 필요가 있다. 이 당시 수사(修辭)들은 국민들 사이에서 기사도적인 반향을 불러일으키기 위해 영국 여성과 아이들의 희생 을 전면으로 내세우는 방식을 취했다. 인도에서 날뛰는 폭도들의 약 탈 대상이 결국은 식민지에서 멀리 떨어진 본국의 〈집안의 천사〉들 로, 그들에 대한 즉각적이고 무조건적인 보호가 필요하다는 식이었다. 여성과 아이들은 보호가 필요한 연약한 대상들로서, 그들에 대한 위협은 곧 영국인들의 보복 논리로 이어질 수 있었다. 즉 인도 항쟁에 대한 언론과 문학의 재현 방식은 과장된 이야기들로 가정이라는 영역과 그 구성원들의 운명을 염려하게 만들어서 제국주의 정책의 도구로써 이용되었다.

인도와 같은 식민지에는 비교적 영국 여성들이 아직은 드물었지만, 그들의 희소성 탓에 영국 여성들의 희생은 이데올로기적으로 더욱더 이용가치가 높았다. 따라서 무방비 상태로 희생당한 영국 여성은 영국 남성성을 정비하기 위한 우상이라는 구심점을 형성하게 되었다. 병사들은 마치 자기와 직접 관련이 있는 것처럼 영국 여성을 위해 기사도적인 분노를 터뜨리며 인도인들에 맞서 용감히 싸울 수 있는 동기를 부여받았다. 『집안의 천사』가 출간된 지 불과 몇 년 뒤에 벌어진 인도 항쟁에 관한 수사학적 배경은 영국 여성성의 이상형이 정치적인 기점으로도 이용될 수 있었음을 시사한다.

이 장에서는 〈집안의 천사〉로 일컬어지는 빅토리아 시대 영국의 이상적인 여성성의 정의를 논의하고, 신성시되었던 가정 영역에 존재했던 그러한 이상형들이 구체적으로 어떻게 인도 항쟁에 대한 집단적 히스테리에 이용되었는지를 살펴볼 것이다. 〈집안의 천사〉로 구체화되고 이상화된 여성성은 강력한 이데올로기적 〈명분〉으로서, 인도인에 대한 영국인들의 잔혹한 반격에 이바지할 수 있었다. 나아가 전쟁을 위한 대의명분으로 부각된 연약한 여성의 전형은 영국 남성들을 기사도적인 수호자의 위치에 놓이게 하였다. 이를 통해 영국의 남성성은 강인하고 확신에 찬 제국주의자로서뿐만 아니라, 기사도 정신에 입각한 충성스럽고 명예로운 영국 여성의 보호자로서 허구적 이미지를 갖추게 되었다.

이러한 수사적 표현들은 궁극적으로 빅토리아 시대 사람들의 마음속에 〈역식민화〉[1]라고 부를 수 있는 공포심을 불러일으킬 효과를 노리고 있었다는 것이 필자의 주장이다. 가정이라는 영역을 상징하는 이상형인 〈집안의 천사〉는 대영제국의 국가 정체성의 중심에 우뚝 서 있었다. 바로 그 〈천사〉가 인도에서 공격을 받았다면, 식민지의 갈등은 멀고 고립된 식민지의 경계선을 넘어 확대되면서 영국 사회의 핵심적인 가치들을 위협하게 된다. 그러한 불안감은 19세기 후반 내내 지속되어 동양에 관한 문학적 재현에도 고스란히 반영되었다. 〈집안의 천사〉라는 가정적인 이상형의 의미를 제국의 맥락 안에서 고찰하면서, 이 장에서는 나아가 인도 항쟁에서 비롯된 언론과 소설에 재현된 빅토리아 시대의 여성성을 논의하기로 한다.

1. 『집안의 천사』가 남긴 유산

『집안의 천사』는 빅토리아 시대의 진정한 산물이다. 1854년 최초로 간행된 이 시집의 내용은 1886년에 최종 판본이 출간될 때까지 40여 년 동안 지속적으로 확대, 개정되었다. 이 장에서 참조한 『집안의 천사』는 1886년의 최종 판본을 근간으로 1949년에 프레더릭 페이지Frederick Page가 편집한 옥스퍼드 판 시집이다.

시집이 출판된 기간은 빅토리아 시대의 전성기와 때를 같이하며, 대영제국의 전성기와도 맞물려 있다. 이 시기의 종반부에 이르러 대영제국은 전 세계의 4분의 1에 이르는 인구를 빅토리아 여왕의 휘하에 둘 만큼 그 세력이 융성했다. 그러나 이 작품은 당시의 역사적인 사건들에 관해서는 지극히 제한된 언급만을 보이고 있다. 1854년에 일어난 크림전쟁은 언급하고 있지만, 1857년의 인도 항쟁이나 1860년의 제2차 아편전쟁, 또는 1865년에 발생한 자메이카 폭동과 1884년의 수단 전쟁 등과 같이 개정된 시집이 출간되는 동안 발생했던 주요 사건들은 시의 배경 속에 조용히 묻혀 있을 뿐이다. 그렇기 때문에 이 시집은 빅토리아 시대의 가정 이데올로기의 규범을 보여주는 전형이 되었지만, 이것이 대영제국의 형성과 그 시기를 같이하고 있다는 사실은 크게 부각되지 않고 있다.

19세기 이후 『집안의 천사』는 그다지 널리 읽히지 않았으며, 지금은 빅토리아 시대의 억압적인 성 정치성을 상징하는 것으로 공공연한 비판을 받고 있다. 시는 시인이자 작중 화자인 펠릭스 번Felix Vaughan이 여주인공인 아너리아Honoria를 향해 구애하는 과정을 담고 있는데, 서사에서 드러나는 작중 화자의 변화 과정은 사랑하는 연인을 이상화하는 과정 못지않게 중요하다. 여기에서 시인과 연인 간의 관계는 시적 전통과 빅토리아 시대의 성 정치학에서 유래하였다. 〈집안의 천사〉는 가정의 지배자이자 이상적인 어머니, 그리고 아내이자 딸이며, 아늑하고 단란한 가정의 중심 역할을 하는 종교적, 도덕적 미덕의 원천이었다. 〈집안의 천사〉는 자신에게 주어진 역할을 일부러 행하지 않아도, 그저 〈존재한다는 것〉만으로 그 모든 특징들을 소유했다. 그렇기 때문에 〈집안의 천사〉는 가정이라는 영역의 구체적인 화신으로서, 집이나 교회, 학교와 제국의 어느 곳에서든 자신의 고유한 특징들을 늘 지니고 다녔다.

이런 맥락에서 팻모어의 시에 나오는 〈집안의 천사〉는 공인된 이상형이다. 화자인 번은 미래의 장모인 처칠 부인Mrs. Churchill을 묘사할 때, 〈부인의 얼굴엔 / 겸손과 위엄이 / 가장 달콤한 포옹처럼 어우러져 있다〉[2]고 표현한다. 처칠 부인에 대한 칭송은 계속 이어진다.

〔부인은〕 흘러가는 시간의 율동적인 변화가
정지해 있는 영속성의 일부임을

우리들의 그릇된 마음에 일깨워주기 위해
특별히 지상으로 내려보내진 듯하다.(67)

실제로 〈집안의 천사〉는 무의식적이고 눈에 보이지는 않지만 강력한 영향력을 행사한다.

곧이어 그녀의 미소에는
매우 상냥하고 온화한 꾸지람이 담겨 전해졌다.
무례한 소년이었던 나는 이상스레 감동을 받아,
스스로 점차 공손하게 변해갔다.(67)

이렇듯 번은 단순히 〈집안의 천사〉가 곁에 존재한다는 것만으로도 행동이 변화하고 있음을 느낀다. 팻모어의 묘사에 따르면, 여성은 말 그대로 지상에 내려온 천상의 안내자이다. 아너리아에 관한 부분에서 번은 〈우리가 무릎을 꿇자 그녀는 마치/ 내게 기도하는 법을 가르쳐주려는 천사처럼 보였다〉(122)고 설명한다. 〈순진무구한 자부심과 아름다움을 갖춘〉(127) 그녀의 무의식적인 선(善)은 남자에게 수치심을 불러일으키고, 곧이어 그녀의 동반자로서 자격을 갖춘 사람이 되고자 하는 열망을 샘솟게 한다.

〈집안의 천사〉를 거부하고 그를 살해하려 한 버지니아 울프 Virginia Woolf의 유명한 일화는 빅토리아 시대에 형성된 여성성의 이데올로기에 대한 팻모어식 표현이 20세기에 들어서 단절되었음을 시사한다. 1931년 전국여성고용협회 National Society for Women's Service 주최로 열린 〈여성의 전문직 Professions for Women〉이라는 제목의 강연에서 울프는 특히 기존의 남성적인 기준과 기대치에 도전을 가하는 여성 작가가 글쓰기의 능력을 유지하기 위해서는 〈천사〉

의 살해가 선결 조건이라고 주장한 바 있다. 울프는 〈내가 서평을 쓰고 있을 때 나와 내 원고지 사이에 떡 하니 자리를 잡곤 했던 것이 바로 이 환영이었습니다. (……) 내 시간을 낭비하게 했던 것이 바로 이것이었습니다. 이것이 나를 너무나도 괴롭혔으므로 나는 마침내 그녀를 죽여 버렸습니다〉[3]라고 고백하며, 〈'집안의 천사'를 죽이는 일은 여성 작가가 해결해야 할 과제 중의 하나였지요〉(238)라고 기술한다. 울프는 글을 쓰기 시작할 때마다 〈그녀의 날개 그림자가 내 원고지 위에 드리워졌습니다. 나는 방에서 그녀의 치맛자락 스치는 소리를 들었습니다〉(237)라고 적고 있다. 〈집안의 천사〉의 유령은 아래와 같이 울프가 남성 작가의 책을 비평한다거나 글을 쓸 때, 늘 작가의 주의를 환기시켰다.

이봐요, 당신은 젊은 여성이에요. 당신은 남자가 쓴 책에 대해 쓸 참이지요. 다정하고 상냥하게 굴어요. 아첨하고 속이세요. 우리 여성의 모든 기량과 술수를 사용하세요. 아무도 당신이 자신의 정신을 갖고 있다는 것을 눈치 채지 못하도록 하세요. 무엇보다도 순수해지세요.(237)

그러나 울프가 주장하듯, 이렇게 행동을 제약하는 이상형을 마음에 품은 채 글을 쓰는 것은 불가능하다.

나는 종이에 글을 쓰기 시작하자마자 깨달은 게 있기 때문입니다. 자신의 정신이 없으면, 또 인간 관계나 도덕과 성에 관한 진실을 표현하지 않고서는, 한 권의 소설조차 비평할 수 없다는 것을 깨달았던 것입니다. 그런데 〈집안의 천사〉에 따르면 이 모든 문제들은 여성에 의해 자유롭고 공개적으로 다루어질 수 없다고 합니다. 여자들은 매력적이어야 하며 환심을 사야 하며 성공하려면──노골석으로 말해──서릿날을 해야만 한

다는 것입니다.(238)

글쓰기를 가능하게 하기 위해 울프는 천사와 맞섰고 〈그녀를 죽이기
위해 최선을 다했다〉고 고백하며, 〈그녀는 좀처럼 죽지 않았습니다.
(……) 어떤 실체를 죽이는 것보다 유령을 죽이는 것은 한층 더 어려
운 일입니다〉(237-238)라고 기술한다. 울프는 〈만약 내가 고소를 당
해 법정에 서게 된다면 나는 정당방위였다고 변명할 것입니다. 내가
그녀를 죽이지 않았다면 그녀가 나를 죽였을 테니까요. 그녀는 나의
글에서 핵심을 빼앗아갔을 것입니다〉(237-238)라고 설명한다.
〈집안의 천사〉에 대한 울프의 견해는 빅토리아 시대에 관해 깊은
반감을 품은 20세기에 접어들면서 〈집안의 천사〉 개념과 그 개념이
남긴 유산을 후대인들이 어떻게 받아들였는지를 잘 대변하고 있다.
울프는 〈집안의 천사〉를 다음과 같이 요약한다.

그녀는 지극히 정이 많았고 아주 매력적이었으며 완전히 이타적인 사
람이었습니다. 그녀는 가정의 어려운 살림을 척척 해냈습니다. 그녀는
일상의 삶에서 매일 자신을 희생시켰습니다. (……) 바람이 들어오는 곳
이 있으면 그녀는 바람막이가 되었습니다. 간단히 말해 그녀는 체질적으
로 자기 자신의 정신이나 소망을 갖기보다 언제나 다른 사람들의 정신과
소망에 공감하기를 좋아했습니다.(237)

〈집안의 천사〉는 가정이라는 안식처를 관장하는 사람으로서 눈에
보이지 않게 가정과 가족의 기능을 원활하게 하고, 자기 자신이나
자신의 욕구를 위해서는 아무것도 바라는 것 없이 오로지 주변 사람
들을 위해 가정을 편안한 휴식처로 만드는 데 힘쓸 뿐 전혀 사심이
없는 존재였다. 마지막으로 가장 중요한 점은 울프 역시 지적하고

있듯이 그녀가 순수하다는 점이다. 〈새삼 말할 필요도 없지만 무엇보다도 그녀는 순수하였습니다. 그녀의 순수함은 그녀의 아름다움의 주된 요소라고 했습니다. 그녀가 부끄러워하면서 낯을 붉히는 모습은 위대한 은총이라고 했습니다〉(237)라고 울프는 강조한다. 전체적으로 이러한 관점은 도덕성을 강하게 시사하며, 암묵적으로는 종교까지 연관짓는다. 그녀는 〈순수〉하고 〈천사〉와 같으므로, 자연스레 윤리적이고 도덕적인 경건함을 강하게 내포하게 된 것이다.

일레인 쇼월터Elaine Showalter의 『그들만의 문학A Literature of Their Own』이나 샌드라 길버트Sandra Gilbert와 수잔 구바Susan Gubar의 『다락방의 미친 여자The Madwoman in the Attic』와 같이 19세기를 재조명하려는 1970년대의 혁신적인 페미니즘 비평서들은 울프와 마찬가지로 〈집안의 천사〉가 당시 여성 작가들에게 장애물로 작용한 망령이었다는 의견들을 펼친다. 쇼월터는 〈집안의 천사〉에 대해 〈완벽한 숙녀가 되어야 하는 여성으로서 (……) 충실한 마음으로 남자들에게 복종하면서도, 내면의 순결함과 신앙심에서는 강직하며, 가정이라는 자신만의 영역을 관장하는 여왕〉[4]이라고 설명한다. 길버트와 구바는 팻모어의 시가 〈어린 소녀들에게 순종하고, 정숙하며, 그리고 사심을 버릴 것을 요구하여 모든 여성들이 천사처럼 되어야 한다는 것을 상기시키는 숙녀들의 도덕 교양서〉[5]의 전통과 맥을 같이한다고 평가한다. 또 다른 비평가 프레이저 해리슨Fraser Harrison 역시 〈집안의 천사〉라는 개념은 〈19세기 동안 여성들에게 부과되었던 모든 형태의 속박을 드러내는 가장 기만적이고 악랄한〉 본보기라고 지적한다.[6]

물론 〈집안의 천사〉 개념에 대한 도전이 20세기에 접어들어 비판적인 다시 읽기를 통해서만 이루어졌던 것은 아니다. 당대의 작가들, 특히 그중에서도 여성 작가들 역시 여성에 대한 이 규범의 틀이

상당한 문제점을 갖고 있다는 사실을 인식하고 있었다. 앤 브론테 Anne Brontë의 『와일드펠 홀의 거주인 *The Tenant of Wildfell Hall*』 은 비록 팻모어의 『집안의 천사』 초판보다 거의 10년이나 앞선 1847 년에 출간되었지만, 〈집안의 천사〉가 표방하는 이미지에 대항하여 진지하게 갈등하는 여주인공의 모습을 담고 있다. 여주인공인 헬렌 그래엄 헌팅던 Helen Graham Huntingdon은 〈천사〉로 보이기를 바라며, 자신을 그러한 모습으로 이상화하는 장래의 남편의 태도를 기쁘게 여긴다. 그러나 다른 한편으로 그녀는 결혼 이후 〈천사〉로 불리기를 거부하고, 아들과 함께 남편의 곁을 떠나 새로운 고장에서 가명을 사용하면서 예술가로서 새로운 삶을 시작하는 등 명백히 〈천사답지 못한〉 행동을 보인다. 그러나 시브 잰슨 Siv Jansson이 지적하듯, 헬렌이 자신의 탈출 동기를 개인적인 독립이 아니라 아들을 보호하기 위한 것으로 정당화하며, 〈부득이하게 아내로서의 면모는 포기하더라도, 천사의 역할 가운데 모성의 측면은 어김없이 수행〉하고 있다는 점에서 볼 때, 앤 브론테는 〈집안의 천사〉에 대해 도전 의식을 보이기는 하지만 천사로 상정된 이상형을 완전히 배제하지는 않고 있다.[7]

한편 메리 엘리자베스 브래든 Mary Elizabeth Braddon은 『오들리 부인의 비밀 *Lady Audley's Secret*』에서 아름답고 상냥한 모습을 지닌 이상적인 금발 여인의 정체가 재산을 노리고 남자에게 접근하는 교활한 여자였을 뿐만 아니라 살인까지도 서슴지 않는 인물이었다고 묘사하여 천사에 대한 사회적 인식을 조롱했다. 이처럼 빅토리아 시대에는 〈천사〉의 이미지와 〈천사에 반대되는〉 이미지가 동시에 나타났다. 가정적인 모습의 화신이자 순수함으로 이상화된 여성성은 찰스 디킨스 Charles Dickens의 작품인 『돔비와 아들 *Dombey and Son*』의 플로렌스 돔비 Florence Dombey와, 『오래된 골동품 가게

The Old Curiosity Shop』의 리틀 넬Little Nell, 그리고 『데이비드 카퍼필드David Copperfield』의 아그네스 윅필드Agnes Wickfield 등에서 찾아볼 수 있고, 그와 반대인 타락한 천사의 이미지는 오들리 부인이나 디킨스의 『리틀 도릿Little Dorrit』에 나오는 미스 웨이드 Miss Wade를 통해 드러난다.

당대의 대중적인 정기 간행물들도 특정 유형의 여성성이 보편적으로 이상화되는 현상을 우스꽝스럽게 풍자하기도 하였다. 풍자 잡지인 《펀치Punch》는 당시 〈집안의 천사〉라는 개념이 얼마나 어리석게 인식되고 있는지를 폭로하며, 1844년에 발간된 잡지의 27면에 〈전국부인중개소 연합 겸 보증회사Grand National Union Wife Agency and Assurance Company〉의 이름으로 허위 광고를 게재했다. 이 회사의 광고 요지는 〈전국의 모든 남성들에게 기쁨의 동반자이자 슬픔을 위로해줄 뿐만 아니라 가정을 빛내줄 결정적인 장식품을 제공해준다〉[8]는 것이다. 부인중개소의 이용 가격표에는 여성의 자질들이 각각의 가치와 중요도의 순으로 정리되어 있다. 먼저 〈착하고 쓸모 있는 부인〉은 10파운드이며, 〈앞서와 같은 자질에 교양이 포함되면〉 15파운드, 〈앞서와 같은 자질에 탁월한 미모와 매력적인 예의범절이 포함되면〉 27파운드, 〈앞서와 같은 자질에 상상할 수 있는 모든 측면에서 최상급의 바람직한 소양을 갖추었을 경우〉는 31파운드이다. 추신으로 덧붙인 문구에는 〈별도로 1실링의 비용을 내고 요청하면, 모든 부인 후보의 사랑스러움에 대한 보증서를 첨부한다〉고 적혀 있다. 팻모어의 시에서는 〈집안의 천사〉가 너무나 고귀하여 정의하기조차 어려운 존재로 등장하는 반면, 《펀치》의 광고에서는 단돈 31파운드의 가격에 팔릴 뿐만 아니라, 1실링만 더 내면 보증서까지 첨부될 수 있다고 조롱하듯 선전되고 있다.

팻모어의 시는 빅토리아 시대 여성성의 전형과 대단히 동일시되어 시 자체를 보는 것이 쉽지 않다. 오늘날에는 천사를 죽이는 울프의 일화가 시 자체보다 훨씬 더 널리 읽히고 있고, 〈집안의 천사〉 개념과 시집 『집안의 천사』는 마치 하나인 것처럼 공공연하게 받아들여지고 있다. 팻모어가 〈위대한 예술 작품을 쓰겠다는 목적으로 신중하게 시를 쓰기 시작했을 때, 그는 연애 경험의 전반적인 체계를 예시하고 응축시킨 작품을 염두에 두었을 것이다〉.[9] 이야기체로 된 장편의 이 시는 혼인의 신성함에 관한 일종의 정의를 만들어내겠다는 시인의 의도에서 탄생된 작품이었다. 『집안의 천사』 가운데 특히 처음 두 부분인 〈약혼〉과 〈혼례식〉 부분은 오늘날 흔히 〈집안의 천사〉로 일컬어지며, 당시 비평가들의 반응은 엇갈렸을지 몰라도 대중적으로는 성공을 거두었다. 엘리자베스 베렛 브라우닝Elizabeth Barrett Browning은 『오로라 리Aurora Leigh』에서 여자들이 〈천사처럼 노력해 얻은 미덕〉은 〈주로 앉아서 바느질을 하는 데 이용된다〉[10]고 조롱한다. 그리고 앨프레드 테니슨Alfred Tennyson은 『집안의 천사』가 여성 독자들에게 깊은 호감을 불러일으킬 것이라고 예견하며, 팻모어에게 〈여자들이 당신을 위해 돈을 모아 동상이라도 세워줘야겠다〉는 농담을 했다고 전해진다.[11]

『집안의 천사』의 비평가들은 〈천사〉가 〈빅토리아 시대에 억압받은 가정적인 여성이 아니라 실제로는 빅토리아 시대의 남성과 여성 사이의 사랑〉[12]이었다거나, 어느 비평가가 사용한 용어처럼 〈사랑의 정신〉[13]이었다는 점을 조심스럽게 지적하기도 한다. 그럼에도 실제 시 자체를 음미하려는 의욕을 압도한 시의 엄청난 반향은 계속해서 팻모어의 시를 빅토리아 시대 여성성의 이미지와 중첩시켰다. 『집안의 천사』와 다른 작품의 작가로서, 그리고 그의 사적인 전기에서도 드러나듯이 팻모어의 성 정치성이 반페미니즘적이라는 점에는 논란의 여지가 없다. 『집안의 천사』 이후 집필한 에세이에서 팻모어는 여성이란 남성이 전쟁과 정치적 수완, 예술, 발명, 그리고 예절을 통해 그의 용맹함과 고결함을 실천할 수 있도록 이끄는 〈영광〉 그 자체라고 강조한다. 또한 여성이 자신의 소중한 기능을 수행할 수 있는 이유는 여성 자체만으로는 아무것도 아니기 때문이며, 따라서 팻모어는 〈남녀가 평등하다는 주장보다 가증스러운 이단적 발언은 없다〉[14]고 천명한다. 팻모어의 시집은 개정될수록 팻모어 자신이 보수적으로 변해갔음을 시사하는데, 이에 대해 린다 K. 휴즈Linda K. Hughes는 시의 초기 판본과 후기 판본을 비교하여 〈초판보다는 마지막 판본에 이를수록, (……) 여성은 점점 더 생명력을 고갈당한 채 매장되고, 틀에 갇히게 된다〉[15]고 지적한다.

더욱이 『집안의 천사』를 관통하는 시적인 발상은 페트라르카 Petrarch의 전통을 따르고 있다. 팻모어의 제2의 자아인 펠릭스 번은 8주년 결혼기념일에 아내인 아너리아에게 헌정할 시를 쓰겠다고 결심한다. 페트라르카의 라우라Laura나 단테Dante의 베아트리체 Beatrice에 필적하려는 듯, 번은 공공연하게 아너리아를 자신의 뮤즈로 지칭한다. 자신의 작품이 페트라르카의 시적 전통과는 어울리지 않는 개념인 결혼에 관한 시라는 사실에도 불구하고, 번은 손 닿지 않는 곳에 존재하는 뮤즈의 특성을 유지하는 데 성공한다. 실제로 번은 이루어질 수 없는 관계를 재해석하여 페트라르카의 전통에 반하는 결혼이라는 결말의 문제를 해결한다. 〈그녀와 결혼한 내가 왜 구애를 하는가?〉라는 질문에 대해 번은 〈그녀의 영혼에 깃든 정결한 우아함이/ 언제나 그녀를 추구하도록 나를 이끌지만,/ 그녀는 정령처럼 나의 포옹을 피한다〉(201)고 대답한다. 이러한 관점에서 보면, 빅토리아 시대의 남성은 자신의 뮤즈를 뒤쫓는 영원한 구애자가 된다. 비나 프레이월드Bina Freiwald는『집안의 천사』를 〈텍스트를 이용한 확대경〉이라고 정의하며, 〈그 확대경을 통해 시인이자 화자인 남성의 자아 충족감은 월등히 배가된다〉고 설명한다.[16] 남성은 여성 안에서 거울을 발견하고, 그제야 거울 속에 투영된 인간의 신성함을 비로소 볼 수 있으므로, 팻모어에게 〈여성〉은 수단과 도구의 존재에 불과한 것이다.[17]

먼 거리에 존재함으로써 이상화되고, 손 닿을 수 없는 사랑을 경험하는 페트라르카식의 사랑은 별개 영역separate spheres이라는 빅토리아 시대의 이데올로기로 인해 한층 더 강화된다. 앞서 등장한 잡지인 《펀치》에는 〈멀리서만 바라본, 좋아하는 여배우에게 보내는 어느 젊은 신사의 편지〉[18]라는 제목의 연애 편지가 게재되었다. 물론 이 편지는 짝사랑에 빠진 연인의 보답받지 못하는 사랑을 풍자하기 위한 것이지만, 사랑하는 여인에 대한 남성들의 이상화가 순전히 상대 여성에 대한 허구의 상상을 기초로 하고 있다는 점을 드러내주기도 한다. 연인을 칭송하며, 청년은 〈어찌 오늘밤에 보여준 당신의 미덕만을 이야기할 수 있겠습니까? 매일 밤 당신은 속세의 모습이 아닌 자태를 드러내지 않았습니까? 삶의 어떤 처지에 놓이더라도 당신은 변함없이 천사 같은 존재가 아닙니까?〉[19]라고 쓰고 있다. 그 여인은 여배우라는 직업 덕분에 전형화된 역할들을 교묘하게 조합한 이상적인 여성의 개념을 이중으로 연기하는 것이 가능했을 것이다. 청년은 계속해서 〈딸로서의 당신은 세상의 모든 아버지들이 바라는 점만을 갖고 있지 않은가요? 아내로서의 당신은 결혼 반지의 광채에 더욱더 빛을 발하는 존재이며, 젊고 다정한 어머니로서의 당신은 펠리컨보다 헌신적이고, 비둘기보다 더 온화하지 않습니까?〉[20]라고 되묻는다. 이 여배우가 무대에서 맡았던 역할들이 빅토리아 시대의 〈집안의 천사〉에 그대로 부합되는 이상적인 여성상을 고스란히 포함하고 있음을 반증한다.

이와 마찬가지로 팻모어가 묘사한 페트라르카식의 사랑은 육신을 지닌 현실 속의 여성이라기보다는 손 닿을 수 없을 만큼 높은 받침대 위에 올려진 상징적이고 우상화된 모습으로 여성을 부각시켜 현실에서 괴리시키는 데 기여한다. 페트라르카풍의 대부분의 시에서처럼, 팻모어의 작품에서는 여성이 스스로 자신의 권한을 행사하는 모습을 찾아볼 수가 없다. 〈집안의 천사〉는 행동에 의해서가 아니라, 선하고 순결하게 그곳에 있다는 존재의 미덕만으로 영향력을 행사한다. 천사가 사람들을 설득하는 방식은 자비로운 행위나 적극적인 훈계를 통해서가 아니다. 그녀는 단지 본보기로서, 화신으로서, 모델로서, 그리고 미묘한 영향이나 암시만으로 봉사할 뿐이다. 따라서 그녀는 말대꾸 하지 않고 남자들이 여성에게 투사하고자 하는 모든 이상형들을 수용하는 인물이 되어, 목소리를 내지 않으면서도 이상적인 우상으로 작용한다. 또한 〈집안의 천사〉는 인도 항쟁 기간 동안에도 영국 여성을 위한 이상적인 역할을 수행하는데, 그 자체로서는 아무런 존재도 아닌 침묵하는 우상이었기 때문에 공통점이 전혀 없는 각각의 견해와 각기 다른 정치적 목적에서 제기된 모든 의도와 염원들을 수용할 수 있었다.

페트라르카풍의 전통에 의하면, 이상화된 여성이 우상의 지위에 오르게 되면서 남성인 시인이자 작중 화자도 매우 부자연스러운 위치에 놓이게 된다. 숭배의 대상인 여성이 완벽하면서 손에 넣을 수 없는 존재라면, 남성은 미천하고 결점이 많은 인물이다. 여성이 나약하고 보호가 필요한 존재라면, 남성은 기사도적이고 영웅적인 인물이다. 이러한 로망스적 패러다임은 여성과 남성을 모두 정형화하여 극과 극에 놓인 존재로 고착시킨다. 〈집안의 천사〉라는 개념은 또다시 남성들을 이미 규정되어 있는 틀과 같은 지위에 올려놓는 것이다.

〈집안의 천사〉를 중점적으로 다루고 있는 분학 작품에서 남성성의 재현 방법을 고찰한 비평가들은 드물지만,[21] 그중 캐롤 크리스트 Carol Christ는 천사의 남성 상대역에 부과된 역할을 예리하게 조명하고 있다. 우선 그녀는 산업혁명 이후 형성되기 시작한 별개 영역이라는 이데올로기의 맥락에서 남성과 여성의 행위를 지배하는 성별에 따른 전형들을 역사적으로 분석한다. 그녀는 그러한 전형들이 고착화된 원인을 〈시장 경제 논리가 대두하면서 신앙심의 붕괴와 비인간적인 압박감〉 때문에 〈수많은 빅토리아 시대의 작가들이 그러한 가치들을 가정과, 가정의 중심인 여성들의 내면으로 옮겨놓았다〉[22]고 설명한다. 〈집안의 천사〉가 필요했던 이유는 〈근대화된 삶이 가져다준 불안감에서 도피할 수 있고, 종교적인 신앙심이나 근대적인 상업 논리로는 더 이상 확인받을 수 없는 가치들을 간직할 수 있는 안식처를 만들어낼 수 있는 사람이 여성〉[23]이었기 때문이라는 것이다.

소극적인 여성 천사의 상대역인 남성에게 부과된 상호 보완적인 가치의 양가성을 지적한 크리스트의 주장은 흥미롭다. 남성은 당시의 자본주의적 가치들을 실천에 옮겨야 하는 형편에 있었지만, 그러한 가치들이 빅토리아 시대의 사회에서 대단히 높이 평가되지는 않았다는 점에 크리스트는 주목한다.

이 시대의 역사적인 문제점은 남성 작가들을 독특한 위치에 올려놓았다. 남성적인 공격성을 높이 평가하고 보상하는 사회에 직면하였으되, 그 가치에 대해 여전히 양가적인 태도를 품고 있던 남성 작가들은 깊은 매력을 느껴왔던 특정한 여성적 자질들을 이상화하여 자신들이 딜레마에서 벗어날 수 있는 도피처로 삼았다.[24]

크리스트는 팻모어의 시에서 〈여성적인 수동성〉이 이상화되고 있는 이유가 〈여성들은 남성들이 매우 부담스러워하는 성취에 대한 의무감에서 자유로울 수 있기 때문〉[25]이라고 주장한다. 결과적으로 남성은 상당히 어색한 위치에 놓이게 된다. 팻모어가 그려낸 여성은 〈태어나면서부터 수동적이며, 반면에 남성은 성취욕에 불타는 것으로 묘사되어 있지만, 그러한 욕망은 남성에게 불안감과 고통만 가져다 줄 뿐〉[26]이라는 것이 크리스트의 주장이다. 그리하여 크리스트는 팻모어의 『집안의 천사』에서 〈남성의 공격성, 특히 성적인 공격성을 위험하고 혐오스러운 것〉[27]으로 보고 있다는 관점을 제기한다.

이렇듯 숭배하는 사람과 숭배를 당하는 사람으로 행위를 양분한 페트라르카풍의 전통은 남성의 성적 탐욕에 초점을 맞추며, 여기에서 극단적인 수동성을 이상화한 여성은 남성의 행위에 대한 암묵적 비판자로 떠오른다. 여성이 순결함과 수동성을 통해 완벽한 행위의 전형으로 작용할 때, 그와는 대조적인 남성의 공격적 행위는 순수하지 못한 것으로 비치게 된다. 크리스트는 팻모어의 시에서 〈여성이 남성보다 우월한 존재임을 증명하는 수동성과 무성성(無性性)은 남성을 곧바로 유일한 행동가이자 성적인 공격자의 위치로 고정시킨다〉[28]고 설명한다.

그러나 이러한 딜레마를 해소하는 것은 쉬운 일이 아니었다. 산업화가 남성의 공격성에 대한 양가성을 조장하고 여성의 수동성을 칭송하는 결과를 가져온 것과는 반대로, 여성의 수동성은 남성의 공격성을 불러일으켰다. 그 결과 〈자신의 양가성을 탈피하기 위해 선택했던 바로 그 이상화의 과정을 통해 오히려 남성은 애초에 그러한 갈등을 가져왔던 지배와 성적인 공격성을 재현할 수밖에 없게 되었다.〉[29] 그러므로 〈집안의 천사〉라는 전형은 여성들에게 불가능한 이상형을 강요하였을 뿐만 아니라, 남성들에게도 〈피할 수 없는 딜레마를 안겨주었으며, 그들에게 여성을 영원한 비난의 대상이자 영원한 유혹의 대상으로 인식하게 만들었다.)[30] 〈집안의 천사〉와 그에 부합하는 공격적인 남성 파트너로 뚜렷하게 성별화된 빅토리아 시대의 전형들은 남성과 여성들에게 풀기 어려운 숙제를 안겨준 것이다.

그런데 이러한 서사적 유형이 빅토리아 시대의 국내 상황에서는 어색하게 받아들여졌을지 몰라도, 1857년 인도 항쟁과 같은 국외의 배경에서는 허구적인 서사로서 더할 나위 없는 이상적인 모델을 제공했음을 주목할 필요가 있다. 극단적으로 성별화되어 남녀 모두에게 강압적인 정의로 부과된 이상적인 남녀관계는 인도 항쟁을 다루는 영국인들의 태도와 맞물리면서 국가적인 차원으로 확대되었다. 백마를 탄 기사가 곤경에 빠진 여인을 구출하는 등 영웅적인 플롯에 필요한 모든 요소들이 동원되면서, 영국에서는 불편하게 받아들여지던 남녀의 정형화된 이미지가 식민지에서는 당연시되기에 이르렀다.

2. 인도 항쟁 속에 놓인 〈집안의 천사〉

이상적인 여성성에 관한 팻모어의 시가 발표된 지 채 5년도 지나지 않아 발생한 인도 항쟁의 제반 사건들은 영국인들에게 여성성을 천사와 같은 이상형으로 구체화하고 찬양하는 데 더 좋은 빌미를 제공했다. 인도 항쟁을 묘사할 때에 가장 먼저 대두된 수사적 움직임은 영국이 국가적으로 인도에 대해 느끼는 분노를 첨예하게 부각시키기 위해 위협받고 있는 〈여성들과 아이들〉의 안전이라는 문제를 강조하는 것이었다. 필자가 〈인도 항쟁의 패러다임〉이라고 명명한 이 독특한 서사 방식은 영국 여성들과 아이들의 희생, 그에 상응하는 남성들의 기사도 정신과 영웅주의를 통해 식민지인과의 관계에 영향을 미쳤다. 인도 항쟁은 군사적 갈등 때문에 일어났지만 이 서사 방식은 가장 신성하고 절대로 침범당해서는 안 될 가정 영역에 대한 식민지인의 공격이라는 표현을 써서 빅토리아 시대 영국인의 상상력을 사로잡았다. 인도 항쟁에 대한 보편적인 수사법은 영국의 〈여성들과 아이들〉을 공격 목표로 삼는 악마 같은 존재로 인도인들을 묘사하는 것이었으며, 곤경에 빠진 숙녀를 구하는 로맨스 문학을 통해 동양인의 전형을 압제와 성적인 착취로 강조하는 상투적인 것이었다. 언론과 소설의 표현을 통해 인도 항쟁은 식민지와 본국 사이의 틈을 확대시켰다. 요약하자면 새롭게 등장한 〈인도 항쟁의 패러다임〉은 영국 여성, 즉 영국에서 살아가는 〈집안의 천사〉들이 인도 남성들에게 희생되었음을 강조했다. 사실 이것은 서양이 동양을 성적으로 지배한다는 고전적인 제국주의 전략이 제국주의자들 자신을 향해 역전되는 〈역식민화〉의 시나리오였다.

빅토리아 시대의 언론은 인도 항쟁에 관한 단편적인 기사와 과장된 현장 소문을 보도하여 대중들 사이에 집단적인 히스테리를 일으키는 데 큰 몫을 담당했다. 사실 기사와 소문은 거의 구분되지 않았다. 《런던 타임스 *London Times*》와 같은 일간지들은 앞다투어 인도 항쟁 소식으로 지면을 채웠다. 인도 항쟁에 대한 언론의 반응은 인도의 각지에서 산발적으로 일어난 폭동처럼 혼란스러웠다. 언론은 균형 잡힌 보도가 아니라 강간과 사지 절단, 그리고 대학살에 대한 끔찍한 묘사들이 자주 등장하는 괴기스러운 고딕 문학의 요소를 더 많이 보여주었다. 그 이유는 폭동의 경계를 확인하기 어려웠으며, 무서운 소문들이 떠다녔고, 실제 증언은 좀처럼 얻기 힘들었기 때문이었다. 예를 들어 어느 성직자는 영국 여성들이 포로로 잡혀 매춘을 강요당하고 공개적으로 윤간을 당했다는 내용을 담은 상세한 보고서글 《런던 타임스》에 기고했는데, 사실 그는 폭동이 발발한 시역에서 수천 마일이나 떨어진 곳에 있었다.[31] 허구로 가득 찬 이러한 보도는 결국 영국 대중들에게 인도인들에 대한 즉각적이고도 잔혹한 유혈 보복을 대중들에게 정당화시키는 주요 도구가 되었다.

항쟁 기간 동안 발생한 수많은 사건들 가운데 영국인들의 상상력을 사로잡은 것은 칸푸르에서 발생한 일련의 사건들이었다. 영국 여성들을 포로로 잡은 인도인 지도자 나나 수령Nana Sahib의 이야기를 중심으로 칸푸르에서 일어난 공포의 현장이 생생하게 보도되었는데, 그것은 제국이라는 무대 위에 올려진 〈집안의 천사〉가 가차없는 희생의 대상이 될 수 있다는 점을 상기시켰다. 200여 명의 영국 여성들과 어린이들을 포로로 잡고 있던 문제의 인도 지도자는 유럽 군대의 진격으로 후퇴를 하게 되자, 포로들을 살해하라고 명령했다. 강간, 굴욕, 사지 절단 등 가혹 행위에 관한 생생한 이야기가 널리 퍼지면서 칸푸르와 비비가르Bibighar의 학살 장소였던 여자 숙소 House of the Ladies는 영국 여성의 희생을 상징하는 표상으로 자리잡게 되었다. 어느 작가는 당시 상황에 대해 칸푸르에서 〈빅토리아 시대의 가장 존경스러운 제도 가운데 하나인 영국의 숙녀가 살육을 당하고 더럽혀져 몰락했다〉[32]고 언급했다. 요컨대 〈집안의 천사〉가 인도 항쟁의 상징적인 희생자가 되었던 것이다. 하지만 제니 샤프 Jenny Sharpe는 실제로는 〈소문의 진상을 확인하기 위해 판무관과 치안관이 파견되었지만, 칸푸르나 다른 기타 지역에서도 체계적인 강간과 살상, 고문이 있었다는 증거는 찾지 못했다〉[33]고 지적한다. 또한 빅토리아 시대 당시의 역사가로 인도 항쟁의 권위자인 존 케이 경Sir John Kaye 역시 칸푸르에서 발생한 사건들을 전하는 이야기들의 부정확성을 지적한다.[34]

그러나 희생당한 여성들의 상징적 역할은 고스란히 남아 이어졌다. 샤프가 설명하듯 〈영국 여성들을 반식민주의적 폭동의 무고한 희생자로서 재현한 것은 기존의 식민 지배 구조가 가진 권위를 재확립하고, 새로운 구조의 기반을 닦는 데 좋은 수단이 되었다.〉[35] 희생당한 영국 여성의 정치적 가치는 〈폭도들이 여성 포로들을 구세주처럼 십자가에 처형시켰다는 주장〉[36]과 같은 사례에서도 짐작할 수 있다. 또한 이들 희생자들은 유럽인들의 상상력과 문학 전통에서 유래한 묘사를 통해 공포감을 대대적으로 확산시키는 데에도 기여했다. 샤프는 〈아이들은 상자에 넣은 채 불에 태워지거나, 아버지의 인육을 먹도록 강요당했으며, 임산부의 뱃속에 있는 태아가 도려내졌고, 여자들은 사지를 절단당했다〉는 등의 이미지가 갖는 성격을 설명한다. 그녀에 따르면 〈이러한 행위들은 동양인의 사고라기보다는 유럽인들의 사고를 더 잘 드러내주고 있으며, (……) 고전과 성경에서 비롯된 문학 전통은 영국인들에게 순교와 영웅주의, 복수 등의 각본을 제공했다〉[37]는 것이다.

궁극적으로 폭동에 대한 보도는 영국 여성의 희생, 그중에서도 그들이 성적으로 취약하다는 사실에 지나칠 정도로 깊은 관심을 보였다. 그러는 과정에서 인도 항쟁의 다른 희생자들은 대부분 무시되었다. 항쟁이 진행되면서 훨씬 더 많은 인도 여성들이 영국 남성에게 강간을 당했지만, 그들의 참상은 어디에서도 보도되지 않았다. 낸시 팩스턴Nancy Paxton은 식민지에서 벌어진 인종간의 강간에 대한 재현 방식이 인도 항쟁 이후 변화를 겪게 되었다고 주장한다. 그녀에 따르면 머나먼 이국에서 유럽인들이 강간범으로 등장하는 고딕 문학의 이미지가 18세기 후반에서 19세기 중반까지 유행했지만, 그이후에는 강간의 〈희생자들이었던 인도 여성들이 갑자기 영국 여성으로 대체되는〉[38] 모습을 보인다는 것이다. 여성으로 상정된 검은 대륙을 관통하는 서양인 제국주의자의 모습이 완전히 역전된 이런 상황에서 〈강간의 범주는 선택적인 보도를 통해 영국 여성들에게만

한정되었다.)[39]

말로 형용할 수 없는 극단적인 강간 범죄에 희생된 여성에 대해 당시에 이용할 수 있었던 모든 허구적 도구를 동원해서 보다 생생한 묘사들이 이루어졌다. 희생당하는 여성의 공포감을 묘사할 때에 강간은 은유적인 기능으로 작용하는 하나의 문학적 범주가 되었으며, 그러한 강간의 서사들은 분명하게 예측할 수 있는 패턴을 따랐다. 〈목격자의 진술들은 하나같이 여자들이 벌거벗겨지고, 성적으로 유린당한 다음 고문을 당하는 천편일률적인 사건들의 연속으로 구성되고 결말의 순간에 여성이 죽음을 맞이한다)[40]고 샤프는 지적한다. 《런던 타임스》에 실렸던 다음 기사는 앞서 언급했던 성직자가 기고한 것으로, 그는 사건의 발생 지점에서 멀리 떨어진 곳에 있었으므로 직접 목격했을 리가 만무했다. 현재 우리는 이 기사가 완전한 허구임을 알지만, 기사가 보도되었을 당시만 해도 〈신의 사도가 전하는 이 보고서〉는 〈신이 보증하는 진실〉로 받아들여졌다.

대부분 10세에서 14세 사이의 소녀들로서, 고상하게 교육을 받은 숙녀들이 다수를 차지하는 48명의 여성들을 포로로 사로잡은 그들은 여자들을 유린하고, 폭동 주동자들을 위한 비열한 목적에 이용하기 위해 일주일 내내 포로들을 붙잡아두었다. 일주일이 지나자 그들은 여자들이 스스로 옷을 벗도록 한 뒤, 백주 대낮에 델리 거리에서 하층민들에게 겁탈당하도록 던져주었다. 그런 다음 그들은 포로들을 고문하여 죽이기 시작했으며, 가슴과 손가락, 코를 자른 뒤 죽음에 이르도록 내버려두었다. 한 여성은 사흘 만에 숨이 멎기도 했다.[41]

성직자의 거짓 보고는 이처럼 단순하면서도 적극적인 상상력의 요소들을 전부 갖추고 있다. 섹스와 동양인의 잔혹성, 고문, 대중의 개입, 여성의 육체에 머무는 관음적인 시선을 모두 담고 있다. 날조된 이 이야기는 인도 항쟁에서 희생된 영국 여성들을 재현하는 데에 무엇이 가장 극악무도하고, 상징적인 측면에서 가장 영향력 있는 공포감으로 여겨졌는지를 보여준다. 샤프의 지적대로 〈신체 부분에 대한 물신적 숭배는 여성들이 살아 있는 동안 지녔을 가치보다 훨씬 더 높은 수준으로 여성의 시신을 대상화한다.〉[42] 그녀는 〈여성들이 어떤 가치를 지니고 있다면 그것은 도덕적인 순수성에 있으며, 그 가치가 구성되는 유일한 목적은 순수성을 부인당하는 것이다〉[43]라고 덧붙인다. 샤프의 주장대로 이 성직자의 이야기나 이와 유사한 다른 이야기들은 모두 〈영국 여성들을 무고한 희생자로, 그리고 인도 남성들을 잔학무도한 성범죄자로 상정하려는 발화(發話) 행위〉로 작용하며, 〈따라서 폭동은 그 무엇보다도 여성들에 대한 범죄로 재현되는 것이다.〉[44]

그렇다면 사건에 연루된 남자들은 어떻게 되었는가? 인도 남성을 살해하는 행위는 희생이 아니라, 그들이 저지른 범죄에 대한 정당한 응징으로 재현되었을 것이다. 여기서 흥미로운 점은 영국 여성들의 희생을 강조한 서사의 효과가 영국 남성들에게 나타난다는 사실이다. 영국 남성들은 다양한 서사 속에서 영웅이자 기사도의 수호자로 그려진다. 그들은 침략자도, 제국주의자도 아니며, 단지 곤경에 빠진 숙녀를 충성스럽고도 정중하게, 신사적으로 보호해주는 인물일 뿐이다. 제1장에서 언급한 것같이 인도의 식민지인들을 위하는 제국주의자의 이미지와는 달리, 국내의 영국 국민들에게 비쳐지는 제국주의자의 이미지는 여성을 보호하는 신사의 자질이 강조되었다. 그와 같은 은유가 가져다주는 유용한 부차적 효과는 영국 남성들을 희생자로 묘사하지 않음으로써 서양 남성성의 이미지를 보호한다. 샤프의 지적대로 〈무방비 상태의 여성과 아이들의 살육에 집중된 사

회적 관심과 초점이 원주민 폭도들의 손에 죽어 가는 영국 남성들의
이미지로부터 사람들의 관심을 돌려놓았다.)[45]

　사지를 절단당한 남자에 대해 자세히 묘사한 보고서는 찾아볼 수 없
다. 남성의 육체를 그토록 파편화하는 것은 영국 남성들을 강간의 희생
자라는 대상화된 공간에 집어넣는 일이 되기 때문이다. 그러한 지위를
인정하는 것은 식민 권력이 어느 때보다 강화되어야 할 필요가 있는 시
점에 식민 권력을 부정하는 것이다.[46]

　달리 말하면 영국 남성들 역시 인도 항쟁의 과정에서 죽어갔고 희
생당했지만, 그들을 영웅으로만 묘사하려는 노력 때문에 영국 남성
들을 이데올로기적으로 찬양할 수 있었으며, 그 결과 그들의 빛나는
이미지를 손상시키는 희생자로서의 현실이 감추어졌던 것이다.
　인도 항쟁의 결과로 나타난 패러다임에서 영국 여성들은 늘 현실
이나 상상 속에서, 또는 잠재적으로 동양 남성들과 관련되어 본질적
인 희생자로 그려지게 된다. 나아가 그러한 위협은 영국 남성들의
즉각적인 반응을 불러일으켜서 조직적으로 여성을 보호하여 남성성
을 입증해 보이도록 강요한다. 인도 항쟁의 정치적 갈등은 영국 남
성들이 단결하여 기사답게 〈자신들의〉 여성을 보호해야 하는 로망
스적인 서사를 부분적으로 포함하고 있다. 반면에 영국 남성의 잠재
된 희생 가능성은 주목받지 못했으며, 자기 방어를 위한 방어적인
행위보다 기사도에 입각한 영웅적 행위에 전력을 투구할 수 있도록
영국 남성의 남성성을 강화하는 데 방해가 되는 요소들은 철저히 감
추어졌다.
　동시에 그러한 서사는 인도 항쟁의 희생자들을 〈집안의 천사〉로,
즉 가정의 수호신이자 공격받고 있는 영국적 정체성의 화신으로 구

체화했다. 그뿐만 아니라 샤프가 지적하듯, 이러한 서사는 〈강간의 대상으로 영국 여성이 유린당하는 것과, 폭동의 대상으로 제국주의가 유린당하는 것을 교묘하게 동일시하여 가정적인 여성의 도덕적 가치, 즉 그녀의 자기희생과 의무, 헌신 등을 제국주의의 사회적 의무로 확대시키는 데 기여했다.〉[47] 이제 여성은 제국주의 자체를 상징하는 표상이 되었다. 그리고 인도 항쟁은 독립을 염원하는 인도인들의 반제국주의적 투쟁이 아니라, 영국의 여성성에 대한 공격이며, 따라서 영국적인 정체성의 핵심 가치를 공격하는 행위로 그려졌다.

3. 인도 항쟁 이후 소설 속의 〈집안의 천사〉

언론의 묘사가 인도 항쟁을 허구적으로 연출하는 데 효시가 되었다면, 항쟁 자체는 19세기 후반부에 활동한 빅토리아 시대의 소설가들에게 상상력의 강력한 원천이 되었다. 그 결과, 인도 항쟁을 직접 배경으로 삼거나 간접적인 영향을 받은 소설들은 섹스와 폭력, 그리고 이국적인 배경 등 싸구려 대중 소설에 필요한 모든 요소들을 최대한 활용하였다. 그리하여 1900년에 이르면 〈인도 항쟁 소설〉이라고 칭할 수 있는 작품이 적어도 50여 권에 이르렀다.

패트릭 브랜틀링거Patrick Brantlinger는 그러한 소설들이 〈양적으로 많았다는 사실은 그에 반비례하여, 질적으로는 열악했음을 보여준다〉고 지적한다. 그는 이러한 소설에 〈지나치게 잔혹한 묘사와, 희생자들을 비난하면서 이용하는 인종 차별주의자의 전형, 선악의 절대적인 양극화, (……) 문명과 야만이 대립하는 극단적인 형태가 담겨져 있다〉[48]고 설명한다. 〈인도 항쟁 패러다임〉을 적용한 소설의 범주를 보다 넓게 해석한다면, 빅토리아 시대의 소설가들이 영 제국에서 일어난 독특한 갈등 구조를 담아낸 수많은 작품들을 포함시킬 수 있다. 인도 항쟁에서 비롯된 상상적인 서사는 빅토리아 시대의 여성을 완벽한 〈집안의 천사〉로 더욱더 구속하기에 이르렀으며, 인도 항쟁을 통해 영국 여성들을 더욱 화려해진 받침대 위에 올려놓았다. 1847년에 발표된 소설에서 제인 에어Jane Eyre는 〈노예를 찾아가 (……) 폭동을 일으키도록 하겠다〉[49]고 단언하지만, 불과 10년 뒤에 여성은 보호를 받아야 하는 존재로 전락해버리며 폭동을 일으키는 영국 여성의 이미지를 상실하게 된다.

그러한 소설들 가운데 윌키 콜린스Wilkie Collins의 『문스톤 *The Moonstone*』(1868)은 아마도 인도 항쟁에 관한 문학적 반향이 드러난 작품 가운데 가장 세련된 작품으로 손꼽을 수 있을 것이다. 이 소설에서 영국 여성들이 인도인에 의해 희생당할 것이라는, 인도 항쟁이 불러일으킨 공포심은 〈역식민화〉의 전형적인 사례를 보여주듯 대양을 건너 영국 땅으로 진입한다. 다시 말해 콜린스의 소설은, 인도의 위험한 섹슈얼리티가 빅토리아 시대 사회의 시골 저택에 파고들어 파괴적인 결과를 낳을 수도 있음을 경고하는 이야기다. 엄청난 크기의 인도산 황색 다이아몬드인 문스톤은 힌두교 달의 신 이마에 박혀 있던 것으로, 그것을 탐내어 갈취하는 모든 이들에게는 신비로운 저주가 내려진다. 소설은 한 영국인이 세링가파탐Seringapatam 신전을 점령하여 그 보석을 탈취하는 것으로 시작한다. 보석을 약탈한 존 헌캐슬John Herncastle은 죽음을 맞이하며, 조카인 레이첼 베린더Rachel Verinder의 어머니에게 복수하기 위해 레이첼의 18번째 생일에 보석을 선물로 주도록 유언을 하는데, 레이첼의 사촌이자 구혼자인 프랭클린 블레이크Franklin Blake는 그러한 의도를 전혀 알지 못한 채 그 다이아몬드를 레이첼에게 전달한다.

안전하게 순화된 제국의 예술품이 되어야 마땅한 다이아몬드는 레이첼의 생일 파티가 있던 바로 그날 밤, 그녀의 방에서 사라져 이리저리 떠돌면서 사방에 전설적인 저주를 내린다. 문스톤 때문에 레이첼의 주변에는 초대받지 않은 온갖 부류의 사람들, 즉 다이아몬드를 되찾으려고 찾아온 세 명의 브라만 승려와, 재산을 노리고 달려드는 구혼자들, 그리고 무신경한 탐정들까지 모두 몰려든다. 이때 가문의 집사이자 가족의 가치를 지키려고 노력하는 보수적 인물로 등장하는 가브리엘 베터리지Gabriel Betteredge는 문스톤의 위협을 〈역식민화〉 현상으로 짚어낸다. 그는 〈조용하던 영국 가정이 갑작스레 들이닥친 악마 같은 인도 다이아몬드의 침입을 받더니, 보석을 뒤쫓는 불한당들의 음모와 함께 죽은 자의 복수에 휘말려들고 말았다〉[50]고 개탄한다. 베터리지가 언급하는 그러한 이야기들은 영국의 전원에 있는 귀족의 영지나 19세기의 정신이 깃든 배경에는 어울리지 않는다. 그것은 〈진보의 시대이자 대영제국의 헌법이 내려주는 은총을 기쁘게 누리는 나라에서〉(46) 벌어질 만한 일들이 아니다. 콜린스의 소설에서 문스톤은 인도인에 대한 서양인들의 가장 극심한 공포감을 입증하는 생생한 본보기로서 빅토리아 시대에 유입된다. 즉 그것은 신비로움과 광기를 간직한 인도와, 영국의 제국주의가 저지른 잘못을 보상받으려고 복수심을 불태우는 인도인을 상징하는 물건으로 묘사된다.

성년이 되는 레이첼의 생일 축하연이 있던 날 밤, 모든 관계자들은 베린더 가문의 영지에 모여들게 되고, 그 파티는 식민지의 영역과 영국 국내의 영역이 혼재하는 결정적인 장면을 제공한다. 물리적으로뿐만 아니라 환유적으로도 하나로 연결되어 있는 레이첼과 문스톤은 그날 밤 최고의 볼거리를 제공한다. 〈새하얀 드레스의 가슴에 달린 브로치의 형태로〉 다이아몬드를 착용하고 있는 레이첼에게는 〈특별히 모든 사람들의 시선이 집중된다.〉(76) 레이첼의 육체는 두 가지 보석을 소유하고 있다. 다이아몬드와 혼인 적령기라는 보석이 바로 그것으로, 블레이크와 그의 라이벌인 갓프리 에이블화이트 Godfrey Ablewhite는 모두 그녀를 신부로 맞이하고자 갈망한다. 파티가 절정에 달하면서 놀이패로 변장한 힌두교 승려들이 도착한다. 그들은 즐거워하는 레이첼과 다른 하객들 앞에서 재주를 선보이며, 레이첼이 다이아몬드를 소유하고 있음을 직접 확인하지만 곧이어 침입자로 밝혀져 저택에서 쫓겨난다.

생일 축하연이 벌어진 이날 밤은 소설의 나머지 부분에서도 거듭 회상되는 결정적인 〈범죄 장면〉이며, 문스톤이 영국에서 사람들 앞에 공공연하게 모습을 드러내는 것은 그날이 마지막이다. 여기서 특이한 점은 남녀 사이에 주어지는 정보가 다르다는 사실이다. 레이첼은 철저하게 보호받아야 하는 영국 여성의 상징적인 역할을 수행할 뿐, 실질적으로 벌어지는 일에 관해서는 거의 전적으로 무지하다. 이 소설에서 레이첼은 지극히 순진하게 묘사된다. 인도 탐험가 머스웨이트Murthwaite는 그녀에게 〈내가 아는 어떤 도시의 어느 신전에서는 당신 같은 차림새로〔가슴에 문스톤을 달고〕 서 있으면 5분도 지나지 않아 목숨을 잃을 수도 있다〉(78)고 경고한다. 그 말에 대해 〈안전하게 영국에 있는 레이첼은 인도에서나 겪게 될지도 모를 위험을 듣고 무척 흥미로워〉(78) 하는 반응을 보인다.

놀이패로 변장해 숨어들었던 브라만 승려들이 떠나고 난 뒤에야 레이첼은 거실로 돌아오는데, 문스톤의 저주나 인도인들의 출현이 의미하는 것을 전혀 알지 못한다. 그러나 그녀의 보호자를 자청한 남자들은 저택 밖의 관목 숲에 모여 담배를 피우면서 레이첼에 관해 걱정스레 이야기를 나눈다. 머스웨이트와 블레이크, 그리고 베터리지는 문스톤과 놀이패들의 위협을 이야기하면서 레이첼이 처한 위험에 대해 의논한다. 베터리지는 〈진실에 대해서는 전혀 알지 못한 채, 드레스 가슴에 달린 다이아몬드를 인디언들에게 내보이며 그녀가 서 있었다니!〉(82)라고 회고한다. 베터리지는 보석을 뒤쫓는 승려들이 팔을 뻗으면 닿을 거리에 레이첼이 문스톤을 단 채 서 있었다는 생각에 치를 떨면서 그 장면을 에로틱한 관음증의 순간이자 인종적 타자에 대한 호기심의 순간으로 그려내고 있다. 레이첼이 인도인들에게 노출된 것을 염려하면서 베터리지는 역설적으로 그것을 마치 부녀자를 보호하기 위해 휘장을 쳐두는 인도의 문화적 관습인 퍼르다purdah를 어긴 것처럼 말하고 있다.

머스웨이트의 막연한 경고 이외에도, 레이첼에게 문스톤이 갖고 있는 위험스러움을 언제, 어느 정도까지 이야기해주어야 하는지에 관한 문제는 소설의 커다란 미스터리로 계속 남겨진다. 같은 날 밤, 레이첼이 〈인도산 다이아몬드를 인도산 장식장에 넣어, 두 개의 아름다운 예술품이 서로를 찬미할 수 있도록 하겠다〉(87-88)는 소녀 같은 환상을 토로할 때까지, 그녀는 무슨 일이 벌어지고 있는지 전혀 알지 못한다. 레이첼이 아는 것과 알지 못한 것은 소설 속에서 중요한 요인으로 작용하며, 그녀는 자신만의 목소리를 거의 갖지 못한다. 기사도를 발휘하여 레이첼을 중심으로 서로 협력하지만 절대로 그녀와 직접 의논하는 법이 없는 소설 속의 남성들과, 레이첼에게 자신만의 목소리를 발휘할 기회를 결코 제공하지 않는 소설의 서사구조는 레이첼을 〈집안의 천사〉, 즉 기사도의 보호를 받을 자격은 있으되 남성들과 정보를 공유하거나 동등한 위치에 서 있을 수 없는 가정이라는 영역의 우상으로 대상화하는 데 공모하고 있다.

이러한 맥락에서 폭동을 묘사한 소설이자 엘리엇T. S. Eliot이 〈영국 최초이자 가장 위대한 탐정소설〉[51]로 명명한 이 작품에서 해결해야 할 〈미스터리〉는 〈사라진 보석〉에 관한 것이 아니라 〈위협받는 영국 여성〉에 관한 문제이다. 인도에서 약탈한 전리품이 영국 내부라는 공간으로 침입하여 레이첼의 순결함이 위험에 처하게 된 것이다. 다이아몬드가 사라지자, 커프 하사Sergeant Cuff는 레이첼을 용의자로 의심한다. 이에 레이첼은 다이아몬드와 함께 자신의 순결함도 도둑맞았으므로 자신의 명성에 금이 갔다고 생각한다. 블레이크는 〈내가 저 끔찍한 다이아몬드를 갖고 런던에서 이곳에 왔을 때, (……) 영국에서 이보다 더 행복한 집안은 없었을 것이오. 그런데 지금 이 집안을 보시오! 뿔뿔이 흩어지고 분열되어 집안의 공기마저도 미스터리와 의심으로 오염되어 있지 않소!〉(188)라고 한탄한다. 문스톤은 베린더 가문을 분열시키고, 레이첼의 명성에 흠을 냈으며, 그녀와 블레이크의 관계는 소원해지고, 베린더 부인은 갑작스러운 죽음을 맞이했다. 소설 속에서 인도 항쟁 자체를 직접 언급하지는 않지만, 인도의 보물이 돌아다니면서 레이첼을 파멸시키도록 설정함으로써, 『문스톤』은 인도 남성과 그 힘에 의한 영국 여성의 희생을 의문의 여지없이 받아들이게 하는 〈인도 항쟁의 패러다임〉을 드러낸다.

하지만 콜린스가 영국 여성의 희생이라는 모티프를 도입하고 있으면서도 여성성과 제국 사이의 중첩된 문제를 풀기 위해 이 소설에서 제시하는 해결책은 그러한 〈인도 항쟁의 패러다임〉과 복잡하게 얽혀 있음을 시사한다. 소설의 범주 면에서 볼 때, 『문스톤』의 뒷부분 절반은 결혼을 결말로 제시하는 가정 소설로 변모하며, 그것을 위해 『문스톤』에서는 폭동 소설과 탐정 소설의 플롯들을 로맨스의 플롯으로 전환시키는 문학적 장치들이 전면에 부각된다. 어떻게 보면 『문스톤』은 여주인공이 성인으로 성장하는 험난한 과정을 주제로 삼는 여성의 성적인 성장소설, 즉 〈빌둥스로만Bildungsroman〉이라고 볼 수도 있다. 레이첼의 열여덟 번째 생일인 1848년 6월 21일부터 혼례일인 1849년 10월 9일에 이르기까지 그녀가 성에 무지한 처녀로서 안전했을 시기와 부인의 신분이 된 시기 사이의 짧은 성적 방황 기간은 레이첼이 제국을 접하면서 맞이하게 된 위험스럽고 불안정한 과도기였다. 구혼과 인도 항쟁의 플롯을 접합시켜서 성적인 행동을 할 수 있게 된 한 여성의 불확실한 시기는 인도에서 들어온 다이아몬드를 만나면서 두렵게 과장되며, 해결책으로 등장하는 구혼의 과정은 명성을 더럽힐 위험에 처한 레이첼을 구출해낼 수 있는 영국 남성들 사이의 기사도 경쟁으로 그려지게 된다. 결국 결혼은 레이첼과 인도산 다이아몬드의 인연을 완전히 끊는 최종 해결책이다.

여기서 유능한 탐정이자 여성의 수호자로서 그 임무를 가장 적절하게 수행할 수 있는 인물은 블레이크이며, 레이첼을 보호하기보다는 오히려 그녀를 범인으로 지목했던 커프는 자격 미달이다. 결국 문스톤과 인도는 레이첼에게 아무런 실질적 〈위험〉을 끼치지 않으며, 오로지 다른 사람들의 사악한 의도를 드러나게 하는 은유로서 작용할 뿐이다. 인도인 놀이패들은 무고하며, 문스톤은 레이첼이 선물로 받는 바로 그날 밤 그녀의 손아귀에서 사라진다. 실제로 레이첼에게 닥치는 모든 시련들은 영국인들에게서 비롯된 것이며, 특히 그녀를 보호하겠다고 장담하던 이들이 저지른 짓이다. 갓프리 에이블화이트는 문스톤을 훔친 장본인으로, 레이첼의 재산 때문에 그녀를 갈망한 인물이다. 커프는 레이첼을 도둑으로 오인하여 그녀의 명성에 흠집을 낸다. 블레이크 역시 범죄와 관련해 의심할 수밖에 없는 장면을 레이첼에게 목격당하면서 그녀의 마음을 아프게 한다.

궁극적으로 결혼으로 마무리되는 플롯은 모든 복잡한 문제들을 해결한다. 프랭클린 블레이크는 절도 장면을 기발하게 재구성하여 구혼자의 자질을 증명해 보이고, 그로 인해 레이첼의 호감을 회복한다. 두 사람의 결합은 두 가문의 재산을 합치는데, 두 사람은 각 집안의 유일한 자손이며 사촌간으로 식민지에서 유입된 물건 때문에 심하게 흔들렸던 빅토리아 시대의 사회적 기반을 회복한다. 영국 국내와 식민지는 원래의 간격으로 돌아가고, 레이첼이 결혼을 하여 가정과 모성에 안주하는 동안 문스톤은 힌두교 달의 신에게 되돌아간다. 결과적으로 베린더와 블레이크 가문의 혼례식으로 끝을 맺어야 할 전통적인 서사의 마무리는 환유적으로 문스톤이 제자리를 찾는 의식으로 대체된다.

인도 항쟁과 대영제국에 관한 콜린스의 입장을 예측하기는 쉽지 않다. 1858년 2월 27일에 발간된 《가정담화 *Household Words*》에 실린 「세포이들을 위한 설교」라는 글에서 콜린스는 인도의 옛날 이야기를 언급하며 세포이들을 〈배신자와 암살자〉[52]로 규정한다. 그러나 전체적인 글의 요지가 〈신이 가장 어여쁘게 여기는 삶은 인류에게 가장 유용한 삶〉인 반면에, 콜린스의 이야기는 확실히 지적이고 철학적인 사색보다 적극적인 삶의 참여를 옹호하기 위해 인용된 것으로 볼 수는 없다. 이미 세포이들은 사색보다 행동을 우선하는 사람들이었으므로, 글 전체를 포괄하고 있는 듯한 그 이야기를 인도인들에 대한 비난으로 읽기는 어려울 듯하다. 디킨스가 《가정담화》의 발행인으로 편집에 적극 참여하고 있었다는 사실을 감안한다면, 명확하게 도덕적인 색채를 덧입힌 사람은 디킨스였을 가능성이 높다.

콜린스와 디킨스는 빅토리아 시대의 주요 소설 가운데 최초로 인도 항쟁을 재현한 단편 『어느 영국 죄수들의 고난 *The Perils of Certain English Prisoners*』을 합작한 바 있다. 이와 관련해 콜린스의 전기 작가인 캐서린 피터스Catherine Peters는 콜린스보다 디킨스가 훨씬 더 정치적인 동기를 품고 있었다고 주장한다. 〈디킨스는 인도 항쟁에 관해 간접적으로라도 언급하고 싶어했으며, 인도인들은 반역적이고 교활한 모습으로, 그리고 영국인들, 그중에서도 특히 영국 여성들은 용감하고 고귀한 모습으로 그리고자 했다〉[53]고 피터스는 기록하고 있다. 1857년 12월 7일, 《가정담화》의 크리스마스 특별판에 발표된 이 이야기는 인도 항쟁에서 벌어진 사건들을 고스란히 남아메리카의 한 섬으로 옮겨놓고 있다. 『어느 영국 죄수들의 고난, 그리고 여성, 아이들, 은과 보석에 담긴 그들의 보물*The Perils of Certain English Prisoners, and Their Treasure in Women, Children, Silver, and Jewels*』이라는 긴 원제부터 〈여성과 아이들〉에 관한 교훈적인 주제를 암시한다. 이야기에 등장하는 악당들은 〈흑인 혼혈〉로, 절반은 흑인이고 절반은 인도인으로 묘사되어 세포이의 역할을 맡고 있다. 이들은 영국인 고용주들을 감쪽같이 속여 배신한다.

잡지의 발행인인 디킨스가 크리스마스 특별판에 기고하는 모든 이들에게 세부 사항들을 지시했다고 전해지므로,[54] 콜린스의 견해가 디킨스의 지시에 얼마나 근접한 것이었는지를 구분해내기는 어렵다. 그러나 릴리언 네이더Lillian Nayder는 이 단편에서 콜린스가 집필한 부분인 2부가 디킨스가 집필한 부분인 1부와 3부보다 확실히 제국주의적인 면모를 덜 보인다는 주장을 설득력 있게 전개한다.[55] 『어느 영국 죄수들의 고난』이 담고 있는 인도인에 대한 호전적인 반감에 콜린스의 견해가 어느 정도 반영되었는지는 명확하지 않다. 그러나 『문스톤』에 등장한 혼혈인 에즈라 제닝스Ezra Jennings의 고귀함과는 사뭇 다른 〈혼혈〉 악당에 대한 표현이 『어느 영국 죄수들의 고난』에서 가장 극명하게 드러난 부분은 바로 디킨스가 집필한 부분이다.

『문스톤』만을 따져본다면, 콜린스는 철저히 중립적인 태도를 취한다. 소설에서 인도는 동정의 여지가 없는 무자비한 저주가 시작된 곳이지만, 다른 한편으로는 현란하고 이국적인 아름다움과 힘이 깃든 장소이다. 그뿐만 아니라 다양한 등장인물에 대한 독자의 공감 여부나 그들의 도덕적 성실성을 결정하는 요인이 인종의 문제가 아니다. 사소한 과오들이 넘쳐나는 소설의 줄거리에서 유일한 진짜 범죄, 즉 살인을 저지르는 인물은 세 명의 인도인 승려지만, 그들은 단지 헌캐슬이 문스톤을 손에 넣기 위해 벌였던 피비린내 나는 약탈극을 재연한 것에 불과하다. 영국인 등장인물들은 인도인들을 남자답지 못하고 교활하며 파렴치하다고 평가하지만, 독자인 우리는 인도에 대한 인도인들의 모습이 고귀하고 자기희생적이며 헌신적임을 알고 있다. 실질적인 살인 사건의 진범은 철저하게 위선적인 인물인 에이블화이트이며, 그의 이름이 암시하듯이 그는 백인의 인종적 우월성에 반하는 행동을 저지르는 반면, 혼혈인 제닝스는 미덕의 화신으로 등장한다. 소설의 결말은 영국 본국과 식민지의 영역이 분리되는 것으로 마무리되며, 식민지는 영국에 종속되지 않는다.

결과적으로 문스톤의 운명은 많은 것을 시사한다. 황색 다이아몬드가 레이첼의 손에 들어오기 이전의 역사는 문스톤이 인도의 국가적 주권과 힌두교의 종교적 주권을 상징하고 있음을 분명히 알려준다.[56] 소설 속에서 이 인도 보석은 착취를 일삼는 영국 제국주의의 공식에 따라 보석이 갖고 있는 종교적 힘을 파괴하면서 경제적 가치를 높이기 위해 여러 개의 작은 조각으로 쪼개질 위험에 계속 처하게 된다. 그러나 콜린스는 그런 가능성을 명백하게 거부한다. 보석이 인도인들의 품으로 되돌아가게 되는 설정을 통해 콜린스가 인도의 독립에 관한 꿈을 공공연하게 지지하고 있다고 주장하는 것은 무리이다. 그러나 이 소설의 결론은 분명 정복과 지배라는 제국주의의 모델을 따르기보다는 영국과 인도 사회의 균형 회복을 선호하고 있다.

인도 항쟁이 일어난 지 10년 뒤에 쓰인 콜린스의 이 소설은 인도 항쟁을 비교적 객관적인 관점에서 신중하게 다루어낸 작품으로 손꼽힌다. 그러나 이후 출간된 소설들은 공정성 면에서 이 작품에 필적하지 못한다. 아서 코난 도일 경Sir Arthur Conan Doyle의 셜록 홈스Sherlock Holmes 시리즈 중 하나인 『네 사람의 서명*The Sign of Four*』(1890)은 인도 항쟁의 이야기를 외국인 혐오증의 측면에서 서술한 훌륭한 본보기이다. 선한 구석이라고는 좀처럼 찾아볼 수 없는 영국인 조너선 스몰Jonathan Small은 인도 왕의 보물을 훔치기 위해 시크 교도와 음모를 꾸미는데, 작품에서 그가 전하는 이야기는 전형적인 인종 차별주의자의 시점에서 인도 항쟁을 묘사한다. 그의 이야기에서 인도 항쟁의 당사자들은 〈불타오르는 집을 둘러싸고 춤을 추며 고함을 지르는 검은 악귀〉[57]들로 그려진다. 조너선 스몰은 야만성과 동일시되는 인도 항쟁을 문명의 상징인 영국과 대조한다. 〈겉으로는 인도도 영국의 시골인 서리Surrey나 켄트Kent 못지않게 고요하고 평화로워 보였지만, 어느 날 갑자기 2만 여의 검은 악마들이 나타나 날뛰어 완벽한 지옥으로 변했다〉(179)고 스몰은 회상한다. 이러한 지옥 같은 상황에서 영국인들은 전적으로 무고한 희생자이거나 〈무기력한 도망자〉 신세가 되며, 그들을 공격한 폭도들이 바로 〈영국인들이 직접 뽑고 가르쳐 훈련시킨 군인〉(180)이었다는 사실 때문에 폭도들의 반역 행위는 더욱더 강조된다.

조너선 스몰의 이야기는 특히 사람들이 영국 여성의 희생에 관심을 집중하도록 하여 영국 남성들을 영웅적인 구출자의 지위로 격상시킴과 동시에 영국 남성들 스스로 잠재적인 희생 가능성에 관해 갖는 의구심을 다른 곳으로 돌리는, 기사도에 입각한 모델을 따른다. 스몰의 이야기에 나오는 한 동료의 아내는 영웅적인 동료보다 훨씬 더 잔인하게 능지처참과 다름없는 죽음을 맞이한다. 스몰은 〈갈가리 찢긴 채 절반쯤은 재칼과 들개에게 먹힌 상태인 도슨Dawson 부인의 시신을〉(180) 발견한다. 한편 〈그 길에서 조금 떨어진 곳에는 탄환이 떨어진 권총을 손에 쥔 채 도슨이 엎드려 죽어 있으며, 그의 시신 앞쪽에는 네 구의 세포이 시체늘이 서로 뒤엉켜 있나.〉(180) 십안의 가장은 심지어 죽은 뒤에도 가족을 지킨다는 듯이 네 명의 인도인을 상대하다 장렬한 죽음을 맞이했음이 강조되며, 남성적인 고결함을 상징하는 권총을 지닌 모습으로 발견된다. 백인 여성인 〈집안의 천사〉만을 희생자로 여기는 인습적인 견해 탓에 싸움에서 희생된 다른 이들, 즉 백인 남성들과 인도 남성들, 인도 여성들은 소리 없이 무시당한다.

스몰의 이야기는 〈자그마한 체구에 고상하고, 장갑을 제대로 갖추어 낀 영국 여성 메리 모스턴Mary Morstan〉(77)이 위협을 받는 줄거리의 추리 소설 안에 지엽적으로 포함된 것이다. 스몰의 일화는 그가 범죄자라는 처지 때문에 그 빛을 잃기는 하지만, 코난 도일의 전체적 이야기 구조는 큰 틀 안에서 스몰의 이야기와 유사한 방식으로 되살아난다. 『네 사람의 서명』에서 탐정의 임무는 보물을 되찾는 것——결국 보물은 템스 강의 진흙 속에 파묻힌다——보다 금발에 푸른 눈을 가진 메리를 인도의 위협에서 보호하여 무뚝뚝한 왓슨Watson과 결혼시키는 것에 중점을 둔다. 코난 도일은 〈역식민화〉의 공포를 본국의 해안까지 불러들여서 단순히 인도에 거주하는 영국 여성들뿐만 아니라 모든 영국 여성들이 외국인의 공격 위험에 노출되어 있음을 암시한다.

세기말이 다가오고 식민지에서의 전쟁이 격렬해지자 1884년에는 수단에서, 1899-1902년에는 보어 전쟁이 발발했다 제국의 현실은 훨씬 더 불안해졌다. 〈역식민화〉에 대한 공포심 역시 이 시기에 훨씬 더 예리하게 규정되었다. 브램 스토커Bram Stoker의 『드라큘라Dracula』(1897)와 같은 소설들은 동양인들이 영국 사회와 영국 여성, 그리고 영국인의 혈통을 점령할 것이라는 두려움을 확대시킨다. 이 소설에서 조너선 하커Jonathan Harker는 트란실바니아를 여행하며 건강과 남성성을 박탈당하며, 본국으로 돌아오는 그의 발자취에는 동양의 보복이 저주처럼 매달려왔다. 끊임없는 반향이 울리는 듯한 스토커의 암울한 이야기 속에서 영국 사회의 침투를 노리며 잠식해 들어오는 인종적 타자, 즉 드라큘라 백작에 대항해 방어선을 펼치기 위해서는 〈의학박사와 철학박사, 그리고 문학박사 등 학위를 지닌 반 헬싱Van Helsing〉[58]을 중심축으로 하여, 의사와 기타 전문가들이 모인 공동체가 동원되어야 했다. 이 작품에서는 동양 남성에 대한 두려움이 문명화된 모든 존재를 자신과 같은 부류인 야만인으로 변모시키려 하는 흡혈귀, 즉 〈피를 빨아먹는〉 유혹자에 대한 병적인 두려움으로 그려진다. 흡혈귀라는 존재는 동양이 서양을 탐욕스럽게 잠식하여 식민지로 만들 것이라는 은유로 작용하며, 이 작품 속에서는 동유럽의 〈트란실바니아〉가 서양의 〈런던〉을 집어삼킬 것처럼 부각된다. 드라큘라 백작이 영국 본토에 도착한 순간, 그는 루시Lucy나 미나Mina와 같은 영국 여성들에 대한 강력한 위협으로 구체화된다.

이렇듯 격동의 빅토리아 시대를 보내고 난 뒤, 20세기에 접어들면서 인도 남성에 의한 백인 여성의 강간이라는 두려움에 대한 이야기들은 다양하고도 흥미로운 방식으로 그 모티프를 발전시켰고, 한편으로는 해체시켰다. 우선 포스터E. M. Forster의 『인도로 가는 길 A Passage to India』(1924)은 그러한 이야기가 내포하고 있는 힘을 인정하면서도 그 정치적인 자의성을 비판한다. 포스터의 소설에서 백인 여성인 아델라 퀘스테드Adela Quested는 인도 남성인 아지즈Aziz를 강간범으로 지목한다. 그러나 아지즈가 실제로 재판을 받는 과정에서 그녀는 갑작스레 태도를 바꾸어 자신이 오해했음을 주장한다. 포스터는 퀘스테드가 암묵적으로 신임을 받고, 인도 남성은 암묵적으로 강간범으로 지목되는 사실이 갖는 힘을 강조하며, 동시에 퀘스테드가 스스로 〈마음과 태도를 바꾸어〉 새로운 진실을 밀어

놓도록 하여 그러한 사실이 갖는 허구성을 드러낸다. 스토커의 『드라큘라』가 발표된 시기만 해도 영국인들이 갖고 있는 불안감이 그대로 답습되었지만, 포스터가 작품을 집필할 무렵에는 백인 여성의 강간에 대한 공포가 항구적인 진실로 여겨지는 것이 아니라 정치적인 의도를 강하게 담은 도구로 이용되기에 이른다.

그로부터 수십 년 뒤에 발표된 폴 스콧Paul Scott의 『왕관의 보석 The Jewel in the Crown』(1966)은 그와 같은 모티프를 좀더 발전시켜 문제를 제기한다. 이 작품에 등장하는 백인 여성 대프니 매너스 Daphne Manners는 인도 남성들에게 잔인하게 윤간을 당한다. 이때 대프니는 범인들에게 윤간을 당하기 직전, 그동안 애인으로 삼고자 했던 인도인 하리 쿠마르Hari Kumar와 나누었던 성 관계가 드러나서 그가 혐의를 받게 될까 두려워하여 강간범들을 색출하기를 원치 않지만, 결국에는 하리가 강간범으로 지목받는다. 여기에서 백인 여성이 낯선 남자들에게 잔혹하게 윤간을 당했다는 사실에는 논란의 여지가 없다. 그럼에도 이 여성은 범죄의 처벌을 원하지 않지만, 자신이 상징적인 근거로 이용되는 것을 스스로 막을 수 없다. 또한 스콧은 강간범들이 아마도 대프니와 하리가 사랑을 나누는 광경을 무심코 목격하면서 범행을 저지르게 되었을 것이라고 대프니가 인식하고 있다는 점을 통해 또 다른 묘한 뉘앙스를 독자에게 전달한다. 대프니는 자신의 일기에 〈그들은 인도 남자가 나와 사랑을 나누는 장면을 목격했기 때문에 나를 공격했을 것이다. 그들에겐 금기가 이미 깨어진 것이다〉[59]라고 적고 있다. 영국 관리들은 강간 혐의로 하리를 체포하고 고문하며 구금한다.

그러나 여기서 〈인도 항쟁의 패러다임〉을 근간으로 하는 이야기의 구조는 도덕적으로 의심을 받고 있는 대프니 때문에 유형의 변화를 맞게 된다. 그녀가 공공연하게 하리와 친분을 유지하는 모습을 지켜본 영국인 사회에서는 그녀가 인도인들과 지나치게 가깝게 지냈다는 사실을 못마땅하게 여긴다. 무엇보다 〈인도 항쟁의 패러다임〉에서 벗어나는 결정적인 파격은 대프니가 그날 밤의 사건으로 임신을 하게 되고, 시끄러운 논란 속에서도 아기를 낳겠다는 결단을 내린다는 점이다. 아기의 아버지가 하리인지, 강간범들 가운데 한 명인지 알지 못하면서도 대프니는 하리에 대한 사랑의 징표로 아기를 낳고 싶어한다. 그녀는 아기의 아버지가 하리라고 굳게 믿지만, 결국 두 번 다시 애인을 만나지는 못한다. 소설의 마지막에서 대프니는 출산 도중 숨을 거두고, 하리를 꼭 빼어 닮은 혼혈아 딸 파르바티Parvati가 그녀의 유산을 물려받는다.

1975년 출간된 루스 프로워 자발라Ruth Prawer Jhabvala의 『열기와 먼지Heat and Dust』는 인도를 여행하는 미국인 여성을 통해 영국 여성의 희생이라는 비유의 전통에 마지막 일격을 가한다고 할 수 있다. 이야기의 화자는 19세기에 인도 왕의 애인이었던 영국 여성의 손녀딸이다. 여행객으로 인도를 방문한 그녀는 스스럼없이 하숙집 주인인 인도인 남성과 성 관계를 맺는다. 이로써 그녀는 할머니 세대에는 물론이고 이 소설 이전에 발표된 모든 소설에서 공포감을 불러왔던 인종간의 성 관계가 가진 불안감을 일소한다.

4. 결론

〈집안의 천사〉에 대한 빅토리아 시대의 개념은 여성에게는 순수함과 순결, 그리고 수동성을 요구했으며, 여성을 위한 기사도적인 영웅인 남성에게는 여성을 보호할 수 있는 힘과 행동력을 기대했다. 이러한 개념들은 빅토리아 시대에 영국 내에서 단순히 성별간의 행위만을 결정지은 것이 아니라, 대영제국이라는 커다란 맥락에서 제국주의적 현실 때문에 일어나는 갈등이 만들어낸 불가피한 현상들과 밀접하게 연관되었다. 결국 인도에 거주했던 서양 귀부인들은 별도로 구분된 영국인들만의 공간에 갇혀 있는 것과 다름없었으며, 외부의 인도인 공동체와 상호 작용을 하는 경우는 극히 드물었다.

1854년에 처음 출간된 팻모어의 시는 사회적으로 이미 통용되고 있던 개념을 문서화하고 정리하는 데 기여했다. 그러는 가운데 몇 년 뒤 발생한 인도 항쟁은 역사적인 분수령으로 작용했다. 영국인들은 인도인에 대한 보복 공격을 정당화하기 위해 인도 항쟁기에 일어난 〈여성들과 아이들〉의 고통스러운 비명을 이용하여 〈집안의 천사〉라는 개념을 더욱 강화시켰다. 여성들은 폭도들의 위협을 받는 영국적인 가치의 상징이자 비유의 핵심으로 강조되었고, 영국 남성들의 기사도적인 행동을 촉구하는 기폭제 역할을 했다. 제국의 한가운데 놓인 빅토리아 시대의 〈집안의 천사〉는 무언의 상징적 중심이었을 뿐 그 자체로는 적극적 역할을 전혀 담당하지 않았다. 그러나 그것은 영국의 사회와 가정의 가치를 의미하는 허구적인 표상으로 기능했으며, 이데올로기적으로는 가혹한 제국주의의 정책들을 정당화하는 방편으로 작용했다.

제 4 장

성적 착취와 영국 제국주의

제국주의는 서구의 비서구에 대한 경제적, 정치적 정복뿐만 아니라 성적 착취의 과정이기도 하였다. 로널드 하이엄Ronald Hyam은 〈유럽의 팽창이란 기독교와 교역만의 문제가 아니라 성적 교접과 축첩의 문제이기도 하였다〉고 말한 바 있다.[1] 하지만 성적 교접으로 생긴 결과는 서구 사회 내부의 섹슈얼리티를 재정립하게 만드는 동기를 제공하기도 하였다. 앞서 제3장에서 살펴본 것처럼 빅토리아 시대의 영국은 상냥하고, 자기희생적이며 정숙한, 가정의 수호신인 〈집안의 천사〉를 이상적인 여성상으로 창출해냈다. 이러한 여성상의 전형은 비단 영국 국내뿐만 아니라 범유럽적으로, 나아가 영국의 문화적 식민지나 다름없었던 미국으로 전파되어갔다.

19세기 중엽에 발생한 인도 항쟁을 계기로 〈집안의 천사〉는 식민지의 항거에서 보호해야 하는 상징적인 구심점으로 부각된다. 식민 정책의 방향을 전면적으로 재고하게 만들었던 인도 항쟁에 대하여 영국은 자국의 여성이 식민지에서 유색인들에게 성적으로 유린당하고 있다는 수사적 전략을 펼쳐나갔다. 영국 여성의 성적 순결은 그

누구로부터도 보호받아 마땅했지만, 특히나 유색인들로부터는 침범당할 수 없는 것이었다. 그렇다면 영국 여성, 나아가 제국주의 국가의 백인 여성이 아닌, 식민지의 비백인 여성의 성은 어떻게 다루어졌을까? 이 장에서는 성이라는 주제를 통해 영국 제국주의적 남성성의 한 단면을 살펴보고자 한다.

최근 제국주의 연구에서 젠더라는 요소에 대한 관심은 커가는 추세이지만 성적 착취나 교환이라는 문제는 아직도 미개척 분야나 다름없다. 제국주의에 관한 수천 권의 연구 성과를 소개하는 『옥스퍼드 영 제국사: 연구사 총괄 *The Oxford History of the British Empire Vol. V. Historiography*』(1999)[2]에서도 〈성〉이라는 주제에 대한 본격적인 연구서로는 하이엄의 저서 『제국과 섹슈얼리티 *Empire and Sexuality*』(1990) 단 한 권만을 거론하고 있다.[3] 이 분야에 대한 연구가 부진하였던 가장 큰 이유는 지금까지 제국주의 연구가 물리적인 정복이나 경제적인 착취와 같은 공적 영역의 지배에만 관심을 집중해왔기 때문이다. 하지만 제국주의를 연구하는 학자들조차도 〈섹스를 주제로 삼는 것을 극도로 부끄럽게 여겨온〉[4] 분위기도 큰 몫을 차지한다.

또한 사료의 부족을 이야기하지 않을 수 없다. 식민지 지배자와 피지배민 사이에 일어난 성적인 관계는 과거에도 〈공적으로 이야기할 수 없는〉 사안이었기 때문에[5] 사료 자체가 지극히 제한적일 수밖에 없는데다 그나마 남아 있는 사료들도 대부분 당시 사회의 분위기 속에서도 스캔들이 될 만한 내용들이어서[6] 그런 사료로 전반적인 양상을 추적한다는 것은 해석의 오류로 이어질 가능성이 크다. 이런 측면에서 볼 때, 식민지를 동성애의 천국으로 생각하였던 과거 몇몇 학자들은 〈문제가 될 만한 사안이었던〉 동성애 관련 기록만으로 제국주의의 섹슈얼리티를 일반화하지 않았나 하는 의문이 든다. 사실

식민지의 공적 기록에서 동성간의 섹스를 둘러싼 담론이 이성간의 섹스보다 많이 나타난다고 해서 동성애가 훨씬 더 일반적인 성적 관계였다고 볼 수는 없다.

그렇다면 제국주의에서 성적 교접은 왜 발생하였으며, 어떠한 형태를 띠고 있었을까? 이 질문에 접근하기 위해서는 우선 제2장에서 고찰하였듯이 유색인종을 동물에 가깝게 폄하했던 유럽 남성들이 모순되게도 식민지에서 낯선 인종의 여성과 주저함 없이 성적 관계를 맺었던 이유를 규명하여야 할 것이다. 따라서 이 장은 먼저 유럽 사회 전체를 관통하던 비유럽에 대한 성적 환상을 역사적 맥락에서 알아보기로 한다. 나아가 식민지에서 일어난 백인 남성과 비백인 여성 사이의 성적 관계가 제국주의 구도를 함축하고 있던 권력 관계였음을 고찰할 것이다. 이 장의 후반부는 식민지에서 성적 관계가 과거에는 관용적으로 허용되었던 데 비해 19세기 중엽 이후에는 엄격한 금욕주의로 전환하게 된 원인을 다룬다. 인도 항쟁 이후 피지배민과 〈거리 두기〉를 표방하고 방향을 급선회한 영국의 식민 정책은 유색인과의 성적 접촉뿐만 아니라, 영국 국내의 성에 대한 태도 역시 더욱 엄격하게 변화시켰다. 필자는 그 변화의 원인으로 보수적 인종주의의 등장뿐만 아니라 성의 과학화로 인해 여성 오르가슴이 발견되었다는 변수가 한몫을 했다고 본다.

1. 성적 환상의 역사성

존 엘리엇John Elliott을 비롯한 일군의 학자들은 최소한 영국인들은 식민 초기 과정에서 원주민들과의 성적 접촉을 혐오하였다고 주장한다.[7] 이런 거부감은 〈인종적인 것이기보다는 문화적인〉 것으로, 아일랜드의 식민 과정에서 경험한 〈문화적 퇴행〉을 우려하였기 때문이라는 것이다.[8] 하지만 초기 팽창 과정에서 영국인들 역시 다른 유럽인들과 마찬가지로 광범위한 성적 접촉을 가졌다. 단지 지역에 따라서 안정적인 결혼 생활로 이어졌거나 한시적인 성적 관계만을 지속하는 등 다양한 면모가 나타났을 뿐이다.[9]

원주민과의 통혼은 종종 식민지에 백인 여성이 부재하였다는 사실의 〈후유증〉으로 풀이된다. 왕립 아프리카회사나 동인도회사에서는 1830년까지도 고용인에게 최초 5년 동안 결혼을 금했는데, 그렇기 때문에 미혼 남성으로만 이루어진 이 집단이 〈어쩔 수 없이〉 차선책으로 유색인과 성적 접촉의 기회를 가졌을 것이라는 설명이다. 하지만 미혼이라는 이유만으로 곧 활발한 성적 접촉이 발생하는 것은 아니다. 영국 남성을 비롯한 대부분의 유럽 남성들은 낯선 이민족과의 성 접촉에 대한 거부감을 별로 느끼지 않았으며, 오히려 성적 접촉의 기회를 기대하였던 측면을 주목해야 한다. 이것은 다른 문명권을 성적 쾌락의 장으로 이해하였던 유럽의 오랜 문화적 전통에 근거한다.

호메로스나 플리니우스를 비롯한 그리스의 문헌들이 잘 드러내듯 고대부터 서구 사회가 바깥 세상에 대해 품었던 이미지는 공포로 가득 찬 곳이기도 했지만, 동시에 풍요로우면서도 성적 즐거움으로 가득 찬 곳이었다. 기독교가 전파되면서 기독교 왕국과 이교도 왕국이라는 이분법적 세계관이 도입되었을 때도, 이교도를 규정하는 가장 중요한 기준 가운데 하나는 섹슈얼리티였다. 특히 이슬람 문명권의 방탕하고도 넘쳐나는 성적 에너지는 종종 기독교 사회를 위협할 수 있는 무기라고 여겨지기까지 했다.[10]

사실 중세 말까지 서구 사회에서 〈동양 the Orient〉이라는 개념을 형성하는 가장 지속적이고도 강력한 이미지는 할렘이었다. 특히 고대부터 이어진 부유한 동양에 대한 관념은 물질적 풍요를 곧 방탕하고 나태한 것으로 연결짓는 유럽의 전통 속에서 손쉽게 에로티시즘과 연관되었다. 중세 후반부터 서유럽 문학에서 가장 인기 있는 주제의 하나는 할렘에 대한 관심으로, 레반트 여행, 투르크 왕국이나 무굴 제국으로의 여행은 할렘 기행과 동일시되기도 하였다. 이후 16세기에서 18세기에 이르는 동안 이와 관련한 엄청난 양의 이야깃거리들이 생산되었다.[11]

노예 소녀, 할렘, 동양의 축첩이라는 관행은 제국주의 시대를 통틀어 지속된 일종의 집단 환상이었다. 할렘은 여성이 많은 곳, 남자가 없다는 절박함에서 오히려 남근 숭배의 장소가 되는 곳이자 다양한 성적 기술을 연마한 일종의 섹스 학교와 같은 이미지를 갖게 되었다. 서양 남성들 사이에 그곳을 동경하고, 자신이 주인이 되고자 하는 욕망을 갖는 것은 일종의 문화로 자리 잡았다. 따라서 〈십계명이 없고, 남자가 욕망을 일으킬 수 있는〉 곳이 바로 수에즈 동쪽이라는 개념이 팽배해갔다.[12] 19세기 중엽에도 여전히 할렘은 성적 지식의 보고로, 〈터키 할렘의 여성들이 잘 알고 있는〉[13] 다양한 성적 기술에 대한 이야기는 문학부터 과학 논문에 이르기까지 곳곳에서 나타난다.

할렘을 향한 서구 사회의 욕망은 다분히 이중적인 것이었다. 할렘은 자신들의 욕망을 충족시켜 주는 곳이자, 자신들이 해방시켜야 하는 곳이었다. 가야트리 스피박Gayatri Spivak의 표현처럼 〈갈색 피부의 남성에게서 갈색 피부의 여성을 보호〉해야 하는 〈문명화〉된 백인 남성이 침투하여야 하는 곳이지만, 동시에 완전히 해방되어서는 안 되는 곳이었다. 이러한 〈시혜적 침해〉[14] 과정에서 최소한 서구 남성들은 할렘을 자신들과 지속적으로 노예와 주인의 관계를 유지할 수 있는 〈환상〉과 〈욕망〉이 뒤섞인 곳으로 유지해야 했다. 유럽의 기행 문학은 끊임없이 유혹적인 유색여성의 이미지를 등장시켰고,

비유럽의 많은 식민지들은 〈성적 환상을 위한 놀이터〉가 되었다.[15] 아메리카 원주민 여성들의 성적 환대를 묘사한 한 스페인 여행가의 이야기는 성적 쾌락의 천국인 식민지의 이미지를 함축적으로 보여 준다.

처음 만난 것은 약 삼십 명의 여성들로 모두 왕의 부인이거나 첩들이 었다. (……) 그들은 중요한 부분만 얇은 천으로 가리고 있었지만 어깨까 지 머리를 늘어뜨린 처녀들은 (……) 완전 나체였다. 그들의 얼굴, 가슴, 유두, 손, 그리고 몸의 다른 부분은 너무나 부드러웠고 잘 균형 잡혀 있 었지만 약간 갈색에 가까웠다.[16]

바깥 세상을 곧 할렘으로 연결시키는 전통은 실제와 상상의 영역 모두에서 손쉽게 식민지를 여성화했고, 서양적인 남성과 동양적인 여성이라는 이분법적 개념의 바탕이 되었다. 여기서 동양은 마치 주 인을 한없이 기다리는 할렘의 여성들처럼 유럽 남성을 기다려 온 곳 이 되어버린다. 빅토리아 시대의 중반에 가장 인기 있는 대중 작가 로 알려진 앤서니 트롤로프Anthony Trollope는 식민주의가 대표하 는 남성성의 즐거움과 위험을 서술한 대표적인 문필가였다. 그는 서 인도제도에 처음 도착한 순간을 이렇게 표현한다.

나는 세인트 토머스 섬에 내려서 한참 동안을 누워 있었다. 난생 처음 내 발이 열대의 흙에 닿았을 때, 한 여성이 내게 장미를 건네주며 이렇게 말하였다. 〈사랑을 위하여 (……) 사랑하는 당신〉 (……) 그렇다, 그것은 사랑을 위해서임에 틀림없다.[17]

이런 맥락에서 식민주의자들이 자신들이 정복하는 땅을 아무런

제국주의와 남성성 : 19세기 영국의 젠더 형성

거리낌이 없는 섹스 천국으로 보는 경향이 나타나는 것은 당연하다. 18세기 후반 제임스 쿡James Cook 선장은 자신의 배가 정박할 때마다 선원들이 미지의 여성들과 나눌 성적 쾌락을 너무 기대했기 때문에 이를 말릴 엄두를 낼 수 없었다고 고백한다.[18] 18세기 후반 아프리카와 서인도제도에서 흑백 혼혈 인구가 엄청나게 증가하였던 사실만 보아도 성적 접촉이 얼마나 일반적이었는가를 알 수 있다.[19] 아프리카 해안에서는 현지인 정부를 둔 영국인들로 넘쳐났고,[20] 인도에 파견된 수많은 영국인 관리들은 비비bibi라고 불리는 현지인 정부를 두었다. 그들 사이에서 많은 혼혈아가 태어나기도 하였고, 한둘이 아닌 열 명이 넘는 첩을 둔 일종의 〈할렘〉을 가진 사람도 있었다. 인도에 거주하던 상대적으로 신분이 낮은 영국인들도 힌두 여성이나 흑백 혼혈 여성을 첩으로 두는 경우가 허다해서 18세기 중엽에는 인도에 거주하는 영국인의 90퍼센트가 현지인 정부를 두고 있다는 보고가 나올 정도였다.[21]

제국주의자 남성과 식민지의 여성 사이의 성적 접촉은 담론의 영역에서도 정당화의 과정을 동반하였다. 고비노Joseph Arthur comte de Gobineau 역시 정복의 순간부터 혼혈이 일어난다는 사실을 믿어 의심치 않았다. 그렇기 때문에 고비노는 주인인 정복자 집단의 피의 질이 떨어진다고 걱정하면서도, 왜 그런 현상이 일어나는가를 설명하려고 하였다. 그는 인간을 다른 인종에게 성적 매력을 느끼는 집단과 거부감을 느끼는 집단이라는 두 부류로 나누었다. 오직 백인종만 다른 인종에게 성적 매력을 느끼는 집단이라고 말하면서, 그런 〈개방성〉이야말로 이들 인종이 우월하다는 지표로, 결국 백인이 다른 인종과의 혼혈을 통해서 다른 인종을 〈문명〉의 수준으로 끌어올릴 수 있는 결과를 가져온다고 주장하였다.[22] 이런 논리는 성적 접촉이라는 문제를 둘러싸고 그 주도권을 완전히 백인들에게 부여하는 셈이고, 동시에 백인에 이끌려 성 관계를 맺게 되는 다른 인종들의 의지는 전혀 고려조차 하지 않는다. 그렇다면 이 논리에서 백인 여성과 흑인 남성 사이의 성적 관계는 도덕적으로 올바른 것일까?

고비노는 각 인종에게 젠더적 성격을 부여하며, 인종은 크게 남성적 인종과 여성적 인종으로 구분할 수 있다고 주장하였다. 아리안, 게르만 계통 및 아직은 원시적이지만 남성적 성격을 가진 인종 집단을 남성적 인종으로 규정하고, 그 밖의 사람들은 모두 여성적 인종으로 구성되어 있다는 것이다.[23] 따라서 남성적 인종인 백인이 황인, 혹은 흑인 여성에게 성적 매력을 느끼는 것은 당연한 것으로, 인종이 곧 젠더 구도로 치환되는 것을 의미한다. 그리고 인종과 젠더의 관계에서 지배의 위계를 도출해낸다. 〈남성적 국가들은 물질적 풍요를 이루어낼 수 있지만 여성적 국가들은 그저 상상의 나래를 펼치는 일에나 매여 있는 곳〉[24]이기 때문에, 가부장적인 백인 남성이 자신의 가정에서 가족들을 지배하는 것과 마찬가지로, 세상에서도 어른 노릇을 할 수밖에 없다는 논지이다. 이렇게 젠더, 인종을 가부장적 질서와 교차시키는 것은 궁극적으로 다른 인종에게 느끼는 〈개방적인〉 호감을 철저히 〈가장〉인 백인 남성만의 것으로 국한시켜버린다. 그리고 그 개방성이란 남의 여성을 향한다는 방향성을 가진, 서구 남성만의 일방적 권력이 되어버린다.

좀더 실제적인 이유를 들어 식민지 지배자와 피지배민 간의 성적 결합은 식민 사업에 필요한 요소라는 주장이 제기되기도 하였다. 트롤로프는 흑백간의 통혼은 식민지 경영에 필요하다고 역설한 바 있다. 군대와 노동력의 공급이 식민지에서 통혼을 장려하던 두 가지 근본 이유였다. 1778년 4월 8일 동인도회사의 중역 회의는 인도 여성과 결혼하는 영국 병사에게 자녀를 낳을 경우 세례를 위해 5루피의 선물을 준다는 정책을 발표하였다.[25] 이는 영국의 인도 식민 사업을 대표하는 동인도회사가 식민지 여성과 영국 남성 사이의 통혼을 장려한다는 명백한 제스처였는데, 그 배후에는 지속적인 식민 사업을 위해 군대를 강화해야 한다는 논지가 깔려 있었다. 한편 노예제가 폐지된 이후에는 노동력을 확보하기 위해 통혼을 장려해야 한다는 제안들도 많이 나오게 되었다. 이는 백인 노동자들이 기피하는 열대 지방의 플랜테이션에서 혼혈아를 양산하여 부족한 노동력을 보충하고, 식민 사업을 지속하게 하는 대안을 제시하는 것이었다.

백인과 흑인을 이 지역으로 보내신 신의 섭리는 곧 이들이 문명을 위한 충분한 지성과 열대 지방의 노동에 맞는 육체적 능력을 모두 갖춘 인종을 생산해내게 하심이다.[26]

비단 노동력만의 문제가 아니라 백인 남성의 도덕적 파행을 막는 방편으로 통혼을 장려하기도 하였다. 1820년대 세인트 크로와 섬을 방문하였던 브레디L. Brady는 백인 노예주와 흑인 노예 사이에 만연한 성적 관계를 우려의 눈으로 바라보면서도, 이런 관행을 허용하지 않으면 남성들로만 이루어진 식민주의자들이 동성애에 빠질 것이라고 판단하였다.[27]

하이엄은 〈19세기를 통틀어 제국은 엄청나게 풍부한 성적 쾌락의 기회를 제공하였다〉고 단언한다.[28] 이런 현상은 병사나 무역상, 나아가 관리들 모두에게서 나타났고, 행정과 교역 모두에서 원주민과 일종의 〈협력〉 체계를 형성하는 데 도움을 주었다고 본다. 나아가 그는 이렇게 손쉬운 성적 기회가 제공되지 않았다면 대부분 열대 지방에 위치한 탓에 거주 환경 자체가 몹시 열악하였던 식민지를 장기간에 걸쳐 성공적으로 경영할 수 없었을 것이라고 말한다.[29] 하지만 이런 〈성공〉의 배경에는 오랫동안 지속되었던 〈성적 환상〉의 선동이 있고, 성적 기회의 확대라는 관점에서 볼 때 서구는 팽창하기 전부터 이미 〈준비된〉 상태였다고 볼 수 있다.

2. 강압적 관계

앞서 언급했듯이 19세기 중엽까지 백인 제국주의 남성과 비백인 식민지 여성 사이의 광범위한 성적 접촉은 일부 정책에 의해 장려되었다. 이런 사실을 들어 일군의 학자들은 유럽 정복민들과 원수민 여성들 사이의 성적 관계가 강압적이지 않았고, 서로의 필요에 의해 발생한 로맨틱한 것이었다고 주장한다.[30] 이런 주장은 오랫동안 서구 중심의 사고 속에 갇혀 있던 일부 학자들의 편견과 무지에서 나온 것이지만, 사실 역사적 관점에서 볼 때 그런 편견은 좀더 복잡한 배경을 가지고 있다. 우선 앞서 논의한 바 있는 할렘에 대한 환상이 한 줄기를 이루고 있는 것으로 보인다. 즉 식민지 전체에 여성성을 투여하고, 여성만으로 이루어진 공간에서 남성에 굶주린 여성들이 원하는 성적 욕구를 백인 남성이 충족시켜주었다는 인식이다. 이런 시각에서 백인 정복자들은 식민지 남성을 결코 자신들과 경쟁하는 대상으로 보지 않으며 그들에게 무성 혹은 여성에 가까운 성성을 부여한다.

하지만 이런 편견이 나오게 된 좀더 구체적인 근거를 찾아본다면 비유럽의 문화권[31]에서 손님 환대의 방식으로 성적 서비스를 제공하던 관습이 있었기 때문이라고 생각할 수 있다.[32] 드니 디드로 Denis Diderot는 『부갱빌 여행기 보유Supplement au Voyage de Bougainville』(1772)에서 가톨릭 신부와 타히티의 현자가 만난 순간을 이렇게 상상한다. 〈우리는 순수한 자연의 본능을 따른다오. (……) 여기서는 모든 것을 공동으로 소유하지요. 우리의 딸들과 아내들 역시 모두의 것이오.)[33] 완강하게 거절하는 신부에게 추장의 딸과 아내가 주어지고, 결국 그 신부는 오랫동안 절제해온 불타는 욕망에 몸을 맡긴다. 그러면서도 신부가 이를 받아들이는 것은 그들의 관습을 존중하기 위한 어쩔 수 없는 선택이었음을 강조한다.

이런 뉘앙스는 섹스가 일종의 공조 체제를 성립시키는 데 확인의 징표처럼 동원되었음을 보여준다. 정복을 위한 초기 접촉은 피를 동반한 전투이지만, 곧 섹스로 이어지곤 하였고, 섹스는 상호간에 〈관계〉가 성립되었다는 사실을 받아들이는 일종의 상징인 것이다. 1767년 〈돌고래Dolphin〉 호의 선장 조지 로버트슨George Robertson이 기록하듯이 〈우리 쪽의 젊은 남자들이 아름다운 소녀들을 보고 눈을 떼지 못하자,〉 타히티 섬의 전사들은 곧 〈젊은 여성들을 데리고 나왔다)[34]는 식이다. 〈그들은 곧 이런 식의 물물교환으로 그들이 원하는 바를 얻을 수 있음을 깨달았다)[35]는 말은 여성이 교환의 대상으로 쓰였음을 암시한다. 여기서 여성은 피에르 부르디외Pierre Bourdieu가 말하였듯이 선물, 대화, 여자를 교환하는 커뮤니케이션 기능을 통해 지배의 정치성을 충족시키기 위한 매체이다.[36] 하지만 동시에 이것은 유럽이 식민지 여성과의 접촉을 자신들에게 〈주어진〉 일종의 〈선물〉과도 같은 이미지로 포장하려 하는 것이다. 따라서 자신들의 입장에서 도덕적 혼란을 최소화할 구실을 만드는 것이나 다름없다.

더구나 유럽인들은 성적 환대를 제공한 종족들이 혼전 순결을 중요시하지 않는다고 매도하여 자신들의 무분별한 성적 탐닉 과정에서 스스로 겪을지도 모르는 도덕적 갈등으로부터 돌파구를 찾곤 하였다.[37] 이런 맥락에서 지칠 줄 모르고 남자를 밝히는 원주민 여성들 때문에 오히려 유럽인들이 운신에 주의를 기울여야 했다는 이야기도 찾아볼 수 있다. 고아 지역의 여성들은 남자에 대한 욕구가 니무 높아서 그들을 〈가루로 만들고, 먼지처럼 날려 버릴 수 있었다〉고 알려졌다.[38] 심지어 유럽인들은 잡혼이 만연한 〈원시〉 부족들에게 일부일처식의 〈결혼〉이라는 고귀한 관행을 가르쳐준 존재로 떠오르기도 한다. 여기서 가장 많이 동원되는 사례는 캐나다의 모피 무역상들의 이야기로, 그들은 인디언과 유럽인들 사이에 〈모범이 될 만한 결혼 관행을 정립〉하였다는 것이다. 유럽인들과 함께 살게 된 여성들은 〈장기적으로 안정적인 가정을 이루고,〉 모피 무역에서 통역, 중개인, 심지어 모피를 만드는 노동력까지 제공하는 중요한 역할을 담당하였다.[39] 이런 통혼은 사실 유럽인들에게 비유럽 사회로 진출하는 데 도움이 될 뿐만 아니라, 일종의 안전 장치나 보험과도 같은 것이어서 새로 개척한 지역에서는 이런 식의 결혼이 공식적으로 권장되기도 하였다.[40] 따라서 식민 지배를 기정사실로 받아들이는 유럽의 시각에서는 이런 결혼을 흔히 〈양쪽 모두에게 도움이 되었던 정형〉으로 포장하여 제시하곤 한다.

하지만 대부분의 경우에 식민지 지배자와 종속민 사이의 성적 관계는 엄청나게 강압적인 것이었다. 올랜도 패터슨Orlando Patterson의 연구가 보여주듯이 16세기부터 시작된 성적 착취는 이른바 〈신대륙〉에서는 거의 일반적인 것이었다.[41] 특히 노예로 잡힌 여성에 대한 성적 착취는 인종과 젠더뿐만 아니라 나아가 노예와 노예 소유주라는 계급적 상하 관계 속에서 극심한 형태로 자행되기도 하였다. 영국의 노예선 〈워릭 성 Warwick Castle〉 호의 선장이 보고하듯이 아프리카 여성은 자신의 땅에서도 잡힌 순간부터 성적 착취의 대상이 되었고,[42] 18세기 항해에 관한 기록들은 흑인 여성 노예를 향한 선원들의 성폭행이 항해 중인 선상에서도 만연하였음을 보여준다.[43] 역시 노예선 〈루비 Ruby〉 호의 의사였던 제임스 아널드James Arnold는 반항하는 여성 노예에게는 동족의 잘려진 신체 부위를 들

이대며 협박하는 사례도 종종 있었다고 1789년 영국 의회에서 증언하였다.[44]

몇몇 학자들은 여성 노예를 둘러싸고 〈강간〉에 대한 기록이 적은 것을 주목하여 노예주와 노예 사이의 성적 접촉을 〈화간〉으로 해석하기도 한다. 하지만 강간에 대한 사례가 적은 것은 노예주와 노예 사이에는 〈강간〉이라는 개념이 아예 적용될 수 없었기 때문이다. 노예는 인간으로 간주되지 않아서 소유자 마음대로 할 수 있었기 때문에 노예제가 합법적인 한 강간은 합법이었다.[45] 에디 도노휴 Eddie Donoghue의 최근의 연구는 18세기에서 19세기에 걸쳐 백인 남성과 흑인 여성의 관계란 엄청나게 강압적이었으며, 여성들이 성적 착취를 완강하게 거부하였음을 보여준다. 특히 여성 노예들은 백인과의 사이에서 낳은 혼혈아를 데리고 달아나거나 음독과 같은 방법으로 스스로 목숨을 끊는 사례도 많았다.[46]

반드시 노예와 노예주의 관계가 아니었을지라도, 제국주의 하의 성적 접촉은 지배자와 피지배자의 구도에서 벗어날 수가 없었다. 제임스 월빈 James Walvin이 제시하듯이 제국주의의 초기 단계에서도 아프리카를 찾아든 유럽인들은 그곳 여성과의 관계를 〈축첩〉의 개념으로 생각하였고, 교역에 도움이 될 만한 구심점으로 삼았으며, 이미 노예-노예주와 같은 상하 관계를 형성하였다. 그들은 언제든지 바로 자신들의 현지 동거녀에게서 등을 돌려 다른 쾌락의 대상을 취하던 사람들이었다. 여성들에게 주었던 보수는 아주 적은 액수이거나 거의 아무것도 아닌 정도였다.[47]

1903년 남부 로디지아에서 있었던 부관무관 토머스 레이크스 Thomas Raikes의 일화는 성적 착취가 노예제나 성매매만이 아니라 식민지 관리의 〈권위〉만으로도 충분히 행사될 수 있었음을 보여주는 사례이다. 레이크스는 아프리카인을 고용해 예쁜 흑인 여성을 찾아다녔다. 그의 요구에 부응하지 않는 소녀들에게 그들의 아버지를 체포하겠다거나 심지어 쏘아버리겠다는 협박을 일삼았고, 한 소녀는 심지어 이 과정에서 사고로 죽임을 당하였다. 그는 소녀들뿐만 아니라 부인들에게도 온갖 변태적인 성추행을 일삼았으며, 그 대가로 비누를 주곤 하였다. 하지만 〈가슴이 너무 작다는 이유로〉 한 여성에게는 비누를 주지 않기도 하였다. 추행을 당한 한 여성은 이렇게 말하였다. 〈나는 그 사람이 그런 짓을 할 권리가 있는 줄 알았어요. 그는 이곳의 판무관이잖아요.〉[48]

식민지의 지배와 피지배 사이에서 발생한 성을 둘러싼 질서는 젠더의 문제이자 인종의 문제였다. 젠더와 인종이라는 두 변수의 조합에서 가장 하위 범주에 있는 비백인 여성은 백인 남성이 지배 권력을 최고로 행사하는 대상이다. 이런 맥락에서 비유럽 여성의 순종성에 대한 이미지가 강화되는 것은 어쩌면 당연한 일일지 모른다. 1830년대 인도에서 문관으로 재직했던 새뮤얼 브라운Samuel S. Brown은 영국 병사들이 인도 여성들을 너무 좋아한다고 기록하면서 영국의 창녀들보다도 훨씬 더 매력적이라고 말한다.

원주민 여성과 일정 기간 살아본 사람들은 결코 유럽 여성과 결혼하지 않는다는 것을 알게 되었다. 너무나 쾌활하게 잘 놀고, 너무나 순종적이며 상대방을 기쁘게 해주기 때문에 그들 사회의 방식에 익숙해져버리면 영국 여성들의 욕심과 변덕을 대면할 생각만 해도 몸서리가 쳐지는 것이다.[49]

유색인종의 순종성을 둘러싼 담론은 특히 흑인 여성에게 집중되는 경향이 있다. 이는 유럽인을 〈흰 피부〉의 집단으로 설정하고 상대적으로 비유럽인 모두를 〈검다〉는 범주에 집어넣었던 서구의 이분법적 세계관 때문이다. 따라서 종속민의 다양한 피부색은 종종 모두 뭉뚱그려져 백인의 대타적인 이미지로서 〈검은〉 부류라고 설정된다. 그리고 〈이성〉이 배제된 껍데기에 불과한 육체는 〈이성〉을 중시하는 백인의 상대적 극단에 위치한다. 여기서 흑인 여성의 몸이야말로 서양 남성들에게 모든 낯선 것을 함축적으로 표현하는 관념의 기준이 된다. 나아가 그것은 매혹과 거부감이 공존하지만 그 속에 강한 〈순종성〉을 부여하고 싶은, 절대적 상하 관계의 대립적 극단이다. 인종간의 철저한 격리를 신봉했던 에드워드 롱Edward Long은 백인 남성이 흑인 여성에게 너무나 집착하여 백인 여성과 결혼하기를 거부한다고 한탄한 바 있다. 백인 여성의 수가 충분하였음에도 유럽 남성들이 〈검은 몸뚱이〉만을 찾기 때문에[50] 흑인 여성을 두고 경쟁이 벌어지는 동안 백인 여성들은 노처녀로 남는다고 말한다. 이런 맥락에서 가장 검은 여성은 가장 순종적인 여성으로 비쳐지며, 최선의 선택이 되기도 한다. 고비노는 백인과 황인종 간의 결합보다는 〈백인과 흑인 사이의 결혼이 가장 행복한 결합〉이라고 말하기도 한다.[51]

물리적 정복이 성적인 측면에서도 반드시 일방적인 착취를 가져오지는 않는다고 믿는 학자들은 제국주의 하의 성적 관계를 〈매매춘〉이라는 프리즘으로 파악하곤 한다. 성적 관대함은 무분별한 매춘으로 쉽게 이어질 수 있고, 어차피 순결이라는 것이 크게 문제되지 않는 사회에서 〈매춘〉은 비유럽인이 금전적 이익의 달콤함을 맛볼 수 있던 가장 손쉬운 방법이었다는 시각이다. 이런 주장에는 매춘에 열심이었던 원주민의 예가 적극적으로 동원된다. 1824년 뉴질랜드의 아일랜즈 만에 도착한 한 선장은 70명밖에 되지 않는 선원들에게 몰려든 150여 명의 여자들을 이야기한다. 〈이 음탕한 가축들을 쫓아내려고 했지만, 아무 소용이 없었다. 배 한 쪽으로 열 명의 여자들이

내려갈 때마다 다른 쪽으로 스무 명 이상이 올라왔기 때문이다.)[52]

19세기 인도와 태평양 군도에서는 노예제를 대치할 새로운 계약 노동이 도입되었고, 더불어 여성들은 〈매춘부〉의 이름으로 성적 서비스를 담당하게 되었다. 한편 일부 식민지에서는 원주민이 아닌 영국 여성이 집단적으로 매매춘에 종사하는 곳도 나타났는데, 대표적인 곳이 오스트레일리아였다. 19세기 오스트레일리아의 초기 이민자는 90퍼센트 이상이 남성이었다. 대부분 범죄자 집단이었던 이 사회에 대부분 죄수로 발을 딛게 된 백인 여성들이 매매춘에 빠져들게 되었던 것이다. 이 상황을 두고 일부 학자들은 매매춘이 여성 죄수들에게 흔치 않은 고용의 기회이자 돈을 벌어 고국에 돌아갈 수 있을지도 모른다는 희망을 주는 것이었다고 주장한다. 이런 주장은 대부분 하층민 출신인 이들 여성들이 고국에서도 그런 〈방탕한〉 생활을 해왔고, 매매춘은 그저 그런 생활의 연장이었을 뿐이라는 인식이 깔려 있다. 그렇기 때문에 오스트레일리아에서 벌어진 성적 착취는 하층민 백인들 사이에 일어났다는 측면에서 오히려 큰 쟁점으로 부각되지 않았던 경향이 있다. 최근 여성학자들 사이에서는 오스트레일리아와 남아프리카의 여성들이 〈매춘〉 이외에는 금전적 이익을 취할 수 없는 상황이었고, 이런 상황에서 매춘은 유일한 독립의 방식이었으며, 심지어 스스로에 대하여 긍정적인 이미지를 갖고 있었다는 주장까지 제기되고 있다. 그들은 가정에 매인 주부들보다 오히려 더 자유로운 생활 방식을 구가할 수 있었으며, 직업인으로서 합리적인 직업 정신을 갖고 있었다는 것이다.[53]

그러나 제국주의 구도에서 매매춘이란 단순히 성을 사고파는 관계가 아니라 권력의 관계, 나아가 젠더보다는 인종의 문제, 퍼져가는 자본주의에서 비롯되는 계급 문제이기도 하였음을 이해해야 한다. 이에 관해 매우 흥미로운 사례는 19세기 후반 남아프리카의 광산 지대에서 일어난 관행일 것이다. 여성이 없는 광산촌에서는 허드렛일을 시키기 위해 종종 원주민 소년들을 고용하였는데, 이들이 〈여성들의 영역〉인 집안일을 맡았던 연장선에서 남색의 대상이 되기도 하였다. 이들은 흔히 소년마누라(nkotshane, boy wives)라고 불리게 되었고, 일종의 아류 결혼 제도와 같은 것이 정착되었다. 이후 이 관계에서 집안일보다 성 관계가 더 중요한 요소가 되면서 어린 소년들이 아닌 10대 중반에서 20대 중반의 청소년들이 광산촌의 〈여자〉로 자리 잡았다. 이들은 후한 급료를 받았고, 종종 옷가지나 자전거와 같은 선물도 받았다. 또한 자신들을 여자처럼 보려는 백인들의 기대에 맞추어 여성적인 외모와 수동적인 태도를 유지하곤 하였다. 단지 성별만 남자였을 뿐 여느 사회와 마찬가지인 아내 역할을 하면서 말이다.

광산의 노동자들은 근처의 도시나 농장 등에서 여성을 만날 수 있는 기회가 충분히 있었다. 그럼에도 노동자들은 여성 매춘부나 정부를 두기보다 이들 소년들을 선호하였다. 이 사실을 두고 그들이 성병을 두려워했고, 〈광산 결혼〉의 안락함을 알았기 때문이라고 풀이한다. 문제는 이 제도가 최근까지도 지속되었다는 것인데, 이것은 〈고소득〉을 올리는 소년마누라들의 공급이 사라지지 않았던 데에 이유가 있다. 하지만 수입의 측면보다 더욱 중요한 것은 이 소년마누라들이 자신들의 남성성에 대해 전혀 혼란을 일으키거나 타협할 필요가 없었다는 점이다. 광산에 머무는 동안은 〈직업〉과도 같이 여성의 역할을 하였지만, 자신의 가정으로 돌아오면 지극히 가부장적인 가장 역할을 하였기 때문이다.[54]

그런데 여기서 소년마누라들이 여성의 젠더 역할을 담당하면서도 그 구조에 별다른 저항 없이 귀속되었던 배경에는 거부할 수 없는 제국주의의 틀이 자리 잡고 있음을 수복해야 한다. 이 사례는 자본주의와 행정적 집중을 수반한 식민지의 지배자와 피지배민, 흑인에 대한 백인의 성적 착취에서 결국 생물학적인 성별보다는 인종적 구분이 더욱 중요하였던 제국주의의 섹슈얼리티의 특징을 보여준다. 이 관계는 〈성적 차이가 인종적 차별로 바뀌고, 인종이 성 차별로 바뀌는〉[55] 복잡한 식민 관계 속에서도 더욱 독특하게 부각되고, 동시에 제국주의의 섹슈얼리티가 횡적 관계가 아니라 빠져나올 수 없는 수직적 상하 관계의 그물망 속에 놓여 있음을 보여준다.

3. 인도 항쟁과 영국의 순결 캠페인

하이엄은 1880년대부터 1910년 사이에 식민지에서 영국인의 성적 태도에 분명한 변화가 일어났다고 주장한다. 1914년 이후에는 〈군대를 제외하고 지배자와 피지배자 사이에 거의 성적인 접촉이 없었다〉고 단언하기까지 한다.[56] 오랜 기간 동안 식민지는 곧 풍부한 성적 기행의 장소이기도 하였지만 1860년대부터는 고급 관리와 장교들을 중심으로 원주민 여성을 첩으로 두는 것이 부끄러운 일로 여겨지게 되었고, 20세기 초반이 되면 이런 분위기가 하급 관리와 병사들에게까지 확대되었다는 것이다.

이런 변화의 배경으로 언급되는 것이 1857년의 인도 항쟁 이후 영국이 시행한 피지배민과의 〈거리 두기〉 정책이다. 앞서 여러 장들에서 살펴보았듯이 인도 항쟁은 영국에게 식민 정책에 일대 전환기를 마련하게 한 충격적인 사건이었다. 인도 항쟁 이후 영국 사람들은 그동안 마냥 순종적이라 믿었던 피지배민들을 지배 질서에 저항하는 위험한 집단으로 새로이 인식하기 시작하였다. 이 과정에서 1869년 수에즈 운하가 개통되고 철도가 발달한 데 힘입어 인도에는 본국에서 많은 여성들이 도착하게 되었고, 새로운 보수적 인종주의가 등장하였다. 인종적 퇴화, 제국의 약화를 우려하며 우월한 중심부 인종을 유지하고자 하는 새로운 인종주의의 물결 속에서 식민지 지배자와 피지배자 사이에 성을 둘러싼 태도에서 분명한 변화가 일어났다. 19세기 후반 영국은 식민지에서 금욕적 태도를 고양시키게 되고, 이것은 식민지인과 영국인 사이의 성적 접촉에 대한 정책뿐만 아니라 영국인 사이에서도 성에 대한 태도의 변화를 가져오게 된다.

19세기의 영국은 비유럽 국가들과 비교해보았을 때 분명히 성에 대해 독특한 관행과 태도를 지니고 있었다. 먼저 결혼 연령이 상대적으로 매우 늦었다. 19세기 중엽 영국 남성들은 평균적으로 29세가 되어서야 결혼했으며, 약 10퍼센트를 웃도는 남성들은 평생 독신으로 남았다. 남성들의 늦은 결혼과 독신 생활은 영국에서 매매춘이 활발했던 이유를 설명하기도 한다. 또한 기독교의 전통 속에 놓여 있던 유럽의 많은 나라들과 마찬가지로, 남성 동성애에 대한 사회적 혐오 역시 매우 강했다. 그런데 여기서 동성애는 섹스라는 〈행위〉를 주목하는 개념이다. 이후 제5장에서 살펴보겠지만, 섹스가 개입되지 않는 한 남성 사이의 애정은 〈동지애〉라는 이름으로 폭넓게 수용되고, 때로는 고양되었다.

한편 19세기 영국 사회는 여성과 어린아이들을 성적 반응을 보일 수 없는 존재들로 규정하고자 했다. 〈꼼짝 말고 그냥 견뎌라suffer and be still〉라는 모토가 상징하듯이, 존경받을 만한 여성들은 어떠한 성적 자극에도 반응하지 않는 것이 바람직한 일이라고 설파되었다. 가정이라는 영역을 신성하게 여기는 만큼 이혼은 비난받을 만한 일이었고, 정치적 입지에 치명타를 가할 수 있는 일이기도 했다. 또한 19세기 영국은 성에 관한 담론들이 예술적 차원에서 논의되기보다는 〈과학〉의 영역에서 더욱 심각하게 다루어지기 시작하는 변화를 보게 된다. 특히 과거에는 도덕적 차원에서 다루었던 성적 일탈을 이제 과학적 차원에서 분석하였고, 특히 병리학은 이런 과정에서 〈변태〉라는 개념을 창조해냈다.

19세기 중엽부터 영국의 공공 영역에서는 성을 둘러싼 담론이 폭발적으로 대두하였다. 먼저 문제가 되었던 사안은 주로 성병을 지칭하는 전염병 예방법Contagious Diseases Prevention Acts을 둘러싸고 일어났다. 이 당시 영국에서는 해군의 군함이 항구에 정박하면 매춘부를 불러들이는 것이 일반적인 관습이었고, 매춘부를 맞이한 병사들은 선장에게 대금을 지불했을 정도였다. 군 당국은 성병에 대해 크게 우려하면서 매춘 여성들에 대한 강제 검진을 시행하였다. 이것이 영국 의회가 1864년, 1866년, 1969년에 걸쳐 제정한 전염병 예방법이다. 그런데 곧 군대에서 발생하였던 매춘에 대한 통제를 군 주둔지만이 아니라 일반 도시에도 광범위하게 적용하려는 움직임이 나타났다. 이를 위해 1866년 전염병 예방법을 확대 적용하기 위한 협회Association for Promoting the Extension of the Contagious Diseases Act가 결성되었다.[57]

하지만 매춘에 대한 국가의 통제에 이의를 제기하는 움직임이 시작되었다. 1869년 전염병 예방법 폐지를 위한 두 개의 단체[58]가 결성되고, 그후 10년간 이 법을 폐지하라는 캠페인이 전국적으로 전개되었다. 구빈 운동을 하다가 우연히 매춘부의 실태에 접근하게 된 조세핀 버틀러Josephine Butler(1828-1906)가 이 캠페인의 지도적 역할을 맡게 되었다. 버틀러는 매춘 여성들의 권리와 자유를 옹호했는데, 이러한 생각은 매매춘에 대한 최초의 페미니즘적 설명으로 평가되기도 한다. 과거에는 매춘 여성이 곧 매매춘이었던 등식에서 벗어나, 버틀러는 매매춘에 관련된 남성의 역할을 부각시켰다. 여성이 법적 차원뿐만 아니라 정치적, 경제적 차원에서 열등한 위치에 있기 때문에 매매춘이 생겨났으며, 책임과 애정이 없는 섹스를 추구하는

남성들의 부도덕성이야말로 매매춘을 낳게 한 본질적인 원인이라고 버틀러는 주장했다.[59]

매춘부에 대한 강제 검진에서 촉발된 이 캠페인은 1870년대와 1880년대를 통해 전염병 예방법 폐지라는 이슈뿐만 아니라 사회 전반적으로 강력한 〈순결 캠페인Purity Campaign〉을 불러일으켰다.[60] 이 과정에서 상대적으로 관용해왔던 하층민 사이의 성 관행과 청소년의 성에도 강력한 규제가 가해지기 시작했다. 1870년대에 이미 12세에서 13세로 한 차례 상향되었던 여성의 결혼 허용 연령이 1880년대에 이르면 16세로 다시 한번 상향 조정되었는데, 이는 당시 세계 어느 곳보다도 엄격한 기준이었다. 소년들의 자위행위 또한 엄격한 규제 대상이 되었다. 병리학자들은 자위행위가 후손들의 퇴화를 가져오는 사회적 재난이라고 주장하였고, 1870년대부터 사립학교들은 소년들 사이의 성행위를 강력하게 단속하는 것은 물론, 자위행위를 하다 적발된 학생들을 공식적으로 퇴교시켰다.[61] 1860년대부터 포르노그라피에 대한 단속 또한 강화되었다. 1863년에는 음란물을 전담하는 경찰 부서가 신설되었고, 1870년대까지 지속적으로 음란물 단속법을 개정, 강화하였다. 1890년대에 이르면 과거에 국제적 음화무역의 중심지였던 런던의 위상은 심하게 흔들리는 지경이 되었다.

하이엄과 같은 학자는 19세기 후반 영국 사회를 뒤흔든 순결 캠페인이 식민 정책의 변화와 긴밀한 관계가 있다고 주장한다. 사실 순결 캠페인은 영국 사회에서 상층부의 남성들에게 사상 초유의 강력한 성적 통제를 가하는 것이었다. 이런 변화 속에서 이제 금욕주의는 영국 국내와 식민지 모두에서 지배 계층에게 강제되는 도덕적 규범이 되었다. 제1장에서 살펴본 것처럼 인도에서 인종적 차별을 강화하면서 영 제국은 과거에 원주민과 통혼을 장려하던 정책을 철회하고 성적 측면에서 〈거리 두기〉 정책을 가시화하였다. 1869년 수에 즈 운하의 개통과 철도의 발달로 영국 여성들이 인도로 건너오는 사례가 많아졌다. 인도에 멤사히브memsahib라 불리는 영국 여성들이 상당수 존재하게 되면서, 영국인들과 인도 여성들 사이의 거리는 분명히 멀어질 수밖에 없었다. 가부장적이고도 제국주의적인 질서를 유지하는 데 식민지인과의 성 관계는 바람직하지 않은 관행으로 비쳐졌고, 특히 과거에 제국을 경영하기 위해 장려하기까지 했던 혼혈인 후손을 생산하는 일은 이제 중대한 금기가 되었다. 피치 못할 경우에도 축첩보다는 상업적 관계인 매춘이 선호되었다. 영국 병사뿐만 아니라 영국군 휘하의 인도 병사에 대한 성적 통제 역시 실시되었다. 1850년대 중반에서 1888년에 이르는 동안 영국은 인도와 버마, 그리고 실론 섬 등 인도 병사들의 주둔 지역에 공식적인 홍등가를 만들어 인도인 매춘부들을 정기적으로 검진하는 등 본국에서와 마찬가지로 성에 대하여 적극적인 통제를 시행하였다.[62]

이런 맥락에서 국내에서 성적 에너지의 〈절제〉를 강조하기 시작한 것이 대외적으로는 제국의 확장과 유지에 동원되었다는 주장이 나오게 된다.[63] 〈사랑을 잃는 만큼 제국을 얻는다〉[64]는 유명한 어구는 이런 이데올로기를 함축적으로 표현해준다. 이제 제국의 지배자는 성적 방탕을 즐기는 모험가나 탐험가 혹은 상인이 아니라 〈강건〉하고 〈순결〉한 신사적 제국주의자인 남성상을 부여받게 되었다.

4. 서구 남성의 성적 열등감

하지만 이런 해석의 배경에는 19세기 후반에 들어 과거 느긋하던 제국 경영이 모든 에너지를 쏟아 부어야만 하는, 강박증을 가진, 제국의 확대와 유지로 바뀌어 갔다는, 이른바 〈공식적 제국주의〉를 둘러싼 도식에 대한 집착이 있다고 볼 수도 있다. 다시 말해서 19세기 후반에 들어와 성에 관한 태도가 변했다는 사실은 곧 새로운 단계의 치밀한 제국주의의 시작을 반영한다는, 단순화된 등식을 가정하는 것이 아닌가 하는 의문이 든다. 무엇보다도 하이엄의 연구는 왜 그렇게 미친 듯한 순결 캠페인이 벌어지게 되었는가를 제국주의적 구도에서 충분히 설명하지 못한다. 다시 말해서 국내에 만연한 매매춘의 위협에서 순결 캠페인이 비롯되어 국외로 확대되었고, 궁극적으로 제국의 새로운 지배자 상을 만들어내었다는 그의 주장은 국내가 아닌 식민지 지배에서 왜 〈절제〉된 남성상을 강요하게 되었는가를 설명하기에는 부족한 듯이 보인다.

필자는 성적 측면의 〈거리 두기〉와 새로운 남성상의 등장이라는 변화의 배경으로 백인 남성의 성적 열등감이라는 요소를 고려해보아야 한다고 생각한다. 성의 영역에서 〈물리적 정복〉은 가능했으나, 진정한 우월성을 확보하지 못한 백인 남성의 불안감이 그것이다. 특히 그것은 섹스를 둘러싼 흑인에 대한 강박증이었다. 사실 흑인의 왕성한 성욕에 대한 관념은 아주 오랫동안 유럽의 전통 속에 자리 잡고 있었다. 중세부터 섹스는 〈아프리카의 죄악〉이라고 불렸으며,[65] 특히 흑인 남성의 엄청난 성적 능력은 『아라비안나이트 *The Thousand and One Nights*』와 같은 대중적인 문학 작품을 통해 공고한 이미지를 확보하였다.[66] 특히 이미 17세기부터는 아프리카 남성의 성기가 비정상적으로 크다는 이야기가 유럽인들 사이에서 일반화되어갔다.[67] 엄청나게 큰 흑인 남성의 성기는 곧 백인 여성이 흑인 남성에게 매혹을 느낀다는 신화와 연결되었다.[68]

흑인 여성의 왕성한 성적 활동이 식민지 지배자에게 색다르고 손쉬운 성적 기회를 의미하는 것이었다면, 흑인 남성의 성은 백인 남성들에게는 〈위협〉이 될 수밖에 없었다. 하지만 세2장에서 살펴보았듯이 서구 역사에서 오랫동안 지속적으로 유지되어온 흑인 남성의 강한 성적 능력에 대한 인식이 19세기 중반부터 갑자기 절박한 위협으로 바뀌게 된 이유를 생각해볼 필요가 있다. 우선 18세기 말부터 시작된 노예제 폐지론의 대두와 19세기 동안 진행된 노예 해방으로 백인 여성과 흑인 남성 간의 성 접촉을 자유롭게 만들 것이라는 우려가 대두하였던 사실을 고려할 수 있다. 하지만 흑백 통혼이 가능하다는 사실만으로 〈흑색 공포〉가 일어나는 것은 아니다. 백인 여성들이 흑인 남성을 선호할 것이라는 〈구체적인〉 위협의 근거가 있어야 한다. 이런 위협이 등장한 배경에는 성의 과학화라는 현상과 여성 오르가슴의 발견이 자리하고 있다고 필자는 생각한다.

앞서 제2장에서 살펴보았듯이 19세기 생물학을 비롯한 기타 의학들은 〈성〉의 영역에서도 지식의 수집과 비교, 수량화, 나아가 합리적 분석을 가하는 〈과학화〉의 과정을 진행시켰다. 과거에는 타자에 대한 성이 상상적 서사의 영역에서 재현되었다. 중세 기독교 왕국의 바깥에 위치한 이민족의 성적 경향이나 르네상스 〈야만인〉의 이미지를 성립하는 데 필수 요소였던 성적 일탈은 실재라기보다는 환상에 가까운 성격을 지니고 있었다. 하지만 19세기를 거치면서 〈성〉을 둘러싼 개념들은 이제 지극히 세속적이고 합리적인 영역에서 〈과학적 포장〉을 거쳐 〈객관적 진실〉이라는 무게를 확보하게 되었다. 〈섹스광〉 흑인의 이미지는 그전부터 있어왔지만, 19세기를 거치면서 부인할 수 없는 〈과학적 사실〉이 되어갔다. 서구 역사에 나타난 〈야만인〉의 이미지를 분석한 귀스타브 야호다Gustav Jahoda는 〈19세기의 주요 변화는 이들 이미지들이 좀더 (사이비) 과학이라는 가면을 쓰게 되었다는 것〉이라고 말한다.[69]

과학은 이제 제국주의 세계라는 엄청나게 확장된 범위를 근거로 하여 각 지역과 인종을 상호 비교하며 성적인 위계를 매기기 시작하였다. 아메리카 원주민 남성이 매우 작은 성기를 갖고 있다는 편견은 17세기부터 나타나지만 19세기에 들어서는 〈과학적〉으로 〈공식화〉되는 과정을 거친다. 〈이들 종족의 남성들이 자기들 종족의 여성에 대하여 무관심한 이유는 그들의 생식기가 불완전하기 때문이다. 결국 다른 대륙에서 사춘기가 되지 않은 소년들의 것과 마찬가지인 이 생식기는 아메리카 사람들이 덜 자랐음을 보여 준다〉[70]는 과학 분야의 보고서가 대중들에게도 전파되었다. 흑인 남성에게서는 거의 예외 없이 엄청나게 큰 성기가 강조되었다. 18세기 말 영국의 의사 찰스 화이트Charles White는 〈흑인 남성의 성기가 유럽인의 그것보다 크다는 것은 런던의 모든 해부학계에 잘 알려진 사실이다〉[71]라고 말한다. 이런 과학적 담론들은 문학적 담론 속으로 침투하여 대중적 차원의 〈정보〉를 만들어내었다. 『아라비안나이트』를 번역하면서 리처드 버튼Richard Burton은 심지어 텍스트 안에 흑인의 성기를 〈수량화〉하는 〈정보〉를 끼워 넣기도 하였다.

타락한 여자는 물건의 크기 때문에 흑인을 선호한다. 나는 소말리랜드에서 한 남자의 것을 재어봤는데, 발기하지 않은 상태에서 거의 6인치가 되었다. 이것이 흑인종과 아프리카의 짐승들(예를 들어 말과 같은)의 본질이다. 반면 아랍권에서는 사람이나 짐승이나 유럽인들 것보다 작다.[72]

캘빈 헌톤Calvin C. Hernton이나 로버트 영Robert Young과 같은 학자들은 19세기의 인종주의는 본질적으로 섹슈얼리티의 문제였다고 말한다.[73] 인종 문제를 둘러싼 19세기의 논란들은 성, 그리고 특히 흑인과 백인 간의 성적 결합을 둘러싼 문제에 초점을 맞추고 있었다는 것이다. 이런 맥락에서 영은 인종 이론이란 결국 욕망에 대한 이론이나 다름 없다고 말한 비 있다.[74] 이미 1815년 크리스토프

마이너스Christoph Meiners는 인종적 위계란 결국 〈성〉이라는 문제를 중심으로 펼쳐진다는 측면을 분명하게 제시한 바 있다.[75] 그는 이른바 〈해부학적 사실〉들을 들어 지구상의 다양한 〈인종〉의 성기를 분류하였다. 그의 이론은 마치 〈세계 체제론〉이나 〈종속 이론〉에서 제기되는 자본의 움직임처럼 전 세계의 민족들 사이에는 성적 능력의 지배와 종속 관계가 있고, 수요와 공급의 원칙에 따라 일종의 〈이동이라는 흐름이 생길 수밖에 없음을 주장한다.〉[76] 그는 〈지나치게 큰〉 성욕은 흑인뿐만 아니라 중국인, 일본인과 남해 열도인들에게서 공통적으로 나타난다고 보았다. 하지만 아메리카 원주민 여성과 흑인 여성은 언제나 유럽인을 선호한다고 주장한다. 앞서 살펴보았듯이 아메리카 원주민 남성의 작은 성기와 성욕의 결핍은 그 종족의 여성이 왜 유럽 남성을 더 좋아하는가를 설명한다. 그러나 그는 도대체 왜 흑인 여성이 유럽 남성을 선호하는가 하는 이유를 설명하지 못한다. 단지 흑인 남성은 짐승의 것처럼 큰 성기와, 〈비정상〉적으로 엄청난 성욕을 가졌다는 이야기를 되풀이할 뿐이다. 이것이 곧 유럽이 성을 과학화하는 과정에서 직면한 딜레마이자 해결해야 할 문제이다.

한편 백인 남성의 위기감을 부추긴 또 다른 이유로 여성 오르가슴의 발견을 들 수 있다. 여성에게 모성을 강조하는 19세기 분위기에서 여성의 생식기가 이전 시기에 비하여 엄청나게 정교하게 탐구되었다. 이런 맥락에서 19세기는 〈클리토리스〉를 〈발명〉한 시대로 볼 수 있는데, 이것은 곧 여성이 성적 쾌락을 느끼는 존재인가에 대한 문제와 직결된다. 여성은 성욕이 부재한 존재라는 전통적인 믿음과 여성이 엄청난 성적 욕망을 갖고 있다는 새로운 주장들이 열띤 논쟁을 벌이는 동안 과거에는 〈신비스러운 것〉이었던 여성의 성욕이 객관적인 〈실체〉가 되어갔고, 〈오르가슴〉은 과학적 영역에서 그 존재를 인정받게 되었다. 과학자들은 이제 여성의 성적 기관이 구조적으로 남성의 그것보다 훨씬 복잡하고 광범위할 뿐만 아니라, 여성의 성적 상상력이 더 생생하며 성감 또한 더 강하다고 말하기 시작하였다. 오귀스트 드베Auguste Debay와 같은 의사들은 〈남성의 흥분은 높이 치솟기는 하지만 오래 가지 못하고, 성 관계가 끝난 후 일시적인 불능 상태에 빠지는 반면, 여성은 언제라도 바로 흥분할 수 있고, 늘 관계를 가질 수 있다〉고 주장하였다.[77]

피터 게이Peter Gay는 여성에 대한 남성의 공포는 태곳적부터 있었지만, 그것이 대중 소설이나 의학 논집의 두드러진 주제로 부상한 것은 19세기라고 주장한다. 특히 19세기 후반부에는 공적 영역에서 여성의 힘이 드러나면서 남성들에게는 더 큰 위협이 되었다는 것이다.[78] 이런 상황에서 여성에게 성욕과 〈오르가슴〉이 있음을 인정한다는 것은 여성의 성적 주체성을 인정할 뿐만 아니라 여성에게 성을 둘러싼 엄청난 권력을 공공연하게 인정하는 것이나 마찬가지였다. 〈오르가슴〉을 통해 여성은 남성의 성적 능력을 〈객관〉적으로 비교, 평가하며 위계를 매길 수 있는 권력을 쥐게 된 것이다.

이런 상황에서 〈객관적이고도 과학적인〉 지표들은 종종 〈도덕〉이라는 더욱 강력한 요소에 의해 그 권위가 전복되거나 굴절, 은폐되는 경향을 발견할 수 있다. 기존의 성적 질서를 유지하기 위하여 〈도덕〉으로 〈과학〉을 제압하는 현상이 그것이다. 다분히 흑인 남성을 겨냥한 〈지나치게 큰 성기는 지나치게 큰 성적 욕구를 말해주며, 그렇기 때문에 이성이 들어갈 공간이 없다는 주장〉[79]은 생물학적 인종주의의 가장 큰 주제가 된다. 오르가슴에 대하여 잘 알고 있을 의사들도 대중용 결혼 지침서에서는 여성 오르가슴에 대하여 아예 언급하지 않거나, 여성의 성욕은 부정적인 결과를 가져온다고 폄하해버린다.[80] 〈여자가 임신하기 위해서는 성적 감흥은 별로 필요하지 않

다〉거나 〈창녀와 같이 계속 흥분하는 사람은 임신할 수 없다〉라는 내용이 이런 맥락에서 강조되었다.[81]

반면 남성의 성에 대하여는 임신이라는 목적과 관계없이 섹스 자체의 중요성을 설파한다. 섹스야말로 남성 행복의 가장 중요한 요소라고 주장하는 한 의사는 남성의 섹스를 더 나은 상태로 만들어주어 수많은 남성들을 〈자살 혹은 정신이상〉[82]의 위험에서 구제해주었다고 자랑한다. 당시의 서구 남성들이 보다 나은 성적 능력을 갖추어야 한다는 강박증에 시달렸음은 대중용 의학서와 같은 텍스트에서 뚜렷이 드러난다. 〈동양〉의 성적 관행을 도덕적 열등성의 지표라고 말하면서도, 그곳은 서양이 따라잡아야 할 성적 지식의 보고이다. 발기부전을 극복하는 방법에 관한 장황하고도 열렬한 내용 속에 특효가 있다는 비법들은 〈원래 아시아에서 비롯된 것〉으로 묘사되고, 〈터키에는 이것을 전파하는 것을 직업으로 삼는 남자들이 있다〉[83]고 말하는가 하면, 흔히 동인도나 터키 등의 〈동양〉에서 들어왔다는 정력제나 최음제로 쓰이는 약재들이 나열되기도 한다.[84]

한편 비유럽 여성에게서 종종 나타나는 지나치게 큰 클리토리스는 종종 발기하기도 하며, 동성애에 이용될 수 있다는 담론이 제기되었다.[85] 중세를 거쳐 근세까지 할렘의 이미지가 남성을 기다리는 지치고 무기력한 감옥이었다면, 19세기의 할렘은 여성들끼리 〈자조〉적으로 쾌락을 추구하는 곳으로 그려지곤 한다. 그곳에서 여성의 클리토리스는 동성애와 같은 〈파행적 성〉을 즐기기 위한 중요한 매체이다. 버튼은 이렇게 말한다.

무슬림의 할렘은 레즈비언식 연애를 위한 최상의 학교이다: 남자 역할을 하는 여성 동성애자는 우선 생김새부터 특이한데, 턱과 윗입술 위에 수염이 나 있고, 굵은 목소리를 지녔으며 염소 같은 냄새를 풍길 뿐 아니

라 발기할 수 있는 거대한 클리토리스를 갖고 있다.[86]

과거 할렘의 이미지를 덮어쓴 식민지는 백인 남성이 언제나 침투할 수 있고, 백인의 성욕을 한껏 충족시켜주며, 그들의 남성성을 고양시켜주는 터전이었지만, 이제는 백인 남성이 유색인과 〈성적 능력〉에서 경쟁을 벌여야 하는 곳이 되어버렸다. 인도인 정부를 두었던 버튼은 그녀가 그에게 〈사랑〉을 느끼지 않는다는 점에 비통해했다.

> 수많은 유럽인들이 원주민 여성과 오랜 기간을 함께 살면서 가정을 이루기도 하지만, 그들은 결코 그녀들에게 사랑받을 수 없다. 나는 단 하나의 예외도 보지 못했다.[87]

버튼은 이런 현상이 일어나는 이유가 바로 유럽인들의 성적 기술이 형편없기 때문이라고 생각하였다. 유럽인들은 원주민 여성의 몸이 원하는 만큼——버튼은 이것을 시간으로 계산하여 최소 20분이라고 말한다——해줄 수 없기 때문이라는 것이다.[88] 흑인 여성의 넘쳐나는 육감성을 보도하는 《데일리 뉴스*Daily News*》의 기자 아서 헤일즈Arthur Hales의 글은 바로 흑인과 비교될까 봐 전전긍긍하는 백인 남성의 심리를 이렇게 투영한다.

> 그들[부시맨의 딸들]은 검은색이든, 갈색이든, 혹은 커피 색깔이든 모두 어머니의 축복만큼이나 크고, 사랑에 빠진 봄 시인의 상상력만큼이나 한없이 커다란 입술을 갖고 있다. (……) 그들이 흑인 병사들과 농탕거리는 모습을 보는 것은 즐겁다. (……) 흑인 병사들은 백인 남자들이 매일매일 넉 달이 걸려야 할 만큼의 섹스를 스물네 시간 동안 줄기차게 해치우고도 남을 것이다.[89]

미국 남북전쟁의 와중에 런던과 뉴욕에서 익명으로 출간된 『잡혼 *Miscegenation*』(1864)[90]이라는 팸플릿은 노예제 문제를 성의 차원에서 다룬 선동적인 글이었다. 미국 남부의 남성들의 〈정서적인 힘, 열렬한 웅변과 모든 순종 노예주들을 빛나게 하는 격렬함은 사실 그들이 소유한 가장 매혹적이고도 지적인 노예 소녀들과의 친밀한 접촉 때문〉[91]이라는 것이다. 하지만 거꾸로, 더욱 중요하게, 노예제는 궁극적으로 흑인 남성에게 집착하는 백인 여성의 욕망을 지속적으로 채워줄 수 있는 유일한 보장책이기도 하다는 것이다.

귀족적인 노예주의 어머니와 딸들은 거무스름한 머슴들과 매일같이 만나는 기묘한 즐거움에 몸을 떤다. 이것이야말로 남부 여성들이 노예제의 섬뜩한 야만성에 대하여 갖는 괴상한 매혹의 비밀이다. 자유는 이들 유색의 남성들에게서 그녀들을 영원히 떼어놓게 만들지만, 노예제는 그들을 곁에 둘 수 있게 한다는 것을 그녀들은 안다. 남부 여성은 이를 부정해보아야 소용없다. 그녀는 흑인 남자를 사랑한다.[92]

제국주의 구도에서 성이라는 화두를 둘러싼 백인 남성의 위치는 이렇게 불안한 것이었다. 그리고 이런 불안감은 백인 여성과 흑인 남성의 성적 접촉을 원천적으로 차단하는 장치를 강구하게 만든 큰 원인이었다. 아프리카에서 기혼의 백인 여성이 흑인 남성과 접촉할 수 있는 거의 유일한 통로는 여주인과 하인의 관계였다. 백인 여성이 흑인 남성 하인에게 성적으로 위협을 당한 사례가 전혀 보고되지 않았음에도 중앙아프리카와 남아프리카의 식민지들은 1900년대 초에 모두 백인 여성과 흑인 남성 간의 성적 교접을 금하는 법을 제정하였다.[93] 1903년 남로디지아의 부정법Immorality Act은 흑인 고객을 받은 백인 창녀에게 2년 형을, 반면 흑인 남성에게는 최소 5년형을 명시하였다. 백인 남성과 흑인 여성 사이의 성적 접촉은 빈번하였지만, 이에 대하여는 공식적인 반대 여론이 별로 형성되지 않았다.[94] 1926년 파푸아뉴기니에서도 백인 여성을 강간하거나 강간 미수에 그친 흑인 남성을 사형에 처할 수 있는 법령을 제정했지만 백인과 접촉한 흑인 여성에 대하여는 아무런 제재 조치를 취하지 않았다.[95]

이런 경향은 제3장에서 살펴보았듯이 인도 항쟁이나 보어 전쟁과 같은 〈위기〉의 시점에서 〈위험에 처한 백인 여성〉이라는 이미지가 강화되었던 사실과도 깊은 관련이 있다. 실제로 강간은 영국 군인들이 훨씬 더 많이 저질렀지만,[96] 흑인 남성에 의한 강간의 위협을 경고하는 선전이 오히려 강력하게 대두하였다.[97] 백인 여성이 흑인의 성적 노리개가 되는 것을 막아야 하는 백인 남성은 〈신사도〉로 무장한 채 절제할 줄 아는 남성으로 등장한다. 그리고 그런 〈신사적〉 남성성은 더욱 치밀하게 식민지를 간섭하는 데 동원되었다. 유럽의 기준에서 볼 때 〈저들〉이 〈제대로 된〉 남성성을 발휘하지 못하는 것 자체가 그들을 비난할 수 있는 근거가 되며, 문명화된 〈우리〉가 〈그들〉을 침략하고 간섭할 수 있는 구실을 제공하는 것이었다.[98] 여기서 인종, 제국, 젠더를 둘러싼 식민주의 담론은 분명히 결국 백인 남성의 지배권을 확인하고 유지시켜주는 도구로 드러난다.

하지만 이런 새로운 남성상의 대두는 결국 백인 남성이 성이라는 문제를 둘러싸고 완벽한 해결책을 찾기보다는 우회하는 차선책을 택할 수밖에 없었음을 반증한다. 〈엄청난 성적 능력을 가진〉 흑인 남성과 성이라는 영역에서 경쟁하기보다는 그 구도에서 빠져나와 〈도덕성〉이라는 영역으로 스스로를 도피시켜 버린 것이다. 따라서 〈성〉은 드러내기보다는 은폐해야 할 것, 그리고 〈도덕〉에 비하여 절대적으로 열등한 것이 되어버렸다. 프란츠 파농Franz Fanon이 설설하게 지적하였듯이 이런 구도 속에서 〈흑인과 관련한 모든 것은 생식기 층위에서 발생〉하고, 다시금 〈흑인의 정력은 환상적이 되어야만〉[99]하였다.

하이엄은 성이라는 화두를 둘러싸고 영국의 제국주의가 보여준 이중성을 지적한 바 있다. 그들은 원주민들을 성적으로 착취하고, 성병을 퍼트리며, 포르노그라피를 전파시켰으면서도 역설적으로 공식적인 순결 이데올로기를 수출하였다는 것이다.[100] 이런 이중성은 곧 섹슈얼리티를 통해 〈타자〉를 만들어내고, 지배자와 피지배자를 설정하였던 제국주의의 본질이기도 하다. 지배의 헤게모니를 도출하는 데 섹슈얼리티를 동원하는 것은 사실 서구 역사에서 오랜 전통을 갖고 있다. 12, 13세기의 재기독교화의 움직임 가운데 새로운 박해 집단을 만들어낼 때, 16, 17세기 유럽을 휩쓸었던 마녀 사냥에서, 그리고 이른바 〈신대륙〉에 살고 있는 〈야만인〉의 상을 만들어내는 과정에서 공통적으로 동원된 요소가 〈성〉이었다.[101]

하지만 제국주의 속의 섹슈얼리티는 중·근세에 성을 통해 타자를 만들었던 전통의 연장선에 있으면서도 뚜렷한 차별성을 가진다. 과거의 마녀나 야만인과 같은 타자의 성이 악마성이나 이해할 수 없는 원시성과 같은 비과학적 영역에 위치했던 반면, 이제 성은 과학적 영역에서 〈객관성〉을 확보했다. 이것은 〈성〉 자체를 둘러싼 권력이 전혀 다른 기반에서 그 입지를 굳히게 되었음을 말한다. 나아가 제국주의의 섹슈얼리티는 젠더의 문제이자 인종의 문제가 되었다. 이제 유럽의 섹슈얼리티는 비유럽에 대한 엄청난 담론이 확장되면서 재정립될 수밖에 없었다. 그리고 유럽의 성은 〈타자〉의 성과의 대타성을 통해 그 양태를 갖추어나갔다. 다른 문명권의 성에 대한 정보가 증가할수록 〈타자〉와 분명히 〈구분되는〉 유럽의 섹슈얼리티가 만들어져갔던 것이다. 하이엄은 이렇게 말한다.

　도가에서 열네 살 먹은 소년에게 하루에 두 번 사정하는 것이 적합하다고 가르칠 때, 힌두 사원에 매춘부들이 딸려 있을 때, 멜라네시아의 개종자가 기독교 제단에 남근상을 설치하는 것이 옳다고 생각하는 사실에, 일본 사람들이 비역을 거부하는 것이 여성스러운 행위라고 간주한다는 것, 그러면서 그것이 옳지 않다고 설교하는 성 프랜시스 자비에르St. Francis Xavier를 비웃을 때, 그리고 뉴기니의 샘비언Sambian 남자들이 마치 유럽인이 와인을 음미하듯이 정액을 감별한다는 사실들은〔유럽 사람들과 비교해볼 때〕엄청난 차이를 보여주는 것이었다.[102]

　그러나 그 간극이 커가는 것은 사실 〈성〉을 통해 나오는 완전히 다른 타자를 도출해야 한다는 강박증을 반영한다. 그리고 그 타자와의 관계는 사실 애증의 관계로, 관계를 맺으면서도 혐오해야 하였던 불안정하고도 양면적인 것이었다.

　백인만이 유색인종에게 매력을 느낀다고 19세기 중엽에 고비노가 한 이야기는 1924년 포스터E. M. Forster의 『인도로 가는 길 A Passage to India』에서 완전히 역전된 형태로 나타난다. 영국인 관리는 〈과학적 사실〉임을 내세워 이렇게 말한다. 〈검은 피부의 인종이 하얀 피부의 인종들에게 육체적으로 더욱 끌리지만 그 반대의 경우는 일어나지 않는다.〉[103] 이런 변화의 배후에는 정치나 경제적 측면뿐만이 아니라 성적으로도 깊은 〈관계〉를 맺어온 주변부와 스스로를 경계짓고자 하는 중심부의 몸부림이 있었다. 그것은 성적인 위계에서도 분명한 우월성을 획득하고자 하였던 서구의 중압감이었나. 하시만 설국 서구는 스스도가 만들어낸 과학 남돈의 밎에 길러

다른 인종과의 경쟁에서 빠져나올 수밖에 없었고 〈도덕성〉으로 포장된 우월성만을 획득할 수밖에 없었다. 그리고 그 선택은 결국 〈성적 위계질서〉에 관한 한 쓰라린 패배 의식을 깔고 있다. 그렇기 때문에 흑인 남성의 엄청난 성적 능력에 대한 환상은 결국 공식적인 제국주의가 해체된 후에도 해결되지 못한 문화적 전통으로 남게 되었다.

제5장

〈제국의 온상〉: 퍼블릭 스쿨과 남성성

포스트모더니즘과 탈식민주의의 영향으로 제국주의를 둘러싼 연구가 한층 더 풍부해지는 최근에 가장 주목받는 주제가 바로 제국주의의 선전과 전파라는 영역이다. 이 분야는 1880년대부터 제1차 세계대전 발발까지의 시기를 중심으로 대중 민주주의와 대중 소비문화라는 커다란 두 흐름 속에서 제국주의를 둘러싼 여론의 형성과 선전의 효과에 초점을 맞춘다.[1] 중심부 사람들의 생활과 의식구조 속에 제국을 〈실재화(實在化)〉시킨 다양한 경로를 주목하는 것이다.

그 가운데 특히 청소년을 대상으로 한 제국주의의 선전과 전파는 크게 두 방향에서 논의되어왔다. 하나는 중·상류층 자제를 대상으로 하는 퍼블릭 스쿨의 교육 과정에 제국주의가 어떻게 침투했는가를 알아보는 연구로, 퍼블릭 스쿨의 교육이 궁극적으로 제국의 리더가 될 인재의 양성에 목표를 두고 있었음을 강조한다. 한편 다른 연구 경향은 퍼블릭 스쿨 교육에서 시행되었던 교육 이념이 사회 저변으로 확대되어가는 것을 주목한다. 이 분야의 연구들은 19세기 말에 퍼블릭 스쿨의 가지늘이 중산계급을 넘어 노동계급 상층에 침투하

고 퍼블릭 스쿨의 언어가 전국적으로, 나아가 제국의 언어로 부상하게 되었다고 주장한다.[2]

최근의 학계 동향은 후자의 논의를 발전시키며 20세기 전후로 급성장하는 사회단체의 역할을 중시하는 방향으로 흐르고 있다. 노동자 계급이 주축을 이룬 〈프림로즈 동맹〉을 위시하여 엘리트 중심의 〈제국연방동맹〉, 청소년을 대상으로 한 〈보이스카우트〉 등 각양각층의 사회단체들이 제국주의의 선전에 중추 역할을 했다는 것이다.[3] 이런 시각의 저변에는 많은 사회단체가 지향한 정신적 가치들이 곧 퍼블릭 스쿨에서 가르쳐온 것으로, 그것이 곧 공립학교의 교육에 도입되고 이후 여러 단체와 조직에 도입되었다는 가정이 깔려 있다.

그런데 사회단체와 조직에 대한 연구가 활발히 진행되는 데 비해서 흔히 〈제국의 온상nurseries of empire〉이라고 불리는 퍼블릭 스쿨 자체에서 제국주의를 읽어내는 연구들은 상대적으로 답보 상태에 있는 듯하다. 필자는 그 이유를 제국주의의 〈선전〉과 〈전파〉가 주로 신제국주의와 대중 소비문화의 등장이라는 두 가지 거대 담론과 연결지어 고찰되는 경향 때문이라고 생각한다. 이런 연구들은 1880년 이후에야 본격적인 선전과 전파가 이루어졌다고 보기 때문에 주로 〈대중화〉 과정만을 주목하는 한계를 안게 된다. 즉 이전 시기의 퍼블릭 스쿨에서 형성된 제국주의적 이데올로기가 정확하게 어떤 것이었는지 상세하게 고찰하지 않은 채 19세기 후반의 이데올로기가 퍼블릭 스쿨에서 나온 바로 그것이라고 단정해버리는 오류를 범하는 것이다.

이런 상황에서 지난 20여 년 동안 19세기 영국 퍼블릭 스쿨에 대한 논의는 역사학보다는 사회학이나 교육학, 나아가 체육학 등의 영역이 주도해왔고, 퍼블릭 스쿨은 제국주의의 이데올로기를 효과적으로 전파하는 데 기여한 근대 스포츠의 요람으로, 대영제국을 건설하는 데 앞장선 리더들을 양성한 곳으로서 그 〈영광〉만 부각되어왔다. 이 과정에서 완전히 남성만으로 이루어진 퍼블릭 스쿨이라는 공간이 가진 〈남성적 이미지〉는 곧 제국주의의 승리를 설명할 수 있는 원인이자 제국주의가 남성성을 띨 수밖에 없는 필요조건으로 설명되기도 한다.

그렇다면 제국주의적 남성성의 모태가 되었다는 퍼블릭 스쿨은 어떤 남성성을 지녔고, 생산해냈을까? 이 장에서는 1880년 이전의 퍼블릭 스쿨이 어떤 곳이었는가를 살펴보면서 학자들이 퍼블릭 스쿨과 제국주의를 직결시킨 〈남성성〉이라는 주제를 추출해서 논의하기로 한다. 퍼블릭 스쿨의 남성성과 제국이 어떤 연관성을 갖는가 하는 문제를 접근하기 위해 여기서는 토머스 휴즈Thomas Hughes 가 쓴 소설 『톰 브라운의 학창 시절 *Tom Brown's Schooldays*』[4]을 분석의 창으로 삼기로 한다. 『톰 브라운의 학창 시절』은 영국 퍼블릭 스쿨의 교육과 생활상을 가장 생생하게 묘사한 것으로 평가받는 19세기의 베스트셀러이다. 이른바 신제국주의가 시작되기 이전인 1830년대를 모델로 하였고 1857년 출간되었으며, 이후 신제국주의 시대에 영국의 퍼블릭 스쿨을 제국주의적 엘리트의 양성소로 인식시키는 데 크게 기여한 것으로 인정받는 작품이다. 따라서 이 작품에 대한 분석은 곧 영국 퍼블릭 스쿨의 실제, 담론화, 이미지 효과라는 세 요소를 1830년대부터 1900년대 전후까지 포괄하며 논의하는 것이기도 하다.

1. 19세기 영국의 퍼블릭 스쿨

영국에서 퍼블릭 스쿨이 수세기 동안 엘리트 교육의 요람 역할을 맡아왔다는 사실을 무인할 사람은 없을 것이나. 넝국의 퍼블릭 스쿨은 미국의 퍼블릭 스쿨(공립학교)과 달리 사립학교의 성격을 지니며, 그 유형 또한 매우 다양하다. 1180년 퍼블릭 스쿨이라는 말이 처음 등장한 이후 오랫동안 이 명칭에 대한 일치된 정의가 나타나지 않았다. 1842년 교육위원회the Board of Education에서 교장협의회 Headmaster's Conference와 학교관리협회Governing Bodies' Association의 회원으로 가입한 학교들을 퍼블릭 스쿨이라고 규정했는데, 이 조건에 해당하는 학교는 218개였다.[5] 하지만 실제로 어떤 기준으로 퍼블릭 스쿨을 규정하는가 하는 문제는 위원회의 결정만으로 쉽게 판가름나지 않는 복잡한 문제였다. 1950년대에 들어서서 학자들은 다음과 같은 다섯 가지 요소를 퍼블릭 스쿨의 조건으로 내세운 바 있다.

1) 부유한 계층과 직결된 일종의 계급성을 띤 학교이다.
2) 고액의 학비를 지불한다.
3) 오지에 위치하지 않는다.
4) 기숙학교(boarding school)이다
5) 국가나 지방 정부에서 독립된 것이지만 사적으로 소유하거나 영리를 추구하지 않는다.[6]

1861년 클래런던 위원회Clarendon Commission는 대표적인 9개 학교인 이튼Eton, 윈체스터Winchester, 웨스트민스터Westminster, 차터하우스Charterhouse, 세인트 폴스St. Paul's, 머천트 테일러스 Merchant Taylor's, 해로Harrow, 럭비Rugby, 슈루즈베리 Shrewsbury를 퍼블릭 스쿨로 규정했다. 이들 9개교는 흔히 그레이트 퍼블릭 스쿨Great Public School이라는 이름으로 불리게 된다.[7] 그레이트 퍼블릭 스쿨은 논란의 여지없이 사회의 중·상류층을 교육시키는 기관이었다. 이곳 출신들은 정부 요직과 제국 경영 기구에서 상층부를 독점하다시피 하였고, 다양한 학문 분야를 이끌어가는 리더가 되었다. 하지만 제국의 선전과 전파라는 측면을 고려해볼 때, 최고의 퍼블릭 스쿨들의 역할이 전부는 아니었다. 비록 규모는 상대적으로 작고 역사는 짧다고 할지라도 19세기 영국에는 수많은 퍼블릭 스쿨이 새로 생겼고, 그레이트 퍼블릭 스쿨에서 만들어진 제국주의 이데올로기는 고스란히 다른 퍼블릭 스쿨로 퍼져갔다.

　영국의 교육학자 맨건J. A. Mangan은 19세기의 영국에 존재했던 퍼블릭 스쿨의 유형을 여섯 가지로 나누었다. 첫째, 왕립 클래런던 위원회가 정한 그레이트 퍼블릭 스쿨로 앞서 언급한 9개교를 지칭한다. 둘째, 기독교의 각 종파가 설립한 종파학교Denominational School로, 로마가톨릭, 퀘이커, 감리교, 신교 비국교파등의 종파들이 설립한 학교들을 일컫는다. 셋째, 여러 사람의 기부금으로 공동 출자한 학교Proprietary School가 있는데, 첼튼햄Cheltenham, 말보로Marlborough 등의 칼리지가 대표적이다. 넷째, 역사가 오래된 문법학교 가운데 퍼블릭 스쿨의 지위로 승격된 학교 Elevated Grammer School들이 있다. 어핑엄Uppingham을 비롯하여 턴브리지Tonbridge, 랩톤Raptone 등을 꼽을 수 있다. 다섯째, 나다니엘 우다드Nathaniel Woodard가 서섹스에서 랜싱 칼리지Lancing College를 중심으로 국교회 중산계급 학교의 네트워크를 형성한 학교Nathaniel Woodard School들이 있고, 마지막으로 개인이 설립한 사설 개척학교Private Venture School들이 있었다.

　영국의 상류계급 자제들은[8] 대부분 7-8세가 되면 집에서 가까운 작은 퍼블릭 스쿨에 다니다가, 11-12세가 되면 다시 그레이트 퍼블릭 스쿨로 진학하였다. 18-19세가 될 때까지 기숙사 생활을 원칙으로 하는 교육 과정이 끝나면 옥스퍼드나 케임브리지와 같은 대학으로 진학하는 것이 정해진 엘리트 코스였다.

그레이트 퍼블릭 스쿨이 영국 사회에서 차지하고 있던 확고한 위치와는 달리, 19세기 초반의 퍼블릭 스쿨의 교육 과정은 상당히 진부했던 것으로 알려져 있다. 마빈F. Marvin은 심지어 〈1750년부터 1840년까지 우리의 교육은 앨프레드 대왕 이후 최악의 상태에 있었다〉고 말하기도 하였다.[9] 교과 과정은 라틴어와 그리스어를 중심으로 한 고전 교육에 치중되어 있었는데, 이는 귀족의 교육이란 새로운 과학적 지식보다는 르네상스적 전통에 충실한 고전 교육이어야 한다는 낡은 사고방식 때문이었다.[10] 윈체스터 졸업생으로, 옥스퍼드 대학교의 교수가 된 시드니 스미스Sydney Smith는 1809년 이렇게 말한 바 있다.

젊은 영국인은 6-7세가 되면 학교에 가서 23-24세까지 교육 과정 속에 놓인다. 그 사이 그들이 하는 유일하고 독특한 일은 라틴어와 그리스어 학습뿐이다. 그들은 다른 종류의 빼어난 학습이 있다는 것을 인식하지 못한다. 그리고 그가 가장 완벽하게 터득한 사실의 거대한 체계는 이교도 신의 음모들이다 누가 목양신과 잤느냐?—주피터와는?—아폴로와는?[11]

이런 상황에서 19세기 중엽부터 고전 중심의 교육에 대한 강한 비판이 일어나게 되었다. 산업화와 새로 형성되는 중산계층의 교육열, 나아가 제국 경영이라는 문제가 틀에 박힌 커리큘럼에 대한 근본적인 개혁과 변화를 요구하게 되었다. 이 당시 교육의 실질적인 개혁은 정부 차원이 아니라 학교 자체에서 이루어져야 했다. 몇몇 의식 있는 교장들이 교육 환경과 조건을 개선하기 시작했다. 특히 토머스 아널드Thomas Arnold 교장의 지휘 아래 럭비 스쿨은 교육 개혁의 선봉에 선 학교라는 명성을 얻게 되었다. 아널드 박사는 커리큘럼을 확대하고 훈육 방법을 개선하였으며, 스포츠를 공식적인 교육 과정에 포함시켜서 당시로는 선구적인 교육 개혁가였다고 평가받곤 한다. 『톰 브라운의 학창 시절』은 바로 이 교육 개혁이 시작되는 시기의 럭비 스쿨을 다룬 작품이다.

2. 『톰 브라운의 학창 시절』

『톰 브라운의 학창 시절』은 토머스 휴즈(1822-1896)가 1857년에 출간한 작품이다. 작가는 입학을 앞둔 8세의 아들에게 들려줄 이야기를 남기기 위해 이 글을 쓴 것으로 알려졌는데, 우연한 기회에 출판을 하게 되어 9개월 만에 5판을 찍어내는 대단한 성공을 거두게 되었다.[12] 학교 이야기school story를 다루는 비교적 지엽적인 장르임에도 이 소설은 영국과 미국, 오스트레일리아를 비롯해 많은 나라에서 출판되었으며, 19세기 후반에 가장 유명하면서도 널리 읽힌 작품 가운데 하나가 되었다.

휴즈는 1822년 버크셔Berkshire의 백마계곡the vale of White Horse에서 태어났다. 1830년 윈체스터Winchester 근교의 튀포드 Twyford라는 사립학교에 입학했다가 형과 함께 럭비 스쿨에 전학하게 된다. 작품 속 주인공 톰 브라운 역시 같은 과정을 밟는 것으로 묘사된다.[13] 그는 1845년부터 변호사로 활동하다가 1865년 의회로 진출(MP, Liberal Unionist)하여 급진주의자로서 활발한 활동을 펼치기도 했다.[14] 1866년부터 기독교 사회주의 운동Christian Socialism Movement에 가담하여 노동자학교Working Men's College를 설립하고 그 학교의 교장을 역임했다(1872-1883). 1870년대 들어서 여러 차례 미국을 방문한 후 테네시 주에 광대한 토지를 구입한 뒤, 그곳에 공동사회를 건설하려고 시도하였지만 그 계획은 실패로 돌아갔다. 단지 그가 명명한 럭비라는 지명이 영원히 그 행정구역의 이름으로 남았을 뿐이다.[15]

기독교 사회운동가의 한 사람으로서 휴즈는 〈강건한 기독교주의 Muscular Christianity〉[16]의 예찬자였다. 강건한 기독교도란 기독교의 신념에 입각하여 행동하는 신사를 말하는데, 정직, 예의, 협동심, 용기, 리더십과 더불어 강한 체력과 애틀레시즘athleticism(스포츠애호주의)을 갖춘 사람을 의미한다. 강건한 기독교주의는 그 특성이 〈남성다움manliness〉의 고양이었으며, 남성다움이란 전체를 위해 희생할 수 있는 용기라고 주장되었다. 강건한 기독교주의라는 이데올로기는 『톰 브라운』 시리즈[17]를 통해 19세기 후반 영국 사회로 광범위하게 확산되었다는 것이 일반적인 평가이다.

이 소설은 휴즈의 학창 시절이었던 1830년대를 모델로 삼은 자전적 소설로 알려져 있다. 휴즈 자신이 이 소설이 논픽션이라는 것을 밝힌 적이 없고, 1895년 톰 브라운이 실존 인물이었느냐의 질문에 〈내가 재학할 당시 럭비 스쿨에는 톰이라는 이름을 가진 자가 적어도 스무 명은 되었다〉[18]고 대답하였으나 작품 속의 주인공들은 대부분 당시 럭비 스쿨에 몸담았던 사람들로 밝혀졌다.[19] 특히 실명으로 등장하는 유명한 교육자 아널드 박사는 작가의 학창 시절에 실제로 럭비 스쿨의 교장으로 재직(1833-1842)하고 있었으며 휴즈가 일생 동안 존경하는 대상이었다고 한다.

이 소설의 줄거리는 한 소년이 집을 떠나 기숙학교에 들어가서 새로운 환경에 적응하고 노력하면서 마침내 자신이 꿈꾸던 존경받는 학생이 되고, 이후 그 학교를 방문하여 자신을 성장하게 한 학창 시절의 의미를 되새긴다는 내용이다. 이 소설은 전형적인 성장소설, 즉 빌둥스로만Bildungsroman의 형식을 취하고 있다. 하지만 이 소설이 가지는 의미는 대중적 인기를 넘어서 여러 가지 측면에서 제시 되어왔다. 우선 19세기 퍼블릭 스쿨의 생활상을 비교적 객관적으로, 상세하게 기술했다는 점에서 그 가치를 인정받았고, 이 소설을 통해 영국의 소년들 사이에 새로운 남성상이 정립되었다는 평가가 내려 졌다. 그 이전까지 묵상을 즐기던 책벌레 스타일의 모범생 전형에서 탈피하여 장난기가 가득하면서도 책임감이 강하고, 운동장에서 뛰 노는 새로운 소년상이 정립되는 계기가 되었다는 것이다. 학자들은 이를 두고 19세기의 남성성이 종교의 경건성에서 벗어나 운동 경기 에 대한 열정에 안착하게 되었다고 풀이한다.[20]

　『톰 브라운』을 텍스트로 퍼블릭 스쿨의 남성성을 고찰하는 작업 은 세 단계의 중층적 접근을 필요로 한다. 첫째, 퍼블릭 스쿨의 실상 은 어떠하였는가. 둘째, 작가는 어떤 의도를 가지고 퍼블릭 스쿨을 어떻게 그려냈는가. 마지막으로 19세기 후반의 독자들은 그 소설의 내용에서 무엇을 읽어냈는가 하는 점이다. 그런데 여기에 〈사료〉로 서 『톰 브라운』을 보는 일은 궁극적으로 역사가들이 이 소설에서 어 떤 역사적 의미를 찾아왔는가에 대해 또 한 단계의 정리를 해야 한 다. 이후에 다룰 내용은 『톰 브라운』을 통해 퍼블릭 스쿨의 남성성 이라는 주제를 고찰하는 데에 그동안 학자들이 〈읽지 않아온〉 요소 들을 검토해보려는 시도라 할 수 있다.

3. 집 vs 학교, 학교 vs 제국

　『톰 브라운』의 초반부는 주인공의 가문에 대한 역사와 그 가문이 대대로 살아온 고향의 풍광, 그리고 마을 축제와 같은 고향의 전통 을 묘사하는 것으로 이루어져 있다. 그리고 그 전통은 지극히 보존 힐 가치가 있는 것들로 그려진다. 여기서 고향은 주인공의 지긍심의 원천이지만 동시에 지극히 정체적인 곳으로 나타난다. 고향은 〈영원히 변하지 않는〉(12) 곳이고 그곳에 사는 사람들은 너무나 오랜 동안 그곳을 떠난 적이 없는 사람들이다. 나아가 그곳의 가치들은 다분히 미신적이고 비합리적이지만 오랜 전통이기 때문에 보존해야 하는 가치들이다(2장). 고향에 대한 이런 도식에서는 에드워드 사이드가 바깥 세상에 상정한 〈동양〉이 거꾸로 중심부 안의 〈고향〉에 위치하는 내부적 역전을 찾을 수 있다. 따라서 〈나에게 이 오랜 시골 마을만큼 좋은 것은 없다〉(11)고 화자가 말했음에도 소설을 통틀어 어느 곳에서도 주인공이 궁극적으로 고향으로 돌아가 정착한다는 암시는 없다. 고향은 정체적인 곳이자 과거를 함축적으로 상징하는 곳이기 때문에 〈진보〉를 표방하는 19세기의 사회적 분위기에서, 나아가 방향성을 가진 단선적인 성장소설의 도식에서 〈동양〉으로 상정된 고향은 반드시 돌아가야 하는 곳은 아니다.

　그런데 여기서 떠나야 하는 곳인 고향은 그곳을 벗어났기 때문에 그 가치가 빛나는 곳으로 드러난다. 이미 떠나왔을 뿐만 아니라 돌아갈 것 같지 않은 공간에 대한 가치는 객관적으로 평가될 수 없다. 그곳은 이미 〈과거〉의 공간으로 편입되면서도 동시에 끊임없이 현재가 상상해내는 공간이다. 따라서 그곳을 떠난 뒤에 겪는 고통에 비례하여 그 공간의 가치는 커간다. 그곳에 긍정적인 가치를 매길수록 고향은 도덕적이고도 심미적인 절대적 기준으로 자리잡는다. 근대 문학에서 제국주의를 읽어내는 학자들은 『로빈슨 크루소』를 비롯한 많은 문학 작품들에서 고향(혹은 집)과 모험의 공간 사이에 극단적 배치가 있다고 주장한다. 고향을 직접 언급하지 않는다고 할지라도 주인공이 겪어나가는 모든 모험들이 고향의 편안함과 비교되어 고향이라는 존재가 드러난다는 것이다.[21] 여기서 이제 새로 발을 딛을 공간은 고향과 완전히 분리된 낯선 공간이 되는 이분화가 일어난다.

화자는 고향을 떠나야 하는 데 대하여 강한 반발심을 드러낸다. 어린이들이 일 년에 두 성장지를 옮기는 관습마저도 과거에는 없었던 것(12)이라고 말한다. 여기서 작가는 아직 집을 떠나기에는 너무 어린 소년이 겪는 정신적 두려움을 주인공의 시점에서 〈이제 자신을 잃어버릴 그들〔부모님〕을 떠나야 한다는 슬픔〉(44)으로 그려낸다. 호미 바바는 〈고향을 떠난 듯한 낯설음unhomely〉을 〈식민지적·탈식민지적 조건의 패러다임〉이라고 말한 바 있다.[22] 이것은 제국주의의 문화 자체가 고향과 세계를 재배치해서 초영토적extra-territorial이고 문화혼혈적인 것을 창시하는 조건이라고 인식한 것이다. 이렇게 이 소설은 고향과 다른 세상을 이분화하면서도 사실 어느 쪽에도 객관적일 수 없는 〈낯설음〉을 모티브로 삼아 전개되어간다.

이런 구도에서 주인공이 집을 떠나야 하는 것은 기정 사실이고, 곧 그의 슬픔은 〈인생에서 새로운 한 걸음을 내딛는다는 긍지와 흥분〉(44)으로 상쇄된다. 여기서 고향(혹은 집)은 떠나야 하는 공간이다. 그곳은 여성적 공간이고, 진정한 남성이 되기 위해서는 그곳에서 분리되어 남성적 공간으로 나가야 한다. 그리고 일단 떠나서 남성성을 획득하고 돌아온 후에야 주인공은 당당한 구성원으로서 집에서 대접받을 수 있다. 톰이 럭비 스쿨의 첫 학기를 무사히 마치고 돌아온 그날 밤, 가족은 잉글랜드의 어느 누구보다도 행복한 만찬을 가졌고, 톰은 태어나서 처음으로 주빈 자리에 앉게 되었다. 그것은 〈실로 대단한 진척〉(118)이었다.

집과 학교를 여성성과 남성성의 공간으로 분리시키는 것은 19세기의 여성과 남성이라는 젠더성을 공간과 역할로 치환시키는 개념에서 비롯한다. 그런데 여기서 〈남성성〉은 사실 남성과 여성이라는 대립적인 두 젠더성을 상정하고 만들어진 것이다. 19세기 영국에서 성립된 남성성과 여성성은 중산층이 만든 〈가정〉 혹은 〈가족〉이데올로기에 바탕을 두고 있다.[23] 가족에 바탕을 둔 젠더 관계는 〈모성〉을 중심으로 형성되는 개념이다. 제3장에서 살펴보았듯이 〈집안의 천사〉인 어머니는 빅토리아 시대의 부르주아 가족의 이데올로기적 중심으로, 험난한 세상에서 일하는 남편에게 안식처를 제공하고 자녀를 양육하는 신성한 사명을 부여받은 존재이다.[24] 한편 공적 영역에서 열심히 일하는 아버지는 엄격하고 거리감이 있는 존재로, 자식을 가르치고 훈계한다. 아버지와의 거리가 멀어질수록, 어린 자녀의 정시적 성징은 어머니에게 크게 의존한다. 하지만 가부장적 질서는 모성을 강조하면서도 가정사를 꾸려나가는 어머니의 영향력을 남성의 권위에 대한 도전으로 보고 끊임없이 경계한다. 이 시기에 여성이 하면 안 되는 다양한 금기들과 통제는 궁극적으로 남편의 권리를 보호하고 나아가 아들에게 미칠 여성적인 영향들을 차단하고자 고안된 것들이다.[25]

학교에 진학하기 전까지 주인공 톰은 〈여성적 공간〉인 집에서 많은 여성의 보살핌을 받는다. 어머니, 어머니의 하녀, 낮 시간 동안 자신을 돌보는 유모격인 하녀 채러티Charity와 여자 가정교사까지 톰을 둘러싼 일상은 여성들의 손길 속에 이루어진다. 어린 톰은 끊임없이 이들의 보살핌에 반항하고 거부감을 느끼는 것으로 묘사된다(2장, 3장). 그러면서도 〈힘으로 보면 아직 채러티가 나았지만 머리 쓰는 일은 톰을 따라갈 수 없었다〉(16)라는 묘사에서 잘 나타나는 것처럼 톰은 어리지만 자신을 돌보는 여성보다 지적 능력이 우월한 존재로 그려진다. 여기서 여성들의 손길에서 벗어나려는 톰의 반항은 〈독립 전쟁war of independence〉(41)이라고 표현되기도 한다. 그런데 톰과 하녀들의 갈등은 계급적인 것이 아니라 젠더의 문제이다. 왜냐하면 하녀들에게서 벗어나기 위해 톰은 어찌 보면 하녀보다 더 낮은 계층인 늙은 남자 하인 두 명에게 도움을 청하곤 하기 때문이다. 결국 어머니는 〈이 소년에게는 여성의 보살핌이 적합하지 않다고 판단하여 벤지라는 노인에게 소년의 유모 역할을 맡기기로 한다.〉(18)

『톰 브라운』에서 집과 고향이 정체적이고 여성적인 〈동양〉이라면 그곳과 상대적으로 설정된 공간인 학교는 역동적이고 남성적인 〈서양〉이 된다. 나아가 집과 고향을 떠난다는 것 자체가 남성적인 행위이다. 그곳으로 향하는 여정에서 이미 톰은 누군가의 보살핌을 받는 대상에서 벗어나 스스로 결정하고 행동할 수 있는 주체가 되어간다. 학교에 도착해서 그곳에 어울리는 모자를 산 뒤 톰은 〈자신의 새로운 사회적 지위와 위엄을 의식하기 시작했다. 그리고 당당한 퍼블릭 스쿨 학생으로서 반 년 동안 15실링의 돈을 쓸 권리를 갖게 되어 뿌듯했다.〉(67)

집을 떠난 소년에게 낯선 곳은 곧 모험의 공간이 된다. 최근 제국주의 연구들은 1880년 전후로 나타난 청소년 문학을 제국주의적 선전과 강하게 결합하여 발달한 것으로 파악한다.[26] 이런 문학에서 제국은 모험이 기다리고 있는 곳이고 동시에 소년이 성인이 되는 곳이다. 나아가 그 주인공은 제국주의의 영웅으로 숭앙받는다. 『톰 브라운』은 제국이라는 바깥 세상 대신 영국 내에 〈퍼블릭 스쿨〉이라는 모험 공간을 설정한다. 그곳에서 주인공은 고향에서와는 다른 새로운 자아를 만나야 하고, 영웅으로 거듭난다.

따라서 퍼블릭 스쿨은 주인공에게 끊임없는 도전을 불러일으키는 험난한 곳이다. 제국을 이끌어 나갈 역할 모델로 『톰 브라운』을 제시했던 많은 담론들은 톰의 우수한 지도자적 자질만을 강조한 나머지 흔히 그가 헤쳐 나가야 했던 많은 역경들을 〈배경〉에 불과한 것으로 간과하는 경향이 있다. 하지만 톰이 맞닥뜨린 〈역경〉들이야말로 당시 퍼블릭 스쿨의 실상에 가깝다는 점을 수복해야 한다. 『톰 브라운』에서 그리는 퍼블릭 스쿨의 생활상은 소년들의 장난기 많은 싸움질이라고 치부하기에는 지나치리만치 혹독한 시련의 연속이다. 상급생이 하급생을 괴롭히는 일은 때로는 생명의 위협을 느낄 만큼 심각한 것들이었다. 모포에 싸여 공중에 던져지는가 하면, 걸핏하면 물 세례나 꼬집힘 같은 〈고문〉을 당하고, 벽난로 불로 화상을 입히거나 피투성이가 될 만큼 주먹 세례가 오가는 〈결투〉도 흔하였다. 『톰 브라운』에서 그려내는 퍼블릭 스쿨은 1830년대의 그것이지만, 그로부터 반세기도 더 지난 보어 전쟁 중에 어핑엄 스쿨에 다녔던 네빈슨C. R. Nevinson이 회상한 바는 퍼블릭 스쿨의 모습이 사실 별로 변하지 않았음을 증명한다.

나는 그런 종류의 어떤 학교도 가고 싶지 않았었다. 하지만 어핑엄은 그래도 제일 나아 보였다. 그때부터 나는 다른 곳은 얼마나 더 심할까에 대해서 종종 생각하게 되었다. 전율 없이는 내가 겪어야 했던 공포를 조금도 떠올릴 수 없다. (……) 기숙사에서 벌어지는 야만성과 잔인성은 내 삶을 이승의 지옥으로 만들었다. 나는 무감각하고 냉담한 상태에 빠져 있었고, 지쳐 있었다. 나는 아무것도 배우지 못했다: 아침, 점심, 저녁 언제나 나는 발길질을 당하고, 쫓겨 다니고, 제지당하고, 매질당하고, 머리카락을 쥐어뜯겼다. 고통을 받을수록 나는 더 무감각해졌고, 더 머물수록 나는 더욱 강해졌다.[27]

겪어야 할 시련은 비단 상급생이나 힘센 동료들이 괴롭히는 것뿐만이 아니었다. 지루하고 어려운 공부, 끊임없는 고자질, 수많은 규율과 체벌 또한 긴 교육 기간 동안 점철된 요소들이었다. 이런 상황에서 역경을 이겨낼 수 있는 가장 중요한 덕목으로 숭앙된 것이 바로 〈절제〉였다. 절제란 외적 어려움을 극복하는 단초를 자신과의 싸움에서 찾는 것이다. 제1장과 2장에서 살펴보았듯이 빅토리아 시대에 이상적인 남성상의 큰 줄기를 형성하는 개념은 바로 절제할 줄 아는 남성이다. 이 시대를 풍미한 많은 중간계급 출신의 작가들은 대부분 절제하는 인간형을 남성다움의 원천으로 그려낸다.[28] 그런데 이런 남성다움은 한편으로 신사도라는 이름으로 불리기도 한다.[29] 제6장에서 더 자세하게 살펴보겠지만, 19세기 영국 사회에서 남성다움의 화두였던 〈신사〉라는 개념은 계급이나 재산뿐만 아니라 신사도와 관련된 도덕률에 그 바탕을 두고 있었다.

신사도라 불리는 19세기의 남성적 이상은 중세의 기사도와 밀접한 관련이 있다. 19세기 초에 발표된 월터 스콧Sir Walter Scott의 작품들로 대변되는 낭만주의의 부활과 더불어 중세 기사도가 새로이 조명받게 되었다. 중세 기사도의 이상이었던 복종, 인내, 용기, 절제와 같은 덕목들은 19세기 청소년 교육에 스며들게 되는데, 이것은 단순한 메타포라기보다는 남성성 획득에 필요한 인내를 훈련한다는 실제적 목표를 강하게 띠고 있는 것이었다. 중세의 기사도가 시동으로서 수련하는 긴 기간 동안, 나아가 힘든 기사의 생활을 유지시키게 한 도덕률이었듯이, 신사도의 〈절제〉 역시 힘든 시간을 견디게 하는 필수불가결한 규율이었다. 그런 신사도의 규율은 자신에 대한 통제뿐만 아니라 궁극적으로 영국 전체, 나아가 대영제국 전체를 통치할 수 있는 지도자의 자질과 연결된다. 크리켓 경기를 끝내고 선생님은 톰에게 〈정말 놀라운 일이지? 한 통치자로서의 능력 말이야. 아마도 대영제국의 구석구석을 둘러봐도 우리들처럼 철저하고, 강력하며, 현명한 통치를 받고 있는 곳은 없을 거야〉(260)라고 말한다.

그런 덕목들이 몸에 밸 때쯤, 즉 학교 교육이 거의 끝나갈 때쯤이면 이제 제국이 좀더 현실적인 실재성을 띠고 다가들게 된다. 톰의 가장 가까운 친구였던 이스트East는 졸업과 동시에 상교로서 인도로 떠났고(265), 톰도 어디론가 떠나야 한다. 여기서 다시 한번 익숙한 공간과 모험의 공간이라는 이분법적인 공간의 분리가 일어난다. 이번에는 학교가 떠나야 하는 곳이 되고, 동시에 지극히 남성이었던 그곳이 그 시점에서 거꾸로 여성성을 부여받는다. 따라서 떠나야 하는 곳, 혹은 떠나온 곳이라고 가정하면서 학교라는 공간은 모성적 사랑의 모태로 치환된다. 즉 학교는 내가 〈태어난 곳〉 혹은 〈거듭나는 곳〉이라는 여성적 공간이 되고, 진정한 남성이 되기 위해서는 그곳을 떠나야 한다. 따라서 졸업한 학교는 그야말로 〈모교(*alma mater*, fostering mother)〉가 되는 것이다. 시인 라이어넬 존슨Lionel Johnson은 『윈체스터 칼리지 *Winchester College*』(1893)라는 시를 통해 자신의 모교를 이렇게 노래한다.

보는 이여, 전하는 이여,
나의 어머니, 사랑하는 윈체스터[30]

그런데 제국은 또 다른 성장을 위해 향하는 목적지이지만 동시에 도피처가 되기도 한다. 열병에 걸려 죽음의 문턱을 넘나들던 톰의 친구 아서는 〈사람이 마음의 갈피를 잡지 못하면 미지의 낯선 곳으로 떠나고 싶은 마음이 드는가 봐〉(224)라고 말한다. 이제 톰과 아서의 대화는 남양의 낯선 섬, 파타고니아, 야만스러운 검둥이들, 북미 대륙의 원주민 여자, 부메랑, 문신과 같이 제국 먼 곳들에 대한 상징물들의 나열로 이어진다. 작가는 〈톰의 인류학과 지리학에 관한 지식은 엉터리가 많았으나 그것은 어쨌든 이 상황에는 적합한 것이었다〉(224)는 설명을 덧붙인다. 여기서 제국은 미지의 공간이기 때문에 가치가 빛나는 것이다. 불분명한 개념들이 느슨히 얽혀 〈제국〉을 형성하고, 그 느슨함만큼이나 중심부 사람들은 더 많은 상상으로 그곳을 채워 나간다. 그리고 그렇게 불분명한 곳은 모호함 때문에 언제든지 그곳으로 향할 수 있는 영국 남성들의 도피처 역할을 할 수 있다.

4. 남성만의 공간: 남성적 사랑

『톰 브라운』은 한창 사춘기를 겪을 소년들의 삶을 묘사하면서도 이성에 대한 호기심이나 접촉에 대해 단 한 줄도 쓰지 않았다는 점에서 흥미롭다. 이 소설이 다분히 어린 소년들을 교육하기 위해 씌었기 때문에 작가가 의도적으로 그런 요소들들 배제했을 가능성이 매우 높지만, 동시에 소년들의 기숙학교 생활에 실제로 〈여성〉이라는 존재가 없었기 때문이라고 볼 수도 있다. 소설에서 묘사되는 럭비 스쿨에는 소년들의 식사나 옷가지를 챙겨주는 〈가정부〉 격의 여성들과, 학교 주변에서 간식거리를 파는 동네 아낙네 정도는 찾아볼 수 있지만 그들은 소년들에게 〈이성(異性)〉이 될 수 없다.

소설은 주인공의 이성적 사랑의 대상으로서 소녀를 등장시키기보다는 오히려 소년들 사이의 다양한 관계와 감정을 부각시킨다. 소설은 제1부와 제2부로 나뉘는데, 제1부는 신입생 톰과 동급생 이스트의 관계를 중심으로, 제2부는 상급생 톰과 신입생 아서의 관계를 중심으로 펼쳐진다. 이스트는 톰이 럭비 스쿨에서 가장 먼저 만난 동료로 톰의 역할 모델이 된다. 이스트는 〈정직하고, 생기발랄하며, 심성이 착하고 자신과 자신의 처지에 만족하고 있었다. 그리고 6개월간의 기숙사 생활에서 체득한 럭비 스쿨의 편견과 전통이 그의 생활과 정신 속에 배어 있었다.〉(67) 톰이 이스트에게 느끼는 감정은 존경과 애정, 동지애가 뒤섞인 것으로, 그 바탕에는 이스트처럼 되고자 하는 동경이 깔려 있다.

반면 제2상의 숭심숙을 이부는 봄와 아서의 관계에서는 거꾸로 봄

이 아서의 성장을 이끄는 역할 모델로 거듭난다. 말썽꾸러기 톰을 교화하기 위해 교장 선생님이 내린 극약 처방은 톰이 〈돌봐야 할〉 연약한 신입생을 방 친구로 배정한 일이었다. 톰은 아서에게 힘든 학교 생활의 안내자 역할을 한다. 그런데 톰이 아서에게 가지는 감정은 모성과 애정이 혼합된 것이다. 두 사람이 새로 사귀게 된 친구 마틴Martin에게 아서가 관심을 갖자 톰은 강한 질투심pang of jealousy을 느낀다.(224) 열병에 걸린 아서가 병상에 누워 있는 모습을 본 톰은 이렇게 생각한다.

> 서녘 하늘로 기운 햇살이 아서의 창백한 얼굴과 금발을 비춘다. (……) 톰은 예전에 보았던 천사가 그려진 독일 그림을 떠올렸다. 종종 그는 그것이 얼마나 투명하고 황금빛이며 숭고한가를 생각했다. 그런데 아서가 바로 그 천사와 꼭 빼어 닮았다는 생각을 하면서, 이 친구가 다른 세상의 문턱까지 갔다고 생각하니 피가 멎는 느낌이었다. 그 순간 톰은 이 가련한 동거자가 얼마나 자신의 마음속 깊이 자리 잡고 있었나를 절실히 깨닫게 되었다. 톰은 조용히 방을 가로질러 가서 무릎을 꿇고 아서의 머리에 팔을 둘러 안았다.(223)

여성의 부재 때문에 19세기 퍼블릭 스쿨의 소년들은 흔히 차선책인 동성에 대한 사랑을 찾곤 했다는 시각이 지배적이었다. 『퍼블릭 스쿨의 생활Public School Life』을 쓴 저자는 이렇게 주장한다.

> 열일곱 살 소년은 극도로 로맨틱한 시기를 거치고 있다. 그의 감정은 집중할 대상을 찾아 헤맨다. 그는 거칠고, 어찌할 바 모르는 충성심으로 가득 차 있다. 그는 그 자신을 어떤 미지의 존재에 맡기기를 갈구한다. 그는 모험에 목말라한다. (……) 그는 사랑이라는 것 자체와 사랑에 빠져

있다. 그는 한 학기 시작부터 끝날 때까지 반에서 자기 또래의 소녀를 보지 못한다. 이런 상황에서 차선책을 찾는 것은 인지상정이다.[31]

이런 시각에서 접근하는 학자들은 퍼블릭 스쿨의 소년들이 여러 측면에서 불안정한 정서 상태에 놓여 있었음을 강조한다. 우선 어머니의 손길이 필요한 시기에 어머니에게서 떨어졌다는 정서적 박탈감과, 엄격한 계율이 지배하는 남성들만의 세계에서 생존해 나가야 하는 압박감, 나아가 강렬한 성적 욕망을 경험하는 청소년기에 여성과의 접촉이 차단되어 이른바 〈정상적인〉 관계를 맺을 기회를 박탈당하는 데서 오는 불안정함 등이 그 요인으로 제시될 수 있다.

정서적 불안정성은 곧 정신적 미성숙으로 이어진다. 소년들이 영원히 성장하지 않는 〈피터 팬Peter Pan〉으로 남기도 한다는 주장은 이런 맥락에서 발전된 이론들이다.[32] 시릴 코널리Cyril Connolly가 제창한 〈영구적 사춘기 이론theory of permanent adolescence〉은 바로 소년들의 퍼블릭 스쿨 교육 과정을 중심축에 둔다.

소년들이 그레이트 퍼블릭 스쿨에서 겪는 경험들, 그 영광과 좌절은 몹시 강렬한 것이어서 그들의 일생을 지배하고 그들의 성장을 막아버린다. 이런 상황은 지배계급의 대다수가 미성년의 학창 시절 마음 상태의 자의식을 지니게 되는 결과를 낳는다.[33]

그런데 이런 시각은 이성애가 정상적인 것이고, 동성애는 차선책에 불과한 것이었다는 가정을 깔고 있다. 이성애를 강조하고, 동성애를 병리학적인 것으로 치부하는 20세기의 문화에서는 19세기의 남성간 사랑의 실체에 접근할 수 없다. 하지만 20세기의 문화적 필터를 걷어내고 퍼블릭 스쿨의 소년들 사이의 애성을 고찰해본다면,

당시 동성간의 사랑이 이성애와는 다른 차원에서 논의되었을지도 모른다는 가정을 할 수 있을 것이다. 즉 남성에게 사랑이란 동성애와 이성애 사이에서 반드시 양자택일을 해야 하는 어떤 것이 아니라, 이성애와 전혀 충돌을 일으키지 않을 다른 종류의 것이었을지도 모른다는 점이다. 이것은 고대 그리스 문화에서 소년애가 이성애나 동성애와 공존할 수 있었던 전통을 환기시킨다.

19세기는 고대 그리스 문화와 중세 문화를 이상화하면서 흠뻑 젖어들던 시기였다.[34] 고대의 이상과 중세의 영향이 가장 집약되어 녹아든 곳이 퍼블릭 스쿨이었다. 그곳에서는 그리스어를 비롯한 고전 교육 위주의 커리큘럼과 스파르타식 교육, 중세의 기사도가 교묘하게 결합되어 있었다. 학생들은 고전 교육, 설교, 독서, 교과서 등을 통해 남성들 사이의 우정 혹은 애정을 미화하는 내용을 늘 들을 수밖에 없는 상황이었다.[35] 또한 소년들로만 이루어진 퍼블릭 스쿨은 남성만으로 이루어진 중세 수도원의 형태와 가장 근접한 곳이었기에 빅토리아 시대에 유행한 수도사나 독신 사제의 금욕에 대한 예찬이 이곳에서도 강하게 주입되었다.[36]

이런 맥락에서 퍼블릭 스쿨의 교육 전반이 남성적 사랑manly love을 이성간의 사랑보다 훨씬 더 고상한 것으로 숭앙하는 전통 속에 놓여 있었음을 부인하기는 어려울 것 같다. 남성적 사랑은 이성애를 특징짓는 육체적 관계보다는 정신적 교감이라는 색채가 강한 개념이다. 서구의 오랜 기독교 전통 속에서 육체적 접촉을 배제한 정신적 사랑은 그 자체로 한 단계 높은 도덕적 가치를 지녀왔다. 중세 기독교의 이데올로기는 육체를 정신보다 저급한 것으로, 특히 섹스를 악의 원천으로 단죄하였고, 이런 문화 속에서 최고 형태의 사랑은 항상 육체적 접촉, 특히 섹스를 배제한 것으로 설정되어왔기 때문이다.

19세기 영국 중·상류층의 남성성이 기본적으로 동성애적이었다는 코널리와 같은 학자들의 주장은 이런 맥락에서 강한 설득력을 지닌다. 이브 코조프스키 세지위크Eve Kosofsky Sedgwick는 근대에 등장한 동성애 혐오증homophobia에 의해 남성간의 사랑이라는 광범위한 연속체가 성적인 유대와 성적이지 않은 유대 두 가지로 나뉘게 되는 결과를 가져왔다고 주장한다.[37] 그런데 여기서 성적이든 아니든지 간에, 남성간의 사랑은 비단 동성을 사랑한다는 측면 이외에 여성 혐오라는 또 다른 공통분모를 갖고 있다는 측면을 주목해야 한다. 그렇기 때문에 19세기 말 〈성적인〉 남성간의 사랑(현대적 의미의 동성애)은 강력한 규제 대상이 되지만, 그렇다고 해서 기존에 만연했던 여성 혐오라는 요소가 사라지지는 않았다. 따라서 남성간의 사랑은 어느 한쪽이 여성적인 역할을 하는 것이 아니라, 좀더 남성적이기 때문에 남성들이 추구하는 사랑으로 인식해야 한다.

이런 분위기에서 남성들 사이의 사랑은 원칙적으로 섹스를 배제한 채 이성애와는 병립할 수 없는, 한 차원 높은 〈형제애〉라는 이름으로 고양되었다. 영국의 영광, 나아가 제국의 영광으로 이어지는 〈남성성〉의 바탕에는 〈형제애〉라고 불리는 남성 사이의 끈끈한 우정과 애정이 깔려 있었다. 찰스 킹슬리Charles Kingsley나 휴즈의 〈강건한 기독교주의〉, 옥스퍼드 운동Oxford movement의 〈앵글로 가톨릭주의〉 모두 남성들 사이의 열정적인 우정을 강조하기는 마찬가지였다.[38] 이런 분위기에서는 여성과 나누는 사랑이나 결혼이 인습이나 재생산의 필요 때문에 벌어지는 〈필요악〉에 가까운 범주로 떨어져 나간다. 킹슬리는 독신주의를 여성적인 것이라고 비난했다는 점에서 조금 예외이기는 했지만, 많은 사람들이 결혼보다는 남성 사이의 유대가 더욱 바람직한 것이라고 암시했다. 휴즈는 『옥스퍼드의 톰 브라운 *Tom Brown at Oxford*』에서 이렇게 말한다.

친구를 사귀는 것은 축복받는 일이다. 왜냐하면 이것은 신이 내린 최고의 선물이기 때문이다. 이를 위해서는 무엇보다도 스스로를 벗어나 다른 남성의 고귀함과 삶을 보고 인식할 수 있어야 한다.[39]

사실 19세기의 지배계층에게 남성적 사랑은 훨씬 더 실제적이고 바람직한 형태였는지도 모른다. 사실 당시 중·상류층 남성들에게 세계는 그야말로 남성들이 주도하던 곳이었다. 가정이라는 사적인 공산을 벗어나면 퍼블릭 스쿨, 대학, 군대, 교회, 의회, 클럽, 그리고 시티the City에 이르기까지 〈공적인〉 영역에 귀속한 남성성의 행동 반경은 철저히 남성만으로 이루어진 것이었다. 그리고 남성들 사이에 학교에서 맺게 되는 유대감과 인간관계의 방식은 학교와 같은 집단의 연장인 사회에서 그대로 적용되었다. 이런 맥락에서 로널드 하이엄Ronald Hyam과 같은 학자가 상세하게 밝혀낸 수많은 〈파행적 관계〉──19세기에 성공한 많은 남성들이 애정 없는 결혼 생활을 유지하거나 평생을 독신으로 살았던 예들[40]──들은 어찌 보면 당시로는 지극히 당연한 것이 아니었을까 하는 의문이 든다.

소년들간의 사랑, 나아가 소년과 선생(교장, 사감 등) 사이의 애정은 19세기 후반에서 20세기 초반에 이르는 동안 무수히 쏟아져 나온 영국의 대중소설에서 큰 모티브가 되었다. 이런 사랑은 위계가 분명한 학교라는 공간에서 위계를 업고 때로는 가학적으로, 때로는 피학적으로 나타나기도 한다. 어니스트 레이먼드Ernest Raymond의 엄청난 성공을 거둔 소설 중에는 사감 래들리Radley에게 얻어맞은 소년 도Doe가 그를 사랑하는 친구 레이Ray에게 이렇게 말하는 부분이 있다.

남에게는 절대 말하지 않을 비밀을 네게 말하고 싶어. (……) 나는 남자다운 래들리 선생님을 세상 누구보다도 더 사랑해왔어. (······) 나는 그에게 얻어터지는 것을 사랑해.[41]

〈형제애〉라는 이데올로기에 〈섹스〉라는 요소를 배제하는 것이 원칙으로 깔려 있다 하더라도, 실제 생활에서 소년들 사이에 육체적 접촉이 없었다고 단정할 수는 없다. 1850년 이전 기숙사에서는 소년들이 한 침대를 쓰는 일이 빈번했다.[42] 여기서 소년들 사이에 애정 어린 신체 접촉이 일어나곤 했다는 것이 그리 놀랄 만한 일은 아니다. 1817년 차터하우스 스쿨에 도착한 새커리William Thackeray에게 한 학우가 내린 첫번째 명령은 〈이리 와서 나에게 해봐come and frig me〉였다.[43] 마찬가지로 시몬즈J. A. Symonds는 1854년의 해로 스쿨을 이렇게 회상한다.

잘생긴 소년들은 누구나 여자 이름을 갖고 있으며 공동의 창녀나 덩치 큰 동료의 〈계집bitch〉으로 알려져 있었다. 계집이라는 말은 흔히 연인에게 자신을 맡긴 소년을 일컫는 말이었다. 기숙사나 공부방에서 나누는 대화는 믿기지 않을 정도로 음탕한 것이었다. 여기저기서 수음하거나, 서로 자위행위를 해주고, 함께 침대에 들어가 뒹구는 벌거벗은 소년들을 볼 수 있었다.[44]

심지어 19세기 후반의 교육 과정에서 강화되기 시작한 운동 경기에서도 다분히 남성 사이의 육감적인 교류를 읽어낼 수 있다. 이것은 동성애라는 범주에서 과거의 신체적 접촉과는 달리 새로운 형태를 띤 육감성이 운동 경기 속에 녹아들어가기 시작함을 암시한다. 맨건은 이렇게 말한다.

성적 정체성과 합법적 육감성은 이 시기의 게임 숭배에서 떼어낼 수 없는 요소이다. (……) 모순되게도 육감성은 허용될 뿐만 아니라 요구되었다; 그러나 여기서 신체 접촉은 축구 경기의 몸싸움으로 분출되고, 감정은 경기의 격정 속에 영웅 숭배로 나타났다.[45]

남성들 사이에 평생 지속되는 우정은 마치 부부와도 같이 늘 함께 하는 유명한 남성 커플들을 만들어내었다. 『톰 브라운』에서 전반부와 후반부의 이야기 구조는 톰과 이스트, 톰과 아서라는 남성 커플을 중심으로 펼쳐진다. 제국주의 시대의 많은 작품들에서 로빈슨 크루소와 프라이데이, 셜록 홈스와 왓슨, 나아가 에르큘 포와로와 헤이스팅스와 같은 남성 단짝들이 무수히 등장하여, 독자들의 머릿속에 공적 영역에서 허용할 수 있을 뿐만 아니라 나아가 바람직한 것으로 보이게 하는 남성간의 교류라는 〈전형〉을 만들어내는 것은 이런 맥락에서이다.

5. 제국 경영의 주체: 엘리트적 배타성

톰은 입학하자마자 곧바로 기숙사 대항의 제법 큰 축구 경기에 참가한다. 경기의 승리를 축하하는 모임에서 기숙사의 통솔자인 부르크는 승리의 비결이 바로 〈우리들은 단결했고, 그들은 분열되었기 때문〉이라고 말한다.(91) 학자들은 19세기 후반의 퍼블릭 스쿨 교육에서 〈팀 스피리트〉 이데올로기가 강조되었다고 주장하며, 그것은 제국이라는 사회적 요구에 부응한 결과로 해석한다. 이런 시각은 팀 스피리트가 곧 제국주의 경쟁이 가속화되어가는 세계 정세 속에서 영국인들을 단합시킬 수 있는 강력한 정신적 무기이고, 〈영국인〉이라는 단일한 정체성이 계급이나 기타 요소들에서 파생되는 갈등을 회석시켰다는 결론에서 나온 것이다.

하지만 이런 주장은 퍼블릭 스쿨의 팀 스피리트를 지나치게 단순화하며 계급을 넘어서서 대중적인 것으로 본다는 맹점이 있다. 게다가 팀 스피리트를 강조하는 학자들은 그것을 동의에 의해 창출된, 자생적이고 자발적인 가치로 파악하는 경향도 있다. 하지만 『톰 브라운』에서 볼 수 있듯이 그것은 끊임없이 주입되고 교육되며, 심지어 매우 강제적이고 강압적일 수 있는 것이었다. 어린 나이에 학교에 입학하게 되는 학생들에게 시스템은 선택할 수 있는 사항이 아니었다. 따라서 자율적 개인이란 어쩌면 그 체계 내에서 허용될 수 있는 개념이 아니었을지도 모른다. 아널드 박사는 심지어 〈개인적 독립심이란 근본적으로 야만적인 것〉[46]이라고까지 말한 바 있다.

퍼블릭 스쿨은 엄격한 위계와 의식화된 코드, 계율과 질서의 총본산이다. 19세기의 많은 퍼블릭 스쿨에서는 상급생이 하급생을 지도하고 관리, 감독하는 프리펙트-패깅 시스템 prefect-fagging system이라는 조직 체계를 운영하였다. 프리펙트prefect나 프리포스터(preposter, praeposter)는 상급생 가운데 선발된 감독생을 일컫는 말인 반면, 상급생이 부려먹는 하급생은 흔히 패그fag라고 불렸다. 기숙사 생활을 원칙으로 하는 퍼블릭 스쿨에서 상급생과 하급생의 관계, 나아가 프리펙트-패깅 시스템은 학생들에게 엄격한 위계 질서를 체화하게 만드는 환경을 제공했다.

존 챈도스John Chandos와 같이 퍼블릭 스쿨을 연구해온 학자들은 『톰 브라운』이 당시 퍼블릭 스쿨에 있었던 수많은 규율을 상당히 정확하게 그려내고 있다고 지적한다.[47] 여기서 규율은 소년들에게 가장 필요한 자유라는 요소를 박탈하고 그들의 행동과 심지어 정신까지도 통제하는 수많은 장치들이다. 규율은 그 자체만으로도 소년들의 행동을 조형하기는 힘을 지닌다. 돌이킬 수 없는 질서의 그물망 이외에도 그곳에는 살아 있는 동료들의 수많은 시선 또한 존재한다. 단체행동과 단체생활은 〈동지애companionship〉와 같은 호의적인 개념으로 포장되기 일쑤지만 사실은 개인성을 박탈하는 강력한 장치이다. 규율은 준수와 위계라는 경계선을 통해 학생들을 모범생과 말썽꾸러기라는 두 부류로 갈라놓는다. 톰을 비롯한 대부분의 학생들은 학교 내에서 자신에 대한 〈평판〉에 극도로 민감한 반응을 보인다.(122-123)

이런 체제에서 생존이란 힘을 가진 자의 원리에 순응하는 것으로, 개인의 자유나 자율과는 거리가 멀 수밖에 없다. 소년들은 힘이 있는 사람의 보호가 늘 필요하며(8장 참조), 카리스마 있는 지도자 격의 상급자를 열렬히 추종하는 영웅 숭배의 초기 증상을 보인다. 〈우리가 사랑하고 존경하는〉 주장의 격려 한 마디에 소년은 가슴이 벅차오른다.(83) 〈그의 가벼운 말 한 마디는 누군가를 선수로 기용할지 결정하는 영향력power을 지닌 것〉(83)이고 소년들은 그 권력에 쉽게 압도된다. 심지어 힘 있는 상급자의 잔심부름을 〈특권〉으로 의식하며 톰은 〈영웅 숭배의 첫 단계〉(107)를 경험하기도 한다.

하지만 한 인간으로서의 소년의 개별적 정체성과 집단적 삶 사이에는 늘 긴장이 존재한다. 상급생이 하급생을 마구 부려먹는 패깅fagging 제도에 대하여 톰은 끊임없이 반항한다. 그러면서도 결국 그 불합리성을 개선할 수 있는 방법으로 톰이 선택하는 방법은 또 다른 〈팀 스피리트〉의 창출이다.(8장) 다수의 저학년 패그들이 단합하여 자신들을 괴롭힌 상급생들에게 똑같은 방식으로 복수를 꾀한 것이다. 이것은 거대한 제국주의 시스템 속에서 식민지들이 선택하는 저항의 기제조차도 중심부에서 만들어낸 방식 자체를 차용(모방)할 수밖에 없는 제국주의의 본질 자체와 일맥상통한다.

이렇게 강압적임에도 그 시스템 속에 구성원들을 묶어놓을 수 있었던 〈팀 스피리트〉의 본질은 무엇일까? 흔히 학자들은 이것을 제국의 영광을 위해 스스로를 희생할 수 있는 엘리트적 자질, 즉 집단에 대한 개인의 희생이라 풀이한다. 『톰 브라운』에서 크리켓을 둘러싼 대화는 팀 스피리트의 가치를 이렇게 전달한다.

〈역시 고귀한 의미가 담긴 게임이야.〉 젊은 선생님이 말했다. 〈네, 선생님. 크리켓은 게임 그 이상의 의미를 지닙니다. 그건 하나의 제도 institution입니다.〉 그러자 아서가 응수한다. 〈맞아요. 인신 보호나 배심 재판이 영국인의 권리이듯이 노소를 불문한 영국인의 천부적 권리이지요.〉 〈그래. 크리켓 경기를 통해 배울 수 있는 규율과 상호 신뢰란 대단히 값진 것이라고 생각해. (……) 한 개인을 11명으로 구성된 팀 속에 완전히 버리는 거야. 선수는 자신의 승리를 위해 싸우는 것이 아니라 자기 팀의 승리를 위해 싸우는 거지.〉 (259-260)

하지만 집단의 이익을 위해서 개인이 〈희생〉되어야 한다는 등식의 배후에는 그만큼 그 집단이 중요하고, 따라서 그 집단에 귀속되어야 했던 절절한 필요성이 있을 것이다. 이는 당시 영국 사회에서 퍼블릭 스쿨 출신이야말로 곧 특권을 지닌 사회 엘리트라는 등식이 성립되어 있었기 때문에 가능한 일이었다. 가혹한 집단성을 강요받으면서도 학생들은 퇴학을 두려워한다. 톰의 말썽이 심해지자 교장과 선생님들은 퇴학을 고려한다. 하지만 그것만은 다시 고려해달라는 선생님의 말에 교장은 생각을 바꾼다.(154) 퇴학당한 말썽꾸러기는 〈낙오자〉의 딱지를 달게 된다. 엘리트 코스의 중심에 서 있는 퍼블릭 스쿨에서의 퇴학이란 곧 엘리트 집단 자체에서의 방출이다. 이런 상황에서 그 체제 내에서 살아남는 것은 곧 그 집단에 들어가는 통과의례를 치르는 것이다. 1900년에 국방대신이 된 존 브로드릭

John Brodrick은 인생을 회고하면서 그가 일생 동안 수행했던 어느 임무보다 학창 시절의 의무들이 버거웠다고 고백한 바 있다.[48]

그렇기 때문에 이 집단은 매우 배타적인 집단이다. 19세기의 문학적 상상력은 남성들로만 이루어진 배타적인 집단을 즐겨 모델로 삼곤 했다. 가장 대표적인 세 곳이 바로 수도원, 퍼블릭 스쿨, 그리고 군대이다. 이 집단들은 바깥 세상과 다른 규율이 있으며, 절대 복종과, 형제애로 무장되었다는 폐쇄적 집단성을 드러낸다. 학자들은 이 세 곳에서 공통적으로 나타나는 집단성, 특히 형제애가 곧 제국주의 시대 영국에서 일반적인 남성성의 이상을 형성하게 된다고 말한다. 하지만 퍼블릭 스쿨에서의 결속력은 모든 사람을 포괄하는 일반적인 형제애가 아니다. 그것은 철저히 배타적 집단의 형제애이며, 다분히 비밀결사적 요소를 띠고 있다. 이런 집단성은 소수일 때 더욱 공고해진다. 『톰 브라운』을 통해 휴즈는 햇병아리 상원의원을 비롯한 사회 엘리트들에게 진정 사회를 위해 무언가를 하고 싶다면 떠들썩하게 돌아다니며 연설을 하기보다는 사적으로 서너 명의 진정한 친구를 만들라고 충고한다. 같은 또래의 전문 직업인 두 명과 노동 귀족 두 명에게 개인적으로 접근해서, 집에 초대하고 친구가 되라고 말한다. 함께 먹고 마시고 운동하며 가족끼리 교류하며 〈무언가 더 강한〉것을 해낼 수 있는 힘을 기르라는 것이다.(31-32)

『톰 브라운』은 퍼블릭 스쿨 안에서도 소규모의 폐쇄적인 친목 집단들이 많이 있음을 분명히 보여준다. 1836년 아널드 박사는 이렇게 기록한 바 있다.

날이 갈수록 내게 더 필요한 것은 목숨을 걸고 솔직할 수 있는 사람들과의 교류이다. (……) 삶에서 무엇을 하려는지 아는 사람들을, 일종의 비밀결사처럼, 암호만으로 알 수 있다면.[49]

흥미롭게도 아널드 박사는 비밀결사에 대하여 공공연하게 맹렬한 비판을 퍼붓던 사람이다. 그는 특히 하층민들의 비밀결사나 노동조합 등의 단체를 맹렬하게 비난했다. 그의 견해에 따르면 노동조합은 〈무시무시한 해악의 원동력, 온갖 사악한 방법으로 폭동이나 암살을 꾀하는〉[50] 존재이다. 그럼에도 그가 퍼블릭 스쿨에서 집단성과 결속력을 강조했다는 사실은 스스로에게 상당한 모순을 드러낸다. 여기서 비밀결사는 결국 엘리트들만이 가질 수 있는 어떤 것으로 나타난다. 따라서 집단성을 가질 수 있는 권리는 바로 계급성에 놓이게 된다.

퍼블릭 스쿨의 생활은 자신들이 〈특권층〉임을 자각하는 과정이다. 집을 떠나 학교로 가는 여정에서 톰이 가장 먼저 배운 것은 하층민에게 함부로 대하는 방식과 그들과 문제가 생겼을 때 몇 푼 쥐어주며 해결하는 방법이다. 학교는 학생들에게 그들이 어떤 계층에 속해 있는가를 확실하게 깨닫게 해주는 다양한 행위들의 연습장이기도 하다. 고향에 머물 당시 아버지의 교육 방침에 따라 하층민 아이들과 격의 없이 교류하던 톰은(3장) 럭비 스쿨로 가는 마차 안에서부터 마차꾼들을 괴롭히는 퍼블릭 스쿨 학생들의 〈관행〉을 배우게 된다.(4장) 학교 생활 내내 하층민의 생계를 위협하는 장난들이 이어지고, 결국 〈학교의 규칙을 어기는〉 정도의 궁지에 몰리게 될 때는 그 상황에 적당한 만큼 돈을 내밀어 해결하려 한다.(67, 87, 150, 151)

〈특권층〉이라는 자각은 끊임없이 자신들이 최고라는 자기최면의 과정이 필요하다. 하층민을 타자로 삼아 스스로의 우월한 지위를 확인하기도 하고, 심지어 학교 내의 집단 사이에서도 끊임없이 최고의 위치를 차지하고자 한다. 〈우리가 사랑하는 스쿨-하우스,[51] 잉글랜드 최고 학교, 최고의 기숙사입니다〉라는 말은 〈우리 모두에게 너무나 벅찬 감동으로 다가왔다〉.(93) 퍼블릭 스쿨에서 경험하는 집단적 나르시시즘은 졸업 이후에도 지속되곤 했다. 하이엄은 단적으로 〈지배 엘리트 가운데 많은 사람들이 정서적인 퇴행을 겪고 있었다〉고 말한다.[52] 특히 〈퍼블릭 스쿨 시절에 반장이었거나 이튼 스쿨 내의 폽Pop(토론 클럽)의 멤버였던 사람들〉에게 졸업 이후의 모든 것은 그야말로 내리막이었다는 것이다.[53] 이 말은 극도로 엘리트주의적인 집단의 구성원이었다는 사실 자체가 일생 동안 영향을 미치며, 그런 엘리트 이외의 사람들과의 접촉은 상대적으로 시시하고 전혀 도전적이지 않은 것이라는 말도 된다. 〈그것이 얼마나 대단하든지 간에 일생에서 맡았던 어떤 직책보다 이튼에서 맡은 임무가 가장 가슴 벅찬 것이었다〉는 말은 이런 맥락에서 이해될 수 있다.[54] 심지어 〈그 세대의 다른 사람들보다 이튼적 성향이 훨씬 덜한 사람〉이라고 알려졌던 커즌 경Lord Curzon조차도 자기 집에 이튼 시절의 기숙사 방을 그대로 본뜬 방을 만들어두고, 그 시절 만났던 동료들에 대한 자세한 기록과 사진을 간직했다.[55]

『톰 브라운』이 전 세계적으로 전파하였다는 스포츠 역시 이런 맥락에서 다시 살펴보아야 한다. 학자들은 퍼블릭 스쿨에서 만들어진 조직화된 스포츠가 궁극적으로 〈팀 스피리트〉라는 이데올로기를 통해 영국인의 정체성을 만들고, 나아가 제국을 통합하는 효과적인 기제였다고 주장해왔다. 하지만 19세기 후반 퍼블릭 스쿨에서 만들어진 스포츠는 그 자체가 대중을 위한 것이 아니었다. 전통적으로 스포츠는 유한계급이 누리오던 특권이었고, 대중적 확산을 방지하기 위한 다양한 장치들이 고안되어왔다. 민중 스포츠와 계급 스포츠 사이에는 분명한 구분이 있고, 퍼블릭 스쿨이 조직화한 스포츠는 철저히 계급성을 띤 것이었다.

스포츠를 통해 함양하던 신사도가 이후 사회 전반으로 확산될 수 있는 이데올로기가 되었다 할지라도, 애틀레시즘은 근본적으로 자신들의 배타적 신분을 과시하고, 같은 계급 내의 연대감을 형성하기 위해 만들어졌다고 보는 것이 옳다. 심지어 제국 경영을 위해 스포츠를 확산시킬 때도 인도에서 하는 크리켓은 특별히 영국의 퍼블릭 스쿨 출신들과 인도의 고위 계급 간의 동맹allegiances을 위한 매체의 성격이 짙었다.[56] 그렇기 때문에 스포츠를 도덕적 목적으로 보고자 했던 상류층의 아마추어리즘은 19세기 말 프로페셔널리즘과 충돌하게 되었으며, 아마추어리즘을 고수하고자 하는 중·상류층의 움직임이 그토록 맹렬했던 것이다.[57]

　이 장에서 보고자 한 것은 궁극적으로 『톰 브라운』을 통해 〈이상화〉된 퍼블릭 스쿨의 〈이미지〉와 그곳의 〈실상〉 사이의 간극이다. 우애 넘치고, 활력 가득하며, 제국에 대한 충성심으로 한데 뭉친 곳, 건강한 학생들이 모범적인 생활을 하던 곳이라는 이미지와는 달리, 퍼블릭 스쿨은 따분한 고전 교육과, 폭력과 체벌이 난무하고, 열병이 발생하곤 하던 더럽기 그지없는 곳이었다. 그곳은 〈강건한 남성성〉을 가진 학생들로 가득한 곳이 아니라, 끊임없이 힘 있는 사람의 보호가 필요하던, 정서적으로 불안정한 학생들이 강압 속에서 고단한 사춘기를 보내던 곳이었다.
　하지만 동시에 이미지와 실상 사이의 간극은 그곳을 이상적인 곳으로 받아들이고자 한 독자들의 수요가 자리하는 곳이기도 하다. 독자들이 『톰 브라운』에서 보고자 했고, 받아들였던 것은 성공한 지도자인 톰의 모습이다. 그런데 톰의 성공은 무수한 낙오자를 배경으로 부각되는 것이고, 그 낙오자들은 〈진정한 남성성의 정형〉인 톰과 대척적 위치에 놓이게 되는 여성성의, 혹은 남성성 내의 상대적 정형countertype[58]이다.

남성적 제국주의의 대중화 속에는 계급과 성별을 초월해서 대중들이 주인공 톰을 자신과 동일시하는 자기최면의 미학이 숨어 있다. 앞서 살펴본 바와 같이 퍼블릭 스쿨은 사실 무척 배타적인 엘리트 집단이었다. 그럼에도 대중들이 톰 브라운과 자신을 동일시할 수 있었던 원인은 무엇일까? 그것은 자신이 톰 브라운이 될 수 있는가를 먼저 성찰하기보다는 스스로가 이미 우월한 위치에 있다는 자각을 하고 있었기 때문이다. 여기서 계층과 성별을 초월해 〈영국인〉 모두를 우월하게 만드는 존재가 바로 제국이다. 그리고 식민지인들은 바로 수많은 낙오자, 즉 바람직하지 않은 수많은 남성성의 정형으로 이미 설정되어 있다.

　　따라서 톰의 성공 이전에는 〈제국〉의 실재(實在)에 대한 관념, 그를 위해 동원된 사회적 다윈주의와 인종주의의 담론들이 식민지들을 무대로 수많은 열등한 정형들, 즉 대타적 상대들을 설정하는 과정이 선행되었어야 한다. 앞서 제2장에서 살펴보았듯이 범영국적으로 그런 제국주의의 문화적 맥락을 형성한 이후에 톰은 곧 영국인 전체가 되고, 영국인인 자신으로 치환될 수 있었다. 따라서 1857년에 출판되자마자 성공을 거둔『톰 브라운』은 이른바 〈1880년 이후에야 신제국주의의 '대중화' 과정이 일어났다〉는 주장에 의문부호를 남길 수밖에 없다.

제6장

영국 신사되기: 『위대한 유산』

1. 『위대한 유산』과 신사

신사란 무엇인가 하는 문제는 빅토리아 시대의 사람들을 사로잡았다. 19세기 영국 중산층 남성의 이상이었던 빅토리아 시대의 신사는 당시의 계급적 유동성과 사회 변화로 인해 그것의 정의를 내리기가 쉽지 않았다. 신사는 계급과 돈을 기준으로 정의되어야 하는 것인가? 아니면 행동과 의복을 기준으로? 또는 종교와 도덕성으로? 빅토리아 시대의 새로운 중산층을 대표하는 신사는 위에서 언급한 모든 조건들에 의해 정의될 수도 있고, 그렇지 않을 수도 있었다. 새로운 신사는 토지의 소유권과 작위, 그리고 출생을 근거로 정체성을 확립한 귀족 남성들과는 접근 방법부터 분명히 달라야만 했다. 신사는 전통적인 사회 질서의 지위 체계를 등지면서도 근로자나 노동자와는 거리를 유지하는 새로운 계급의 개념을 채택했다. 직업이나 경제적 능력과 같은 좀더 한정된 요소들뿐만 아니라, 도덕성과 에티켓, 행동 양식과도 같은 추상적 요소들 역시 신사와 관련된 기준이 될 수 있었다. 로빈 길무어Robin Gilmour는 신사라는 개념에는 빅토리아 시대에 가장 심화된 모순과 최대의 희망이 함께 담겨 있으며, 그 개념 자체와 개념의 가치를 규정지으려는 중산층의 문화적 갈등이 고스란히 함축되어 있다고 설명한다.[1] 이렇게 볼 때, 신사는 산업혁명 이후 형성된 빅토리아 시대 남성성의 체현이며, 제3장에서 다루었던 〈집안의 천사〉에 대한 남성적 대응물이자 중산층의 품격respectability을 상징하는 최고 기준의 척도이다.

1860-1861년에 출간된 찰스 디킨스Charles Dickens의 소설 『위대한 유산 Great Expectations』은 신사 만들기를 주제로 잡고 있다. 디킨스의 소설 가운데 〈빅토리아 시대의 성격이 가장 강한〉[2] 이 작품에서 디킨스는 주인공 핍Pip이 신사가 되기 위해 겪는 파란만장한 여정을 통해 당시의 불안과 초조를 묘사하고 있다. 오만하고 차가운 에스텔라Estella를 만족시키기 위해 핍은 〈신사가 되고 싶다〉[3]고 다짐하지만, 실제로 그것을 행동에 옮기는 것은 결심을 이야기하는 것보다 훨씬 어렵다는 사실을 차츰 깨닫는다. 소설 전반에서 신사가 되고자 하는 핍의 욕망에 대해 어린 시절의 친구 비디Biddy가 보였던 〈내가 너라면 그러지 않을 텐데!〉(101)라는 즉각적인 반응을 핍은 좀더 신중하게 받아들였어야 했던 것이다.

실제로 신사다움의 규정이야말로 그것을 획득하기 위한 첫 단계인 것 같지만, 신사를 스스로 알아볼 수 있을 것이라는 확신은 오히려 신사가 되기 위한 실제 능력과 서로 상반되어 나타난다. 핍의 고향에 사는 재봉사 트랩Trabb이나 펌블축Pumblechook은 깔끔한 정장 차림과 지갑의 두께, 또는 사회적 지위를 근거로 신사를 정의하는 데 주저함이 없지만, 실제로 그러한 부류에 대해서는 아는 것이 거의 없다. 반면 신사를 직접 만나더라도 알아볼 수 없을 것 같다던 핍의 매형 조 가저리Joe Gargery는 결국 〈진정한 기독교인 신사〉

(344)로 판명된다. 소설은 장장 500여 쪽에 걸쳐 〈신사〉의 범주를 파악하려는 핍의 파란만장하고 골치 아픈 여정을 추적한다. 핍은 고상한 사람들이 가진 차별된 방식을 배우기 위해 애를 쓰면서 사춘기를 보내지만, 정작 그는 어린 시절에 가졌던 차별 없는 접근 방식이야말로 결국 신사다움에 관한 진정한 해석 방법일지도 모른다는 사실을 깨닫게 될 뿐이다.

『위대한 유산』은 19세기 중반에 활동한 작가들 중 가장 중요하고 영향력 있는 작가가 쓴, 가장 유명했던 영국 남성의 빌둥스로만 Bildungsroman이다. 빌둥스로만은 한 사람의 성장과 발전을 다룬 소설로, 『위대한 유산』처럼 흔히 어린 소년이 성인으로 성장하는 과정을 추적한다. 필자의 논지는 바로 이 『위대한 유산』이야말로 19세기를 대표하는 남성의 빌둥스로만이며, 이 작품 자체가 신사에 대한 규정이라고 볼 수 있다는 것이다. 당시 영국 중산층의 소년에게 가장 중요한 과제인 신사를 구성하는 요소는 무엇이며, 신사가 되는 방법은 무엇인지를 이해할 수 있게 하기 때문이다. 따라서 작가의 명성과 빌둥스로만이라는 장르, 그리고 줄거리를 감안할 때, 『위대한 유산』은 19세기 중반의 영국 신사가 어떠했는지를 살펴볼 수 있는 최상의 본보기가 된다.

핍이 갈망하는 신사라는 지위는 이 책의 제3장에서 다루었던 〈집안의 천사〉에 상응하는 남성형의 등가물이다. 이것은 앞서 살펴본 영국 퍼블릭 스쿨에서 남성성의 형성이라는 주제와 더불어 빅토리아 시대 남성의 계보학을 제시하는 것이기도 하다. 우리는 제1장에서 대영제국의 남성성이 제국의 맥락에서 어떻게 발생했는지, 그리고 제국의 융성이 어떻게 국내에서의 젠더의 정의와 연루되었는지를 살펴보았다. 이 장에서는 제국, 그리고 범죄의 근원과 깊은 관계를 맺고 있는 신사다움의 관점에서 영국 국내의 남성성을 규명하려

한다.

다시 말해 영국의 소설 가운데 가장 중요한 작품 중 하나라고 인정받는 이 작품에서 신사다움이란 핍이 바라는 계급 상승과 경제적 안락과 같은 진보적 측면을 향하고 있을 뿐만 아니라, 범죄와 제국에 뿌리를 두고 있는 좀더 수치스러운 근원들과도 관련을 맺고 있음을 말하고자 한다. 사회적 유동성을 얻기 위한 티켓인 돈은 소유주가 누구이든 조금도 차별하지 않는다. 『위대한 유산』에 드러나는 신사다움의 비밀은 그것이 범죄와 식민지, 또는 그와 연계된 자금으로 이루어졌다는 것이며, 고상한 사회가 가장 경멸하는 대상인 범죄와 식민지가 혈통과 돈줄을 따라 그 사회에 연결되어 있다는 점이다. 그러므로 브라이언 치들Brian Cheadle이 지적하듯 『위대한 유산』은 〈애써 부인하고 있지만, 부르주아 사회는 실제로는 하층민 사회를 근원으로 거기서부터 힘겹게 상승해온 것이며, 여전히 하층민 사회에 의존하고 있음을 추적〉하는 작품이다.[4]

한편 죄수와 범죄자들은 자신들을 경멸하며 지속적으로 거부하는 사회의 바로 그 구조들을 답습해서 돈으로 자신들의 신사다움을 사고자 갈망한다. 범죄와 식민지는 핍의 성장 과정 내내 그와 나란히 발걸음을 옮기고 있었다. 핍은 신사가 되는 것이 진정 무엇을 의미하는지 깨달을 수 있게 된 다음에야 비로소 자신과 함께 걷고 있던 유령과도 같은 그 동료 여행객들의 존재를 인정한다. 이에 대해 로빈 길무어는 〈디킨스의 책은 빅토리아 시대의 신사 예찬 뒤에 가려진 불편함의 심오한 근원을 두드리고 있다〉[5]고 설명한다. 디킨스가 살던 빅토리아 시대의 영국에서 격변하던 계급 제도의 관점에서 볼 때, 신사다움은 결코 적합하지 않은 근원을 떨쳐버리지도 못하고, 돈의 출처를 그럴 듯하게 속이지도 못했던 것이다.

2. 빅토리아 시대의 영국 신사

신사의 범주에 대해 논란의 여지가 많기 때문에 신사의 정의는 다양하며, 비평가들은 때로 신사에 대해 전혀 상반되는 정의를 내리기도 했다. 그러한 시도 가운데 가장 주목할 만한 두 권의 책이 셜리 로빈 레트윈Shirley Robin Letwin의 『트롤로프의 신사 *The Gentleman in Trollope*』와 로빈 길무어의 『빅토리아 시대 소설에 나타난 신사의 관념 *The Idea of the Gentleman in the Victorian Novel*』이다. 이 두 권의 책은 빅토리아 시대의 신사다움의 근본적인 토대에 대해서는 유사한 견해를 보이지만, 논지를 전개하는 방식에서는 흥미로운 차이를 드러낸다. 레트윈은 〈신사〉의 범주가 논란이 많으면서도 매혹적인 개념일 수밖에 없는 이유로 신사가 계급 구분과 무관하기 때문이라는 주장을 펼친다. 반면에 길무어는 〈신사〉를 계급 사이의 갈등에서 발생한 것으로 파악한다. 레트윈의 책은 1982년에 출간되었고, 길무어의 책은 1981년에 출간되었으므로, 두 사람은 거의 같은 시기에 책을 집필했지만, 서로 의견을 교환했을 것 같지는 않다. 두 사람 모두 원고 상태에서조차 상대의 저작을 인용하지 않았기 때문이다. 그러므로 두 비평가의 견해들을 평가하고, 각기 차이점을 비교해보면, 빅토리아 시대의 남성성에 대한 모호한 기준을 좀더 확실하고 광범위하게 이해하는 데 도움이 될 것이다.

〈신사〉에 관한 레트윈의 분석은 〈신사란 단지 출생이나 직업, 부, 또는 지위에 의해 규정되는 '계급class'과 전혀 관련이 없다는 이유 때문에 번성하게 된 칭호〉라는 개념이 핵심이다.[6] 이러한 레트윈의 주장은 영국 사회의 계급이 비교적 유동적이었다는, 논란의 여지가 있는 가설을 근거로 하고 있다. 레트윈은 〈영국 내에는 한 사회적 지위의 변화 움직임이 언제나 존재해있으며, 그로 인해 '상당한 계급

간의 이동이 가능했다)[7]고 주장한다. 영국 내에 사회적인 구별짓기 distinctions의 장치가 다양했음에도 그러한 구별짓기는 결코 계급간의 움직임을 막는 장애가 되지 않았으며, 특정 계급을 다른 계급에서 완전히 격리시키지도 않았다는 것이다.[8] 이때 레트윈은 구별짓기라는 개념을 계급의 개념과 다르게 해석한다. 레트윈은 〈우리가 현재 '사회적 유동성'이라고 칭하는 것은 영국의 오래 된 전통과도 같은 일상사)[9]라는 다소 유토피아적인 결론을 내린다. 이러한 입장에서 사회적 유동성의 존재, 그리고 계급 구분의 상대적인 부재가 〈신사〉라는 범주에 그토록 영향력 있는 역할을 부여했다는 주장이 성립된다. 지위와 재산으로 인한 구별짓기가 지속적으로 변화하고, 그로 인해 혼란스럽고 신뢰감이 떨어지는 사회에서 〈신사〉라는 개념은 각기 다른 근본과 지위를 배경으로 가진 남성들을 하나로 묶어주는 안정적인 공감대를 제공했다는 것이다.[10]

레트윈이 〈신사〉의 개념을 파악하면서 처음부터 계급의 존재와 역할을 축소시키는 데 반해, 길무어는 〈신사〉의 개념을 철저하게 계급을 바탕으로 한 체제 안에서 파악한다. 신사가 계급 구조에 대한 새로운 정의와 힘겹게 맞서 싸우고 있다고 생각하는 것이다. 레트윈은 〈이른바 봉건 계급 조직이라고 칭하게 되는 보편화된 밑그림에 영국이 한번도 순응한 적이 없으며)[11] 〈영국에서 '신사'라는 용어가 최초로 사용되었을 때에도 그것은 특정한 사회 계급의 구성원을 지칭하지 않았다)[12]고 주장한다. 한편 길무어는 〈신사의 근원은 봉건 사회와 출생에 뿌리 깊게 자리 잡고 있다)[13]고 설명한다. 신사의 개념은 실제로 이 시기의 계급들 간에 이루어진 협상에서 생겨난 상징이라고 그는 주장한다. 그에 따르면 신사는 〈당시의 귀족층과 중산층 사이의 사회적, 정치적 화해의 중심에 놓여 있다)[14]는 것이다. 역사적인 의식을 바탕으로 하는 길무어의 견해는 중산층이 형성되고 강화되는 1840년부터 1880년 사이에 〈신사〉의 개념이 발전했다는 그의 또 다른 주장에서도 일관되게 유지된다. 그의 분석에 따르면 이러한 〈현상이 두드러지는 것은 (……) 토지를 소유한 귀족층이 지배한 (……) 사회에서 자신들의 입지를 세우려고 고군분투 하는 새로운 집단의 욕구와 열망을 신사가 반영하고 있기 때문〉[15]이라는 것이다.

길무어 역시 레트윈이 인식한 사회적 유동성의 가능성에 대해 완전히 부인하는 것은 아니다. 그는 사회적 유동성이 〈신사〉의 개념을 규정하는 데 더욱 큰 관심을 불러일으켰다고 인정한다. 〈신사〉의 개념이 내포하고 있는 〈사회적 모호성 때문에 늘 논란과 재해석의 가능성이 어느 정도 열려 있었던 데 반해, 귀족층에 대한 논란과 재해석의 가능성은 존재하지 않았다〉[16]고 길무어는 주장한다. 길무어는 계층과 지위를 바탕으로 한 계급 체제 안에 신사가 존재한다는 주장을 조금도 굽히지 않는 반면, 레트윈은 주로 그러한 계급 체제의 바깥에서 신사를 파악한다는 것이 길무어가 레트윈과 다른 점이다. 길무어의 경우 신사는 계급을 초월하는 것이 아니라 오히려 계급 내의 새로운 협상의 산물이자 수단인 것이다.

신사다움은 민주적인 개념이 아니었으며, 만일 그랬다면 빅토리아 시대 중산층의 상상력을 좌우한 권력을 행사할 수는 없었을 것이다. 그들을 사로잡은 신사의 매력은 기품이 있으면서도 어느 정도는 귀족층의 질서와 독립적인 관계를 유지하고 있다는 점, 그리고 도덕적인 교화와 근대화의 잠재성에 있었다. 그들은 신사라는 지위에 사회적인 존경심을 부여하는 배타성을 희생시키지 않으면서 자신들을 포함하는 자격의 근거를 확대시키고 싶었던 것이다.[17]

그러므로 길무어는 〈신사〉의 개념이 매력적이었던 것은 계급을 완전히 초월했기 때문이 아니라, 초보 중산층이 그 개념을 받아들이기가 용이했고 심지어는 그것이 일종의 바람직한 계급 체제를 대변한다고 믿었기 때문이라고 주장한다.

즉 신사의 특별한 위치는 궁극적으로 전통적인 사회 질서 속에 자리 잡고 있었기 때문에 새로운 계급 사이의 차별에 대해 협상할 수 있었다는 것이다. 그는 모든 귀족들은 신사지만, 모든 신사들이 귀족은 아니며, 엄밀하게 말해서 신사의 사회적, 역사적 기원은 귀족층이 아니라 젠트리 계층이라고 주장한다.[18] 그러므로

> 귀족 계층이 아닌 젠트리 계층 안에 신사의 지위가 위치한 바가 갖는 역사적 의미는 새로운 사회 집단이 사회적 특권을 획득하는 데에 전통적이면서도 지나치게 엄격하지는 않은 길이 제공되었다는 사실이다. 〈지위〉나 〈신분〉에 따라 좌우되었던 과거의 사회적 관점에서 본다면, 그것은 야심을 품은 중산층 구성원들이 침투할 수 있고, 어느 정도까지 자신들의 이미지가 변모할 수 있다는 희망을 품을 수 있게 했던 직분이었다.[19]

계속해서 길무어는 신사다움이 한편으로는 귀족층의 규범에서 상대적으로 자유로우면서, 다른 한편으로는 좀더 비천한 〈상인 계층〉과도 거리를 두었다고 지적한다. 이어 그는 그러한 거리 두기를 통해 신사다움이 재해석되어 근대화를 이룰 수 있었다고 주장한다. 급격한 변화를 보이면서 계급의식이 점차 분명해지는 19세기 사회에서 신사다움이 가진 도덕적 성격은 품위와 연계되는 터전을 제공했다는 것이다.[20] 이제 〈귀족층〉은 구시대의 유산이므로 새로운 산업사회와 어울리지 못할 뿐만 아니라 새롭게 등장한 중산층에게는 혐오스러운 존재였다. 반면에 〈신사〉는 신흥 부자인 새로운 중산층의 자

부심을 만족시킬 수 있도록 과거부터 전해져 내려온 〈신사다움〉을 유지하면서도 새로운 산업사회의 변화를 따라잡을 수 있을 만큼 충분히 유동적인 범주였다.

길무어는 19세기 이전 계급 체제의 계보 속에서 신사의 위치를 선정하며, 여기에서 〈지위〉와 〈계급〉 간의 차이를 구분한다. 그는 마르크스를 비롯한 여러 학자들이 〈빅토리아 시대의 부르주아지는 혁명 없이도 나타날 수 있었던 혁명적 계급〉이라고 지적한 바를 언급하며, 이 시기는 한 종류의 사회 계급이 다른 계급으로 대체되는 것을 목격한 시대라고 설명한다.[21]

> 과거의 구조는 〈지위〉와 〈신분〉의 계급 조직이었으며, 군주와 귀족층을 정점으로 하여 참정권이 없는 다수의 사람들을 근간으로 삼는 사회적인 피라미드였다. 새로운 구조는 계급의 구조이며, 그 안에서 사회는 일련의 공통된 경제적 이해관계에 따라 결속된 수많은 상호 대립 집단으로 나뉜다고 여겨진다.[22]

이러한 논의 속에서 이 장에서는 〈신사의 개념이 갖는 역사적 중요성은 그것이 과거의 계급 체제에서 파생한 '지위'라는 점이며, 그렇기 때문에 새로운 '계급' 사회에서도 그러한 지위의 승계가 가능했다〉[23]라는 주장을 주목한다. 요컨대 18세기와 19세기에 발생한 중산층의 모순된 욕구, 즉 전통적인 계급 체제에 의해 받아들여지고 싶으면서도 동시에 그 계급 제도에 영향력을 미치고자 하는 욕망에 대한 해결책이 바로 신사라는 개념의 모호성이고, 그렇기 때문에 신사의 개념이 중요하다.[24]

그러므로 길무어의 시각에서 볼 때, 〈신사〉의 개념은 빅토리아 시대의 주요한 사회적, 정치적 문제를 극명하게 드러낸다. 그는 1840

년부터 1880년에 이르는 기간을 〈신사〉의 정의를 내리는 데 가장 주목해야 하는 시기로 규정하면서, 〈이 기간은 그 이전이나 그 이후의 어느 시기보다 신사다움의 본질에 관한 논란이 뜨거웠으며, 다양하게 정의된 시대〉[25]라고 주장한다. 빅토리아 시대의 사회가 신사의 정의를 내리는 것에 대단히 집착하고 있다는 데에는 레트윈도 동의한다. 그는 신사가 된다는 것이 무엇인지에 관해 다룬 문헌의 방대함은 곧 그것이 범국가적인 취미와도 같은 것이었음을 시사한다고 지적한 바 있다. 특히 그는 〈신사에 관한 담론이 19세기에 홍수를 이루었다〉[26]고 언급하고 있는데, 이와 같은 〈홍수〉를 증명하기 위해 《콘힐 The Cornhill》, 《내셔널 리뷰 National Review》, 《컨템퍼러리 리뷰 Contemporary Review》 등의 잡지에 실린 〈긴 에세이들〉과, 〈진정한 신사〉와 〈신사란 무엇인가〉에 관한 다양한 설교, 그리고 『신사의 특징 The Character of a Gentleman』, 『세련된 옛 영국 신사 A Fine Old English Gentleman』, 『훌륭한 신사 Quite a Gentleman』와 같은 책에서 다룬 신사의 정의들을 인용하고 있다.[27] 빅토리아 시대는 대단히 자기 성찰적인 시대였으며, 신사의 특성과 자질에 관한 논란은 그러한 자기 성찰의 중요한 한 단면을 구성하는 요소였다.

레트윈과 길무어의 가장 주된 차이점은 신사의 위치를 빅토리아 시대의 계급적 구조 안에서 파악하는지의 여부이다. 그런데 계급을 초월했다는 레트윈의 견해와, 좀더 역사의식이 반영된 길무어의 견해를 함께 감안하면, 우리는 당시의 신사 역할에 대해 보다 폭넓은 이해를 할 수 있다. 레트윈과 길무어 모두 진정한 〈신사〉는 계급이나 지위의 개념을 초월한다는 데 동의한다. 신사는 단순히 특정한 계급의 구성원들만 해당되는 것이 아니라, 개개인의 장점과 자질에 근거하여 그 명칭이 부여되었다. 레트윈은 〈통찰력 있는 외국인들은 훌륭하고 유서 깊은 가문 출신이면서도 신사가 아닌 사람을 영국에서 만나게 되면 경악을 금치 못한다〉[28]고 지적한다. 그리고 길무어는 〈신사를 문화적 목표이자 바람직한 도덕적, 사회적 가치의 거울〉로 설명하며, 〈단순히 사회적인 범주가 아니라 도덕이기 때문에 '신사의' 중요성은 지위를 초월한다〉고 주장한다.[29] 실제로 이상적인 신사는 계급의 문제를 매우 미묘하게 헤쳐 나가야 했으므로 〈지위의 차이를 의식하면서도 모든 사람들을 동등하게 대우〉[30]해야 했다.

사실 신사의 정의에는 의복과 예의범절, 상냥한 태도, 자존심을 지키는 것과, 타인들에 대한 박애 정신 등 다양한 조건들이 포함되었다. 신사는 겸손하고, 정중하며, 쾌활하고, 상냥한 태도를 보이면서도, 무기력한 사람들을 억압에서 보호하고, 옳다고 여겨지는 일을 위해서는 용감하게 싸우며, 정당한 이유라면 어떤 반대에 부딪쳐도 정의를 수호하고, 끝까지 소신을 지키는 능력을 갖추어야 했다.[31]

레트윈과 길무어는 궁극적으로 〈신사〉가 영국만의 독특한 현상이라는 데 동의한다. 길무어는 빅토리아 시대에 대영제국의 특정한 역사적 정황과 계급투쟁 속에서 신사의 위치를 확인하며, 〈만일 영국 국민이 달리 아무런 업적을 세우지 않았더라도 (……) 이 세상에 신사의 개념을 남겼으므로, 그들은 인류를 위해 위대한 봉사를 한 셈〉[32]이라는 제라드 맨리 홉킨스Gerard Manley Hopkins의 논평을 인용한다. 레트윈은 〈신사라는 어휘는 섣불리 번역될 수 없는 대단히 독특한 영국적인 것을 묘사한다는 데 모든 사람들이 동의할 것〉이라고 언급하며, 〈단어의 역사로 볼 때 신사의 본거지가 영국이라는 것을 의심하는 것은 불가능하다〉고 주장한다.[33] 〈신사〉의 기원을 독특한 영국적 감수성 안에서 파악하는 것은 젠더와 국민성의 정의와도 함께 연결된다. 그렇다면 남성성은 〈영국성〉과 뗄 수 없는 사이기 되며, 그와 같은 교훈은 『위대한 유산』이 〈신사〉의 개념을 제국과 범죄성의 기원으로 거듭 되돌리고 있다는 점에서도 드러난다.

3. 디킨스와 신사다움

19세기 중반에 활동한 영국 작가 중에서 찰스 디킨스가 가장 중요한 작가라는 사실에는 의문의 여지가 없다. 디킨스는 지금까지도 비평가들의 칭송과 대중들의 인기를 함께 누리고 있으며, 그의 작품들은 영문학의 정전으로 자리 잡았다. 그가 활동할 당시에 영국 문단에 미친 영향은 현재 누리는 명성 못지않게 대단했다. 24세에『보즈의 스케치집 Sketches by Boz』을, 25세에『올리버 트위스트 Oliver Twist』를 출간해 일찌감치 명성을 쌓은 디킨스는 가장 인기 있는 소설가이자 저널리스트, 출판업자, 그리고 편집자로서 19세기 중반의 영국 문학계를 풍미했다. 이렇듯 문단 내에서 차지하는 독특한 지위로 인해 그는 자신의 작품뿐만 아니라 다른 작가들의 작품에도 영향력을 행사했다. 《가정담화 Household Words》와 《사시사철 All the Year Round》 등 여러 주간지의 편집자로서 디킨스는 엘리자베스 개스켈 Elizabeth Gaskell의『남과 북 North and South』, 윌키 콜린스 Wilkie Collins의『흰 옷을 입은 여인 A Woman in White』과『문스톤 The Moonstone』을 비롯해, 자신의 작품인『두 도시 이야기 A Tale of Two Cities』와『위대한 유산』 등 자신이 편집한 주간지에 연재된 수많은 소설 작품들을 관리했다. 특히 그는 중산층 가정을 주요 독자로 하는 빅토리아 시대의 문학적 취향을 파악하는 데 권위자였다. 그는 가족 일화 전문 작가로서의 문학적 명성을 지키기 위해서, 넬리 Nelly라는 애칭으로 불렸던 정부 엘렌 터낸 Ellen Ternan과의 관계를 철저하게 비밀에 부치기도 했다. 경력으로 볼 때, 그는 전 생애에 걸쳐 자신의 소설의 주제였던 신사다움에 관해 욕망과 의구심에 사로잡혀 있던 인물이다.

『올리버 트위스트』와『데이비드 카퍼필드 *David Copperfield*』, 그리고『위대한 유산』과 같은 디킨스의 빌둥스로만들은 그의 작품 가운데서도 가장 인기를 누린 소설에 속한다. 이 소설들은 모두 신사가 되는 것의 의미에 관한 문제를 다루고 있다. 소년의 성장에 관한 디킨스의 반자전적 이야기들의 핵심에는 작가 본인의 어린 시절로 거슬러 올라가는 신사다움, 즉 신사가 되는 방법과 신사의 지위를 유지하는 방법에 관한 염려가 자리 잡고 있다. 디킨스의 어린 시절에 가장 큰 영향을 미쳤으며, 자주 이야기되는 사건 가운데 하나는 그의 가족이 겪은 가난과 관련된 것이다. 12세 때 디킨스는 학교를 중퇴하고 염색 공장 노동자로 전락했고, 그로부터 약 1주일 뒤 그의 아버지는 빚 때문에 감옥에 수감되었다. 그의 어머니와 형제들 역시 아버지와 함께 마샬시 Marshalsea 감옥으로 거처를 옮겼다. 감수성이 예민했던 장남 찰스에게 가족 전체가 느낀 굴욕감과 개인적으로 느낀 배신감이 가져다준 충격은 평생 가시지 않았다. 그는 친구인 존 포스터 John Forster에 의해 처음으로 출간된 자신의 전기인『찰스 디킨스의 생애 *The Life of Charles Dickens*』에서 이렇게 고백한다.

완전히 무시되고 무기력해지는 것에 대해 내가 느꼈던 감각과, 내 처지에서 느꼈던 수치심, 그리고 어린 나의 마음에 새겨졌던 비참함에 대한 깊은 기억은 (……) 말로는 형용할 수가 없다. 나의 본성은 그러한 상황이 가져다준 슬픔과 모멸감에 철저하게 점령당하여, 심지어는 명성을 얻고 사랑을 받으며 행복을 느끼는 지금도 나는 종종 꿈속에서 내게 사랑하는 아내와 아이들이 있다는 것, 또는 내가 성인이라는 것조차 잊은 채 그때 그 시절로 되돌아가 쓸쓸하게 방황한다.[34]

이때 디킨스가 겪었던 경제적 빈곤과 다른 한편으로 느낀 절망감, 모멸감, 그리고 비참함은 평생 동안 그를 따라다녔다.

빚 때문에 감옥에 투옥되었던 아버지의 일은 어린 디킨스의 의식 속에 어렴풋하게나마 가난은 곧 범죄와 연계된다는 사고를 각인시켰다. 어린 시절에 겪은 그와 같은 충격은 디킨스에게 구체적이지는 않아도 강렬한 죄책감과 나쁜 짓을 저질렀다는 느낌을 가져다주었다. 이를테면 조지 오웰George Orwell이 디킨스를 평가하며 『위대한 유산』처럼 범죄에 집착하고 있는 소설에서조차 〈사람들의 기대보다 범죄자에 대한 이해심을 덜 보여주고 있다〉[35]고 밝힌 데서 디킨스의 사고방식을 엿볼 수 있다. 오웰은 디킨스에게서 〈범죄나 심각한 정도의 가난에 직면할 때마다 즉각적으로 '언제나 남부끄럽지 않도록 스스로를 지켜왔다'고 되뇌는 강박관념의 흔적을 찾을 수 있다〉[36]고 지적한다. 한편 애니 세드린Anny Sadrin은 디킨스에 대해 〈그는 자신도 될 수 있었던 범죄자에 대한 관대함과, 실제로 그가 되지 않았던 범죄자에 대한 경멸 사이에서 분열되어 있다〉[37]며 다소 너그러운 평가를 보이기도 한다.

비평가들과 전기 작가들에 의해 상세히 논의된 염색 공장 사건은 디킨스의 소설 전체에 계급과 죄의식의 만연에 대한 불안감으로 재현되어 있다. 디킨스가 『위대한 유산』에서 세련되고 품위 있는 에스텔라가 초라한 대장장이 견습공인 자신의 모습을 볼까 봐 두려워하는 핍을 묘사한 부분은 그의 자서전에 나타난 두려움과 불안, 그리고 수치심과 같은 감정들을 반영하고 있다.

내가 두려워했던 것은 혹시 운이 나쁜 어느 순간, 내가 가장 더럽고 추한 모습일 때 에스텔라가 대장간의 나무창을 통해 나를 들여다보는 모습을 발견하게 되지나 않을까 하는 것이었다. 나는 얼굴과 손에 검댕을 묻혀가며 가장 천한 일을 하고 있는 내 모습을 조만간 에스텔라가 발견하고는 의기양양해하며, 나를 경멸할 것이라는 두려움에 늘 사로잡혀 있었다.(87)

이와 같이 들키는 장면을 상상하는 데에는 탈출구를 찾고자 하는 핍의 절박한 욕망이 담겨 있다. 물론 여기에서 해결책은 그가 타고난 계급을 초월하여 신사다움과 경제적인 성공을 이루는 것이다.

소설에서 핍은 신사를 만들어주겠다는 미지의 후원자의 제의를 받아들이면서 그러한 불안감을 해결하며, 작가 자신은 평생 동안 경제적인 성공을 열망함으로써 그러한 어린 시절의 불안감에 대처했다. 보편적인 중산층의 기준으로 평가할 때 상업적으로 대단히 성공을 거둔 작가인 디킨스는 평생 동안 그의 부모를 비롯하여 형제자매들, 10명의 자녀와 아내, 그리고 정부에 이르기까지 돈에 대한 가족들의 요구를 충족시키기 위해 부단히 노력했으며, 자신이 죽은 뒤에도 부양가족들 대부분이 경제적인 여유를 누릴 수 있도록 하려고 애를 썼다. 이렇듯 주변 사람 모두를 부양해야 한다는 지나친 불안감이 바로 디킨스가 말년에 누적된 과로에 시달린 원인이며, 이것이 간접적으로나마 그의 죽음에 영향을 미쳤다는 것이 비평가들의 의견이다. 예를 들어 버나드 쇼Bernard Shaw는 디킨스가 〈집안의 가장으로서 아이들을 부양하고, 그가 영위해왔던 유복한 삶을 지속하기 위해 끊임없이 일해야 한다는 과중한 부담을 스스로 떠안고 있었다〉고 평가한다.[38]

그러나 디킨스의 심사를 불편하게 만든 신사의 필수 조건은 돈만이 아니었다. 신사다움에 대한 디킨스의 걱정은 앞에서 레트윈과 길무어가 지적한 대로 신사의 사회적, 계급적 정의가 변화무쌍하다는 데서 일부 기인한다. 디킨스가 생존했던 때에는 신사의 범주가 유한 귀족층과 새롭게 분리되는 중이었으며, 중산층이 일에 대해 품고 있는 견해와 맞물리고 있었다. 길무어는 이 시기에 〈전통적인 신사가 기반으로 삼고 있던 사회적 배타성인 노동과 수입의 항구적인 분리〉[39]라는 변화가 일어난다고 지적한다. 전통적인 견해로 볼 때, 신사는 육체 노동 없이도 살 수 있는 능력을 갖추어야 하는 것이 필수라고 여겨졌다. 따라서 신사의 지위를 둘러싸고 새로운 갈등이 일어났다. 그것은 〈신사의 지위가 전통 사회의 계급 체계 안에서 품위와 독립성을 제공하는 반면에, 새로운 산업사회를 가능하게 했던 노동의 존엄성에 이의를 제기한다〉[40]는 것이다. 어쨌든 디킨스는 확실히 일을 하는 사람이었다. 저널리스트, 작가, 편집자, 출판업자, 그리고 아마추어 연기자와 같은 직업들이 〈신사〉라는 존재와 양립할 수 있을까? 빅토리아 시대에는 어린이의 노동이 그리 예외적인 것은 아니었다. 그런데 만일 12세 소년인 디킨스가 일하는 것을 수치스럽게 생각했다면, 생계를 위해 소설을 쓴 그를 여전히 신사라고 할 수 있겠는가?

소설 안에서 디킨스는 유한 귀족층보다 열심히 일하는 자수성가형의 중산층 남성들을 옹호하지만, 그가 원칙적으로 믿는 것과 소설을 통해 대변하는 것이 그가 직관적으로 느꼈던 것과는 다를 수도 있었을 것이다. 〈신사를 구분하는 특징은 비세속적이라는 점이 아니라 근면과 실용성〉이라고 레트윈은 지적하고 있으며, 디킨스도 이 의견에 동의하는 듯하다. 그러나 노동의 천박함을 두려워했던 개인적인 과거사를 간직한 사람으로서, 과연 그가 사적인 삶에서 그러한 믿음에 확신이 있었을까?[41] 길무어는 바로 이것이 〈디킨스와 새커리William Thackeray 간에 벌어졌던 사적인 말다툼——디킨스는 문학의 존엄성을 열정적으로 믿는 사람이었고, 새커리는 소설을 써서 생계를 유지하는 것이 신사의 직업으로 적합하지 못하다고 생각하는 경향이 있었다──의 핵심을 이루고 있는 것)[42]인지도 모른다고 설명한다. 그러나 디킨스가 새커리의 염려를 전적으로 거부하지는 않았는지도 모른다. 디킨스 자신이 신사가 아니기 때문에 신사에 관해 묘사할 수 없을 것이라는 비판이 일어나서, 디킨스는 신사를 묘사할 수 없다고 평가되기도 했다고 길무어는 지적한다.[43] 물론 135년 전에 죽은 작가의 심리 상태를 정확하게 파악할 수는 없다. 그러나 어린 시절의 가난에서 벗어나기 위해 디킨스가 매진했던 작업이 어느 면에서는 그가 그토록 갈망했던 신사다움과 멀어지게 만든 노동이라는 사실은 아이러니이다.

만일 노동이 그의 신사다움을 깎아 내린다면, 『위대한 유산』을 집필하던 당시에 디킨스의 개인적인 삶 역시 그의 사회적 위치에 흠이 될 수 있다. 1857년에 그는 자신보다 27세나 어린 여배우 넬리 터낸을 만났고, 그녀는 곧 그의 정부가 되었다. 그리고 이때 디킨스는 23년간 자신의 아내였으며, 10명의 아이들의 어머니이기도 했던 캐서린Catherine과 별거에 들어갔다. 디킨스는 여러 가정을 거느리는 삶에 돌입하고 있었다. 그에게는 자녀들 대부분과 함께 살았던 그의 집과, 캐서린의 집, 넬리의 집, 그리고 기타 임시 거처들이 있었다. 이러한 새로운 인생으로 인해 디킨스는 가명이 필요했고, 그로 인해 오랫동안 관계를 맺어왔던 출판업자와 공공연한 불화를 일으켰다. 클레어 토멀린Claire Tomalin이 터낸의 전기에서 밝힌 것처럼 디킨스는 특히 넬리와 여행을 할 때 반드시 가명을 사용했다.

1860년 여름, 디킨스가 가장 아끼는 딸 케이트Kate는 아버지로서 도저히 용납할 수 없을 뿐만 아니라 그녀 자신도 사랑하지 않는 남자와 성급하게 결혼했다. 디킨스는 자신의 가정이 타락했기 때문에, 타락한 집안에서 탈출하기 위해 딸이 그런 행동을 했다는 생각으로 괴로워했다. 디킨스가 『위대한 유산』의 십필을 끝내고 난 다음 해에는 장남 찰리가 디킨스와 소원해졌던 출판업자의 딸과 결혼했다. 이때 디킨스는 결혼식에 참석하는 것조차 거부했다. 개인적인 입지가 궁지에 몰린 상황에서 디킨스는 독자들이 이러한 상황을 알게 될까 봐 몹시 불안해했다. 이것이 가족의 이야기를 다룬 작가의 명성에 누가 되어, 책의 판매에도 영향을 미칠지 모른다고 생각했기 때문이다. 그는 가족에서 떨어져 나간 자녀들의 행동이 낳은 결과에 몹시 언짢아했고, 빅토리아 시대의 영국에 만연했던 윤리적인 풍토에서 자신의 행동이 나타내는 의미가 무엇인지를 심사숙고했을 것이다. 불륜을 저지르고, 문제가 많은 아버지이며, 심지어 독자들까지 속인 그가 과연 신사인가?

그런데 우리가 눈여겨 보아야 할 것은 『위대한 유산』에 드러난 신사다움에 대한 집착이 도덕성보다는 제국과 더 밀접한 관계를 맺고 있다는 점이다. 『위대한 유산』을 쓰기 시작했던 1860년의 디킨스에게는 1857-1859년의 인도 항쟁이 작품의 2장에 언급될 만큼 강렬하고 생생한 기억으로 자리 잡았을 것이다. 디킨스는 이 사건에 대해 매우 격렬한 반응을 보였다. 1857년 10월 4일 안젤라 버뎃 쿠츠 Angela Burdett Coutts에게 보낸 편지에서 디킨스는 대량학살에 대한 충동을 다음과 같이 표현하고 있다.

내가 인도의 최고사령관이었으면 좋겠다. 그렇다면 내가 제일 먼저 할 일은 그 동양 인종을 불시에 습격하여, (……) 그들에게 선전포고를 하고, (……) 최근에 자행된 잔혹한 행위의 흔적들이 남아 있는 인종을 근절시키기 위해 나는 최선을 다했을 것이다. (……) 내가 그곳의 책임자라면, 다양한 처형 방법을 강구해 그들을 완전히 뿌리 뽑아 한시 바삐 인류에서 사라지게 했을 것이다.[44]

디킨스는 이와 같은 인종주의적인 분노를 《가정담화》의 크리스마스 특별호와 윌키 콜린스와 공동 작업한 『어느 영국 죄수의 고난 *The Perils of Certain English Prisoners*』(1857)에서 다루었다. 이 작품에 반영된 두 작가의 견해에 관해서는 이 책의 제3장에서 언급한 바 있다. 윌리엄 오디William Oddie는 『두 도시 이야기』에 담긴 폭력 혁명의 재현이 인도 항쟁에 대한 디킨스의 인식을 어느 정도 반영하고 있다고 주장하기도 한다. 이제 막 일어난 사건에 관한 디킨스의 격앙된 감정이 『위대한 유산』에 표현된 제국의 두려움을 설명해준다는 주장도 역시 가능할 것이다.

　디킨스는 비록 인도를 포함한 대영제국의 식민지 가운데 어느 곳도 밟아본 적이 없지만, 그의 아들들은 전 세계를 여행했다. 사실 인도 항쟁에 대해 그가 보인 강경한 반응은 대영제국을 위해 폭동을 진압하는 군인이었던 둘째 아들 월터Walter로 인해 비롯되었을 수도 있다. 월터는 항쟁의 진압 과정에서 두각을 나타내어 18번째 생일을 맞기도 전에 중위가 되었지만, 1863년 캘커타에서 병으로 죽음을 맞이했다.[45] 셋째 아들인 프랭크Frank는 1859년에 아버지에게 〈자기가 유일하게 바라는 일은 캐나다나 케이프, 혹은 오스트레일리아에서 신사농부gentleman-farmer가 되는 것〉[46]이라는 소망을 밝히기도 했지만, 얼마 후인 1864년 1월 벵골 기병대에 지원하여 형 월터의 사망을 확인하게 되었다. 넷째 아들 앨프레드Alfred는 1859년에 〈포병이나 기술병으로 육군에 입대하기 위해 공부를 하고 있었고〉, 다섯째 아들 시드니Sydney는 해군에 입대할 뜻을 품고 있었다.[47] 디킨스는 해군에 입대한 시드니를 후원했으며, 1865년과 1868년에 오스트레일리아로 간 앨프레드와 일곱째 아들 에드워드Edward——일명 '플론Plorn'——에게도 경제적으로 도움을 주었다.

　이 모든 일들은 대부분 『위대한 유산』이 완성된 이후에 일어났으나, 장남 찰리Charley의 홍콩 여행은 소설에 직접 영향을 미쳤다. 결국 아버지의 출판업을 물려받게 된 찰리는 여섯째 아들인 해리Harry와 마찬가지로 비교적 식민 사업과 직접 관련이 없는 사람이었는데, 그 여행은 중국과 차를 거래하려는 목적 때문이었다. 에드가 로젠버그Edgar Rosenberg는 거래에 실패하고 1861년 영국으로 돌아온 찰리의 흔적이 『위대한 유산』에 남아 있다고 지적한다. 식민지 무역에 대한 허버트 포켓Herbert Pocket의 환상이 찰리가 반영된 증거라고 보는 것이다.[48]

디킨스 역시 식민지와 관련된 직업을 학교 교육과는 다른 형태로서 남성들을 성숙하게 만드는 자기실현의 과정이자 실생활에서 살아 있는 교육이라고 칭송한다. 그는 『돔비와 아들 Dombey and Son』에 등장하는 돔비 무역회사나, 『데이비드 카퍼필드』의 머드스톤Murdstone과 그린비Grinby의 사업처럼 영국 밖으로 촉수를 확장시키는 자본주의적이고 제국주의적인 거대 기업을 비판했지만, 개인적인 식민주의자들은 칭송했다. 디킨스의 아들들이 동양을 향해 해외로 떠났을 때, 사이먼 기칸디Simon Gikandi의 지적처럼 식민지는 〈영국성의 제2의 원천〉[49]으로 작용한다. 그러나 디킨스가 식민지와 관련된 직업들을 좋은 것으로만 묘사한 것은 아니다. 그는 식민지 사업을 자기실현의 모험으로 여기며 지지하는 듯한 입장과, 국내에서의 실패를 보여주는 이정표로 애도하는 태도 사이에서 흔들리고 있다. 디킨스에게 제국은 바람직하지 못한 선택으로, 즉 영국 본토에서 성공을 거두지 못하는 사람들을 위한 마지막 수단으로 남아 있었다. 아들인 해리가 1865년 〈인도 공무원이 되고 싶지 않다〉고 불평했을 때, 디킨스는 〈인생을 살다 보면 많은 사람들이 떠맡고 싶어 하지 않는 의무와 직면하게 되는데, (……) 우리는 저마다 생계를 유지할 돈을 벌고 출세를 하기 위해 최선을 다하지 않으면 안 된다)[50]고 타이른다.

핍이 〈신사〉로 발전해가는 과정은 물질적인 측면에서 본다면 분명히 매그위치Magwitch가 오스트레일리아에서 죄수로 벌어들인 돈으로 이루어진다. 그러므로 이 소설에서 신사다움은 범죄와 식민지에 긴밀하게 연결되어 있다고 보아야 한다. 그러나 핍이 신사다움을 좀더 비천한 근본과 연결짓는 오스트레일리아의 돈에 의존하게 되는 것은 단순한 문제가 아니다. 핍과 매그위치를 동일시하고, 신사다움과 범죄, 그리고 식민지를 동일시하는 『위대한 유산』의 이야기 방식은 특별하며, 이것이 이 소설에 힘을 실어주는 바탕이다. 또한 이로 인해 빅토리아 시대의 신사다움은 그것이 뿌리를 내리고 있는 식민주의 기반과의 관계 때문에 그 양상이 더욱 복잡할 수밖에 없다. 인도 항쟁이 온화하고 이국적인 부와 모험의 장소로 여겨지던 인도와 그 식민지들을 험악한 위협의 장소로 탈바꿈하게 만든 강력한 원동력이 되었듯이, 또한 가난과 비천함에 대한 디킨스의 두려움이 그의 심리 속에서 뿌리 뽑을 수 없는 강력한 일부분으로 자리를 잡았듯이, 핍의 과거를 뒷받침해준 식민지와 범죄의 잔재는 신사다움을 향한 그의 발전 과정을 계속해서 따라다닌다. 이 소설은 핍이 성인으로 성장해가면서 신사가 된다는 것이 무엇인지를 깨닫게 되는 빌둥스로만이지만, 한편으로는 그가 소년 시절에 품었던 신사다움에 대한 막연한 욕망이 필연적으로 범죄와 제국이라는 불쾌한 현실에 의존할 수밖에 없음을 시인해가는 과정을 다루고 있다. 개인적인 깨달음을 위해 핍이 밟아나가는 험한 행로는 빅토리아 시대의 사회가 국내의 풍요로움을 가능하게 한 원천을 힘겹게 시인하는 과정과 병치된다.

4. 신사다움과 범죄

『위대한 유산』은 한 죄수에게 자비로운 손길을 내미는 어린 소년 핍의 이야기이다. 이후 자신이 어느 미지의 후원자에게 부와 〈유산〉을 물려받게 된 수혜자라는 것을 알게 되었을 때, 핍은 그 후원자가 오만하지만 아름다운 에스텔라의 부유하면서도 별난 후견인인 미스 해비섬Miss Havisham일 것이라고 추측한다. 게다가 그는 그녀의 계획에는 그와 에스텔라의 결혼도 포함되어 있을 것이라는 환상을 품으면서 부와 신사다움에 대한 꿈을 좇는다. 핍은 그 부유함이 오래 전에 잊어버린 어린 시절의 선행에서 비롯된 것이며, 범죄자 매그위치가 자신은 결코 불가능하기 때문에 대신 핍을 〈신사〉로 만들고자 했던 욕망에서 이러한 일들이 시작되었다는 사실을 상상조차 하지 못한다. 소설은 핍이 매형인 대장장이 조 가저리의 견습공으로 일하는 데서 출발하여, 매그위치와의 짧은 만남 후 점잖지 못한 자신의 근본에서 벗어나서 신사다움과 런던, 교육, 그리고 에스텔라로 이루어진 인생을 향해 달아나려는 핍의 욕망을 추적한다. 매그위치가 자신의 후원자였다는 사실을 알게 되면서, 이 빌둥스로만의 자기 발견과 자아 인식의 단계가 시작된다.

소설이 주는 교훈은 확실하다. 즉 신사다움은 범죄라는 근원을 벗어날 수 없다는 것이다. 애니 세드린이 주장하듯, 이 소설은 〈범죄와 신사다움의 상호 관련성을 핵심적으로 짚어내면서도 불편한 심기를 드러낸다〉.[51] 『위대한 유산』은 진보와 발전을 향한 시도마다 앞을 가로막으면서, 핍과 독자에게 다윈의 지배를 받는 삶의 그물망을 상기시킨다. 즉 『위대한 유산』의 모든 것들은 그 근원으로 되돌아간다. 먼저 핍이 매그위치에게 받은 유산은 어린 시절 범죄자에게 베푼 관대함으로 인해 주어진 것이다. 나아가 더할 나위 없이 고상한 에스텔라는 오랫동안 잃어버렸던 매그위치의 딸임이 드러나며, 결국 남편에게 학대받는 유부녀의 처지가 된다. 역설적으로 조와 매그위치는 핍이 런던에서 어울렸던 어느 누구보다도 훌륭한, 진정한 〈신사〉의 본보기였음이 판명된다.

크리스마스 이브에 시골 교회의 묘지에서 벌어지는 일로 시작하는 소설의 도입 부분은 작품 전체를 통해 주인공을 뒤쫓는 핍과 매그위치, 그리고 핍과 범죄 사이의 관계를 형성한다. 어린 핍은 매그위치와 조우하면서 〈생애 처음으로 사물의 정체성에 관해 가장 생생하고 폭넓은 인상〉을 받게 된다.(9) 소년이 처음으로 의식을 갖게 되면서 자신을 제3자로 칭하며, 〈모든 상황이 두려워 몸을 잔뜩 웅크리고 벌벌 떨며 울기 시작하는 존재가 바로 핍〉이라는 사실을 깨닫자, 무덤에서 걸어 나온 듯한 〈무시무시한 남자a fearful man〉가 핍의 이름, 즉 정체성을 묻는다.(9-10) 핍이 〈두려워afraid〉만 하고 있다면, 매그위치는 스스로 두려움을 느끼면서도 겉으로는 〈무시무시한fearful〉 인물이다. 핍이 〈몸을 잔뜩 웅크리고 벌벌 떠는 존재〉라면 매그위치는 〈부들부들 떨며 이를 딱딱 부딪치고〉(10) 있다. 그렇다면 라캉의 거울 단계의 일종으로 보아, 핍은 자아에 대한 의식을 되찾는 순간에 자신을 닮았으되 자신이라고는 할 수 없는 이미지를 만나게 되는 것이다. 핍이 의식을 갖게 되는 이 장면에 대한 묘사는 후에 매그위치가 직접 구술하는 이야기, 즉 〈내가 나 자신을 처음 알게 된 것은 에섹스Essex 지방에서 먹고 살기 위해 순무를 훔쳤을 때였다〉(259)와 유사하다. 그러므로 도입 부분에서 핍은 매그위치와 강렬한 동일시를 경험하게 되며, 그것은 이름도 없는 미지의 이방인에게 느낀 최초의 자기동일시로 인식된다. 그뿐만 아니라 자의식의 획득은 핍과 매그위치 두 사람 모두에게 범죄를 인식하는 것과 일치하게 된다.

도입부의 만남에서 매그위치는 핍에게 자신의 감시에서 벗어날 수 없다는 인상을 강하게 심어준다. 매그위치의 제2의 자아라는 역할을 맡고 있지만, 매그위치는 핍이 가진 자아를 변형시키는 위협적인 〈청년〉의 이미지를 이용하여 다음과 같이 경고한다.

어린아이들이 제아무리 숨으려고 해도 그 청년한테는 소용없는 짓이야. 어린애는 문을 잠그고 침대에 누워 이불을 덮거나, 침대보를 머리끝까지 덮으면 편안하고 안전하다고 생각힐지도 모르지만, 그 청년은 은밀하게 어린애가 있는 곳까지 살금살금 찾아 들어가, 녀석을 갈가리 찢어 놓을 거란 말이다.(11)

매그위치는 이렇듯 소년의 일거수일투족을 감시하는 〈청년〉을 자신의 변형으로 만들려는 의도가 있었지만, 핍을 감시하는 이 〈청년〉은 오히려 다양한 정체성을 갖게 된다. 이를테면 다음날 핍은 컴피슨Compeyson을 늪지대에서 만나게 되고, 소년은 컴피슨이 매그위치의 〈청년〉이라고 믿는다. 핍은 알지 못하지만, 컴피슨은 매그위치의 옛 지기였으나 이제는 철천지원수가 된 인물이다. 신사가 되는 과정의 처음부터 끝까지 핍은 평생 동안 감시당하고 있다. 그는 자기 자신의 죄의식에 의해, 그리고 매그위치가 비밀리에 지정한 변호사 재거스Jaggers와 재거스의 비서 웨믹Wemmick을 통한 매그위치의 원거리 감시망에 의해 관찰되고 있다. 그 〈청년〉으로부터 핍이 자신을 자유롭게 숨길 수 있다고 상상하는 것은 정말로 〈소용없는 짓〉에 불과하다.

그날 저녁 잔소리 심한 누나와 자상한 매형 조가 기다리고 있는 집으로 돌아간 핍은 자신이 범죄자의 역할로 전락하고 말았다는 사실을 거듭 깨닫는다. 그는 족쇄를 끊기 위한 줄칼과 음식을 다음날

아침에 교회 묘지로 가져오라는 매그위치의 명령을 받은 상태이다. 그는 누나한테서 음식과 마실 거리, 그리고 도구를 훔쳐야 한다는 절박한 심정 때문에 고통을 겪는다. 이 장면에서 어린아이인 핍은 선입견이 없다는 점이 명확하게 드러난다. 소년은 〈죄수〉가 무엇인지 이해하지 못하며, 매그위치를 섣불리 판단하지도 않는다. 그러나 사건의 진행 과정과 그의 죄의식은 핍을 더욱 범죄와 동일시하도록 이끈다. 예를 들어 누나의 관심에서 벗어나려고 애를 쓰며 핍은 조에게 정보를 얻으려는 시도를 감행한다.

> 나는 소리를 내지 않은 채 입술만 움직여서 〈죄수가 뭐예요?〉라고 매형에게 물었다. 매형 역시 소리 없이 자신의 입술만 움직여서 너무나도 복잡한 내용의 대답을 해주었으므로, 나는 〈핍〉이라는 한 마디 외에는 전혀 알아듣지 못했다.(17, 원전 강조)

핍의 상상 속에서 그의 이름은 〈죄수〉의 의미를 담고 있다. 핍은 강가에 정박해 있으면서 식민지로 호송될 죄수들을 임시로 수용하는 〈감옥선〉과 죄수들에 관한 호기심을 채우고자 끈질기게 노력한다. 핍의 질문에 대한 답변으로, 누나는 〈감옥선에 갇히는 사람들은 살인을 저지르거나 물건을 훔치거나, 사기를 치거나, 아니면 온갖 종류의 나쁜 짓을 저질렀기 때문이야. 그리고 그런 나쁜 짓들은 쓸데없이 질문을 해대는 걸로 시작되곤 하지〉(18)라고 말한다. 핍은 〈편리하게도 감옥선이 집 가까이에 있다는 사실이 의식되어 두려워졌다. 나는 분명 감옥선을 향해 가고 있었다. 나는 질문을 해대기 시작했고, 누나의 물건을 훔칠 계획이기 때문이었다〉(18)고 생각한다.

데이비드 퍼로이시언David Paroissien은 핍의 두려움이 당시의 범죄 정책상 실제로도 적용될 수 있는 것이라고 지적한다. 당시 재판은 어린이라고 해서 정상을 참작하는 경우가 거의 없었으므로, 어린이 범죄자와 성인 범죄자가 동일한 형량을 선고받고, 젊은 죄수와 나이든 죄수가 함께 수감되는 경우도 흔했다.[52] 세드린 역시 〈소설 집필 당시에는 6, 7세의 아동이 사소한 범죄로 감옥선에 갇힌 적이 있다〉[53]고 보고하여 퍼로이시언의 의견을 뒷받침한다. 그렇다면 그날 밤 잠자리에 든 핍의 상상, 즉 〈강한 밀물을 타고 감옥선 쪽으로 강을 따라 표류하는 내 자신이 상상될 뿐이었다. 내가 교수대 앞을 지나가면, 유령 같은 해직이 확성기를 통해 차라리 뭍으로 올라가 당장 교수형을 받으라고 소리쳤다〉(18)는 이야기는 모두 지극히 현실적인 생각이었던 셈이다. 다음날 새벽 매그위치에게 갖다줄 음식을 확보하기 위해 부엌으로 내려가던 핍의 귀에는 계단의 〈판자들이 저마다 삐걱이는 소리가 모두 '도둑 잡아라!' 는 외침〉(18)으로 들린다.

핍의 죄의식은 매그위치에게 물건들을 전달하고 돌아온 후에도 계속 이어진다. 매그위치에게 가져다주느라 돼지고기 파이를 훔친 사실이 곧 발각될 것이라는 두려움, 존재조차 견디기 힘들어하는 크리스마스의 저녁 식사 손님들, 그리고 매그위치와 컴피슨을 수색하느라 집으로 찾아온 군인들에 이르기까지 핍과 매그위치의 첫 만남은 소년에게 자아와 범죄를 하나로 묶는 연상 작용을 심어준다. 세드린은 이렇게 지적한다.

> 디킨스가 스스로 겪은 사회적 불명예와 마샬시에 아버지가 투옥되었던 사실에 대해 침묵했던 것처럼, 핍은 범죄의 세계로 전락하고 만 수치스러운 사건이나 자신이 겪은 충격적인 경험에 대해 어느 누구에게도, 심지어는 조에게도 침묵을 지킨다.[54]

핍은 죄책감 때문에 모든 비난의 짐을 스스로에게 부과하는데, 그

것 때문에 자신도 피해자라는 사실을 깨닫지 못한다. 이를테면 치들은 〈죄수들을 배에 실어 선적하는 것은 조의 부인이 손수 핍을 키우는 것에서 보여지는, '타자화othering'에 의한 지배의 극단적인 형식에 지나지 않는다〉[55]고 주장한다. 누나가 기른 방법으로 볼 때 핍은 가정 폭력의 피해자이며, 다시 그 폭력은 범죄를 감시하고 관리하는 수단으로 이용되는 죄수 호송선이라는 사회적 폭력으로 이어져 서로 관계를 맺는다. 또한 치들은 〈삶의 근본적인 거래가 권력 관계에서 이루어지는 폭력으로 얼룩진 사회를 디킨스가 제시하고 있다〉[56]고 설명한다.

이렇듯 처음부터 이루어진 범죄와의 동일시는 핍의 의식과 모든 행동에서 좀처럼 사라지지 않으며, 스스로를 합법화하기 위한 핍의 모든 노력은 새로운 범죄와의 동일시로 귀결되고 만다. 심지어는 그가 〈위대한 유산〉을 받기 전에 조의 견습공으로 등록하기 위해 시청에 가게 되었을 때, 군중들은 핍을 범죄자로 오인한다. 〈나는 소매치기를 하거나 방화를 저지르다가 붙잡히기라도 한 것처럼 펌블축에게 떠밀려갔다. 실제로 법정에서는 내가 현장범으로 붙들린 것 같은 분위기가 팽배했다.〉(85) 핍이 자신의 모습을 왜곡되게 투영한 것 때문인지, 외부 세계와 핍의 내면 의식 사이의 시너지 효과로 인한 본보기인지 출세를 위한 핍의 모든 행동은 범죄에 대한 죄책감으로 얼룩진다. 〈사람들이 '저 아인 무슨 짓을 저질렀을까?'라고 하자, 누군가 '저 애도 어리긴 하지만 인상은 험악해 보이네, 그렇지 않아?'라고 말하는 소리가 들렸다〉(85)고 핍은 고백한다.

그러한 연상 작용은 런던으로 떠나면서 지난 범죄와의 관계를 청산하려는 핍의 희망을 무색하게 만든다. 런던에 도착한 첫날, 재거스 씨를 기다리며 핍은 런던 거리를 방황하다 법원 거리로 접어들게 된다. 모퉁이를 돌아 그 거리로 들어선 핍은 〈어떤 구경꾼이 뉴게이트Newgate 형무소라고 가리키는 음산한 석조 건물〉(131)을 발견한다. 뉴게이트 형무소의 문지기는 핍에게 말을 걸며, 감옥을 구경시켜 준다. 〈그는 친절하게도 뜰 안으로 나를 데려가더니, 교수대가 놓인 곳과 사람들이 공개적으로 채찍질을 당하는 장소를 보여준 다음, 범죄자들이 교수형을 받기 위해 걸어 나오는 채무자의 문으로 안내했다.〉(131) 바로 이것이 핍과 런던의 충격적인 첫 만남이다. 그는 만일 영국인인 〈우리가 가진 것과 우리의 존재가 최고라는 사실을 의심하는 것이 대역죄〉가 아니었다면, 런던이 〈다소 흉측하고, 기형적이며, 좁고 더럽다는 의심을 어렴풋이 품었을지 모른다〉(129)고 조심스레 지적한다.

핍이 뉴게이트를 다시 한번 좀더 확실하게 맞닥뜨리는 것은 에스텔라를 기다리던 어느 날이다. 핍은 에스텔라를 신사다움의 정점으로 이상화하지만, 에스텔라 역시 핍과 마찬가지로 범죄와 연계되어 있음을 핍은 아직 모른다. 핍은 너무 일찍 에스텔라를 마중나오는 바람에 거리에서 서성거리게 되고, 마침 그 앞에 나타난 웨믹Wemmick은 뉴게이트 형무소를 관람할 것을 제의한다. 시간이 너무 많이 남아 있기에 핍도 동의를 하고, 그들은 〈황량한 벽에 걸린 교도소 규칙 팻말 사이로 족쇄들이 매달려 있는 수위실을 지나 감옥 안으로 들어선다.〉(199) 감옥 안에서 잘 알려져 있을 뿐 아니라 두려움의 대상이기도 한 인물의 그림자를 따라 움직이며, 핍은 처형을 기다리는 몇몇 수감자들도 만나게 된다. 감옥에서 빠져 나와 웨믹과 작별한 핍은 깊은 생각에 잠겨 다시 시계를 쳐다보며 에스텔라를 기다린다.

나는 이 모든 감옥과 범죄의 오명에 둘러싸여 지내야 하는 내 처지가 얼마나 이상한가에 대해 생각하느라 남은 시간을 전부 보냈다. 어린 시절, 어느 겨울 저녁 고향의 한적한 습지에서 나는 처음 그것을 마주했었다. 흐려지긴 했어도 완전히 지워지지 않는 얼룩처럼 시작되어 (……) 그것은 또 다시 나타났다. 그 그림자가 이렇게 새로운 방식으로 나의 행운과 출세에 영향을 미치고 있다는 것이 참으로 이상했다.(202)

핍이 떠올리고 있는 여러 가지 생각들 가운데 하나는 후견인 재거스 역시 범죄의 세계에 깊이 연루되어 있다는 아이러니컬한 상황이다. 핍이 보기에 재거스는 자신의 〈위대한 유산〉과 그로 인해 얻어지는 신사다움의 메신저이다. 그러나 아직 핍은 재거스가 매그위치의 재판에도 관련되었다는 사실을 알지 못한다.

에스텔라에 대한 생각으로 옮겨가자, 핍은 더욱더 범죄와 자신의 관계를 수치스러워한다.

나는 아름답고 싱그러운 에스텔라가 오만하고 세련된 자태로 나를 향해 다가오는 모습을 상상하며, 극단적인 혐오감을 품은 채 감옥과 에스텔라 사이의 현저한 대조를 떠올렸다. 나는 웨믹과 마주치지 않았더라면, 혹은 그의 말에 동의하고 따라가지 않았더라면 좋았을 것이라고 생각했다. 그랬다면 일 년 중 하필이면 오늘 같은 날, 내 숨결과 옷에서 뉴게이트의 흔적을 풍기지는 않았을 텐데. 나는 이리저리 걸어다니면서 발에 묻은 교도소의 먼지를 털어내고, 옷에 묻었을 먼지를 털어버렸으며, 폐부에 남아 있는 오염된 공기를 내뿜었다. 누가 오고 있는지를 떠올리며 나는 너무나 오염되었다고 느꼈고, 그렇게 (……) 감옥 방문으로 인해 더러워진 듯한 의식에서 채 벗어나지 못하고 있을 때, 그녀를 보았다. (202)

핍은 에스텔라 앞에서 신사답게 보이고 싶다는 자신의 욕망 때문에 범죄성의 얼룩이 몇 곱절 더 고통스럽다는 것을 알게 되며, 물리적인 자아, 즉 그의 옷과 숨결과 신발에서 그 얼룩과 냄새와 기운을 없애려고 노력하지만 실패하고 만다. 물론 이 장면의 극적인 아이러니는 프랑스에서 교육을 받은 오만한 아가씨와 범죄 사이에 가장 밀접한 관계가 있다는 데 존재한다. 핍은 에스텔라를 만나는 날 뉴게이트에 갔다는 사실만으로도 수치심을 느끼지만, 에스텔라의 아버지는 매그위치이며, 그녀의 어머니 몰리Molly는 재거스의 가정부이자 살인 혐의로 기소되었던 전과자였다는 사실을 핍도, 에스텔라 본인도 아직 알지 못한다.

한편 핍이 막 피어나는 젊은 신사로서 자신을 따라다니는 범죄성에 사로잡혀 있다면, 반대로 매그위치는 신사다움에 집착한다. 과거에 매그위치가 습지에서 탈출하지 못하고 실패한 이유는 컴피슨을 잡겠다는 욕망 때문이었다. 습지에서 싸우고 있는 매그위치와 컴피슨을 군인들이 발견했을 때, 매그위치는 자신이 컴피슨을 잡아 인도하는 것이라고 완강하게 주장한다. 컴피슨을 묘사하며, 매그위치는 그의 계급 지위를 강조한다. 〈이 악당은 신사요. 이제 감옥선은 나 때문에 다시 신사를 붙잡아두게 된 겁니다.〉(34) 이렇듯 〈신사〉임을 강조했던 이유는 나중에 매그위치가 자신과 컴피슨의 관계, 그리고 여러 해 전에 받은 형사재판에 관해 설명하면서 드러난다. 매그위치가 신사다움의 개념과 연관된 최초의 장면은 핍이 출생하기 몇 년 전에 발생했다. 사람의 겉모습에 따라 불공평하게 좌우되는 사법제도의 부당함에 직면했던 매그위치는 자신만의 〈신사〉를 만들어내서 직접 복수하겠다고 다짐했다. 매그위치의 고용주로서 범죄를 저지른 장본인이자, 그러한 교묘한 속임수의 주모자였던 컴피슨은 〈신사〉다운 겉모습 때문에 판사에게 가벼운 형량을 선고받는다.

매그위치는 〈우리가 피고석에 앉았을 때, 곱슬머리에 검은 정장을

입고 흰 손수건을 꽂은 컴피슨이 얼마나 신사처럼 보이는지, 그에
비해 내가 얼마나 흔해빠진 비천한 인간으로 보이는지 나는 첫눈에
알아차렸다〉(262, 필자 강조)고 이야기한다. 외형적으로 드러난 매그
위치의 하층민 지위는 재판에서 그에게 불리하게 작용했던 반면, 컴
피슨은 겉모습의 차이를 최대한 이용해 자신을 변호한다. 재판에서
컴피슨 역시 자신의 신사로서의 관계들을 과시한다.

> 그리고 인격 문제가 거론되었을 때에도, 학교에 다닌 것도 컴피슨이
> 고, 이런 저런 지위를 차지하고 있는 사람들도 컴피슨의 학교 동창들이
> 었으며, 여러 클럽과 모임에 속해 있다는 것이 사람들에게 목격된 사람
> 도 컴피슨이었고, 그를 본 사람들은 모두 컴피슨을 좋게 생각했지. 전에
> 도 재판을 받은 적이 있는 인물은 바로 내가 아니겠느냐 말이야 (……)
> (263)

남성들만의 호모소셜homosocial한 권력 구조의 장치(학교, 클럽, 각
종 모임)는 신사들만의 유대감과 겉모습을 이용해 미스 해비셤의 연
인으로서 그녀를 속일 수 있었던 것과 똑같이 컴피슨을 보호한다.
재판 이후 매그위치가 갖게 된 최우선의 욕망은 컴피슨에게 복수하
겠다는 것이다. 그는 컴피슨이 자신과 같은 자유를 누리지 못하게
하겠다는 이유만으로 습지에서 탈출해 자유를 획득할 수 있는 절호
의 기회를 포기한다.
　결과적으로 오스트레일리아로 호송당하게 된 매그위치는 컴피슨
처럼 〈신사〉로 보일 수 있고, 학교교육과 클럽 제도에 익숙한 인물
을 만들어내겠다는 한 가지 목적을 위해 광적인 음모를 꾸민다. 핍
은 〈신사〉다운 외모와 말투, 행동에 호의를 갖는 사법제도와 컴피슨
에 대해 매그위치가 꾸미는 복수극에 노구도 이용된다. 자신의 노고

의 산물을 직접 목격하기 위해 런던으로 돌아온 매그위치는 〈신사〉
를 창조해낸 자신의 업적을 자축한다.

그래, 핍, 내가 너를 신사로 만들었던 거야! 그 일을 한 사람이 바로 나
란다! 한푼이라도 돈을 벌게 되면 그 돈을 꼭 네게 주겠다고 난 그때 맹
세했었지. 나중에 투기를 해서라도 부자가 되면, 너도 부자가 되어야 한
다고 맹세했단 말이다. 네가 평탄한 삶을 살도록 하기 위해 난 험하게 살
아왔어. 네가 일을 초월할 수 있도록 난 열심히 일했던 거야.(240-241)

매그위치는 핍에 대한 생각과 자신이 만들고 있는 신사에 대한 생각
으로 오스트레일리아에서 수감 생활을 견뎌냈던 과거를 회상한다.

내가 비밀리에 한 신사를 만들고 있다는 사실이 내게는 위로가 되었
지. 식민주의자 종마들〔자발적인 오스트레일리아 이민자들〕이 걸어가는
내게 흙먼지를 덮어씌우며 달려갈 때, 내가 뭐라고 말했는지 아니? 〈난
네놈들이 아무리 노력해도 될 수 없는, 훨씬 더 훌륭한 신사를 만들고 있
어!〉라고 혼잣말을 했단다. 그들 중에 누군가 다른 동료에게 〈몇 년 전만
해도 저자는 죄수였고, 지금 아무리 운이 좋다고 해도 여전히 무식하고
천한 작자에 불과하다네〉라고 얘기하면, 내가 뭐라는 줄 알아? 혼자서
속으로 이렇게 외치는 거야. 〈내 자신은 신사도 아니고 배운 것도 없을지
몰라도, 난 그런 신사를 소유하고 있는 사람이야. 네놈들은 기껏해야 가
축과 땅을 소유한 것이 전부겠지. 너희들 가운데 훌륭하게 성장한 런던
신사를 소유한 사람이 누가 있느냐고?〉(39장 242, 원전 강조)

여기서 드러나는 창조에 대한 매그위치의 프랑켄슈타인 같은 감각
은 오스트레일리아에서 그가 돈을 번 목적을 강조한다. 스스로는 절

제국주의와 남성성 : 19세기 영국의 젠더 형성

대로 신사가 될 수 없으며, 보편적인 의견에 따라 좌우되는 법정에서 컴피슨과 절대로 경쟁이 되지 못했던 매그위치로서는 컴피슨을 능가하는 신사를 만들어냄으로써 복수를 실행한 것이다.

어떤 기준에서 본다면 매그위치의 신사 만들기 과업은 성공을 거두었다고 할 수 있다. 매그위치가 찾아온 핍은 상당한 교육과 분위기를 갖추었으며, 매그위치가 특별히 자랑스럽게 여기는 점인 외국어에도 상당한 지식이 있는 젊은이다. 〈애야, 널 한 번 봐라! 네가 살고 있는 이 집을 좀 봐! 귀족에게나 어울리는 집이지! 귀족이라고? 아! 귀족들과 내기를 한다고 해도 넌 돈으로 그들을 이기고 말 거다!〉(241)라며 매그위치는 감탄한다. 매그위치는 핍이 자신이 바라마지 않던 유형에 정확히 맞아떨어지는 신사라는 것을 기뻐하며, 자신의 기준에 따라 만들어낸 결과물을 평가한다.

〈이걸 봐라!〉 그는 내 주머니에서 회중시계를 꺼내며 말을 이었고, 내 손가락에 끼어 있는 반지를 자신의 얼굴 가까이 들어올렸다. (……) 〈아름다운 금반지로구나. 그것이야말로 신사에게 어울리는 것이겠지! 루비로 둘러싸인 다이아몬드 반지구나. 그것이야말로 신사에게 어울리는 것이겠지! 네 셔츠를 봐라. 멋지고 훌륭하구나! 네 옷들을 보란 말이다. 더할 나위 없이 좋은 것들이지!(39장 241, 원전 강조)

매그위치는 자신이 창조해낸 인물의 성공에 기뻐한다. 〈그는 내 양손을 잡고 위아래로 흔들며, '바로 이 사람이 내가 만들어낸 신사야! 진짜 신사지'라고 말했다.〉(248) 〈작은 숲의 멋쟁이새〉라는 클럽은 엄밀히 말해 제대로 된 클럽이라고 보기 어렵지만, 어차피 남성들의 클럽이라는 것이 유명무실하다는 점에서 그 클럽에 속한 핍이 회원 자격은 매그위치가 보기에 컴피슨의 계열에 해당하는 신사에 더욱더 가깝다는 느낌을 전한다. 클럽 회원들은 고작해야 〈보름에 한번씩 값비싼 만찬을 갖고 (……) 만찬 후에는 가능한 한 많은 논쟁을 벌이며 (……) 웨이터 6명을 술에 취해 계단에 쓰러지게 만드는 것〉 이외의 일은 별로 하지 않는다.(208) 하지만 신사다움에 대한 매그위치의 정의는 컴피슨으로부터 파생된 것이므로, 사회적으로 인정된 신사다움이라는 확고한 외형적 장식으로 제한되어 있다.

맨 처음 핍 앞에 나타났을 때 다리에 족쇄를 차고 있던 이 남자는 자신의 엄청난 부에도 불구하고 범죄성의 이미지를 탈피하지 못한다. 매그위치는 〈변장용 가발은 돈만 있으면 살 수 있으며, 머리 분과 안경도 있다〉(249)고 믿지만, 그러한 변장은 효과적이지 못하다. 핍이 그에게 필요한 모든 의복을 구입하자 매그위치는 새 옷을 입어 본다. 〈내 생각에는 아무래도 그를 변장시키려는 시도는 가망 없는 짓이라고 여겨지도록 만드는 뭔가가 있다〉(252)고 핍은 토로한다. 매그위치의 시도를 곁에서 관찰하며, 핍은 〈그에게 더 좋은 옷을 입히면 입힐수록 그는 더욱더 습지를 배회하는 탈주범처럼 보였으며〉, 〈머리에서 발끝까지 그 남자의 분위기에는 죄수라는 사실이 풍겨 나왔다〉(252)고 핍은 이야기한다. 비록 그러한 느낌은 습지에서 그와 처음 마주쳤던 기억이 어느 정도 되살아났기 때문일 것이라고 인정하면서도, 핍은 오랫동안 이어져온 매그위치의 생활 방식이 그러한 변신을 속수무책으로 만들었을 것이라고 생각한다. 〈앉거나 서거나, 먹거나 마시는 그의 모든 방식에서〉, 그리고 그의 사소한 행동 하나하나에서 〈죄수, 악당, 노역자의 분위기가 너무나도 빤히 드러났다〉(252-253)고 핍은 진술한다.

죄수의 본질을 탈피하는 것이 불가능한 매그위치는 아직 변화할 수 있는 핍을 변모시켜 신사로 만들겠다고 결심하기에 이른다. 그러나 매그위치의 계산은 결정적으로 역효과를 낳는다. 컴피슨을 모델로 하여 신사를 구성하면서, 매그위치는 오래 전 재판에서 그의 철천지원수에게 호의적이도록 판사를 유도했던 것과 똑같은 정의, 즉 외모를 기준으로 한 신사다움이라는 잘못된 정의를 되풀이해서 전파했을 뿐이다. 신사를 만들어내서 자신을 경멸했던 권력 구조에 진입하겠다는 매그위치의 계획은 또다시 자신을 경멸해마지 않는 〈신사〉를 만들어냈을 뿐이다. 그가 핍을 위해 제공했던 교육은 어린 시절에 도와주었던 죄수를 수치스럽게 느끼는 청년으로 변모시켰다. 신사다움의 수완을 훈련받지 않았던 소년 핍은 선입견 없이 죄수를 도왔던 반면, 매그위치가 만들어낸 〈신사〉인 청년 핍은 죄수에게 몸을 사린다.

신사다움의 경제적 기준에 대한 매그위치의 관심, 또는 달리 말해서 계급 구분으로서의 신사에 대한 매그위치의 견해는 범죄에 관한 빅토리아 시대 이전의 견해를 정확하게 대변하고 있다. 역사학자 클라이브 엠슬리Clive Emsley는 『위대한 유산』의 작품 속 사건들과 대략적으로 맞아 떨어지는 시기에 범죄를 〈근본적으로 계급의 문제로〉 보는 방향으로 형법이 구성되었다고 주장한다.[57] 1826년 의회에 제출된 로버트 필 경Sir Robert Peel의 건의안은 무엇보다 절도 문제를 〈범죄 가운데 가장 중요한 등급〉으로 여겨 중점적으로 관리해야한다는 내용으로 범죄와 빈민 사이의 관련성을 예리하게 지적한다.[58] 1816년과 1820년의 의회 특별위원회에서 각별히 관심을 가졌던, 〈사소한 절도로 시작해서 점차 심각한 범죄로 발전하는〉 청소년 범죄자들에 대한 엠슬리의 지적은 매그위치의 인생 행로를 정확하게 묘사하고 있다.[59] 자신의 일생에 관해 〈감옥에 들어갔다 나왔다, 들어갔다 나왔다, 또 들어갔다 나왔다〉고 회상하는 매그위치는 범죄 이전의 어린 시절을 떠올리지 못한다.(141) 하지만 19세기 후반에는 이렇듯 범죄성에 대한 상략한 계급적 기준이 범죄사의 생물학적 정의를 제기한 범죄 인류학으로 대체되었고, 빈민을 곧 범죄자로 여기던 사회적 시각도 변하게 된다.

신사가 곧 범죄자이고 범죄자가 곧 신사인 이 소설에서 핍은 〈신사〉가 되고 싶어 했던 유년기의 욕망에서 많은 어려운 교훈들을 얻는다. 어쨌든 계급의 칭호들은 그 자체로서 자의적이며 문제점을 갖고 있다. 에스텔라가 매그위치의 딸이라는 것을 핍이 알아차리기 전에 이미 허버트 포켓은 계급 칭호의 기이함을 지적한다. 허버트는 핍에게 미스 해비섬의 〈아버지가 너와 같은 지역 출신의 시골 신사였으며, 양조업자였다〉(141)고 설명한다. 물론 해비섬은 의심할 바 없이 품위 있고 점잖은 사람이었으므로, 허버트는 그 모순을 다음과 같이 언급한다.

> 양조업자라는 것이 왜 허용되는지는 나도 잘 모르겠어. 하지만 신사가 제빵업자인 경우는 불가능하다고 해도, 양조업자이면서 어느 누구보다 훌륭한 신사가 될 수 있다는 건 확실해.(141-142)

〈신사〉의 정의를 내리는 것 자체가 어려운 일이기는 하지만, 좋은 의도였더라도 매그위치가 신사에 대해 갖고 있던 생각이 모두 잘못되었다는 것만은 확실하다. 법정에서 경험했던 〈신사〉에 대한 선입견 때문에 매그위치는 스스로를 보상하겠다는 복수심에 사로잡혀서 외형적인 장식은 돈으로 살 수 있으되 내면의 핵심은 썩어빠진 인물인 컴피슨의 이미지대로 〈신사〉를 만들고 소유하려 한 것이다. 매그위치가 직접 가르쳐줄 수는 없지만, 매그위치의 존재와 본보기가 가르쳐준 셈인 핍의 마지막 교훈은 〈진정한〉 신사다움은 돈으로 살 수 없다는 사실이다. 세드린이 지적하듯, 실제로 〈매그위치에게는 신사를 만드는 사람으로서 이중적인 역할이 주어져 있다. 우선 그는 멀리 떨어져 있는 미지의 후견인으로서 핍을 신사로 만들지만, 그것은 케케묵은 옛날식 신사였다. 나중에 그는 따뜻한 인간애와 사내다운 가치를 갖춘 남성으로서 핍을 신사로 만들게 되는데, 그것은 근대적인 유형의 신사다.)[60]

5. 신사다움과 식민지

진정한 신사다움의 의미가 무엇인가 하는 문제를 풀기 위해서는 먼저 신사다움과 제국 사이에 감추어진 연결고리를 풀어야 한다. 핍을 신사로 만들기 위한 비용을 대는 매그위치의 문제점은 그가 범죄와 관련되었다는 것뿐만 아니라 제국과 관련되어 있다는 사실에서도 기인한다. 그러므로 매그위치가 오스트레일리아에 기점을 두고 있으며, 핍을 신사로 만들기 위한 재원이 오스트레일리아에서 유입된 현금이라는 사실은 신사다움과 식민지 사이에 피할 수 없는 구조적 관련이 있음을 보여준다. 레트윈과 길무어가 지적하듯, 만일 〈신사〉라는 개념이 〈영국성〉과 근본적으로 연결되어 있다면, 런던 〈신사〉를 돈으로 〈사고〉 또 〈소유〉하겠다는 오스트레일리아 출신 죄수의 계획은 그 자체로 큰 문제를 안고 있다. 식민지 출신 전과자의 재정 후원을 받아 꼭두각시처럼 지배당하는 〈신사들〉이 버젓이 런던을 돌아다니도록 내버려두는 것은 결국 영국을 위해서도 이로운 일이 아닐 것이다.

그러므로 이 작품의 해결책은 식민지나 범죄를 통한 자금 유입과 〈신사〉가 얽혀 있는 문제와도 타협점을 찾아야 한다. 일단 핍은 매그위치의 모든 재산이 정부로 귀속되도록 묵묵히 내버려둔 채, 상속자의 권리를 적극적으로 주장하지 않고 식민지의 흔적과 범죄성으로 일룩진 돈으로 받는 재정 지원을 더 이상 받아들이지 않았다. 그러나 그런 재정적 연루 관계를 청산하는 것만으로는 완전한 해결책이 될 수 없다. 디킨스가 제시한 해답은 매그위치가 오스트레일리아에 머물렀던 것에 대한 보상처럼 핍 스스로도 이집트에서 참회의 기간을 보내며 식민지와 관계된 일을 하는 것을 포함하고 있다. 형벌을 받기 위한 오스트레일리아 식민지는 죄수에게 재산을 모을 수 있는 여건을 제공했고, 그 재산은 영국의 상류계급으로 진입할 수 있는 돌파구를 여는 데 이용될 수 있었다. 소설의 말미에서 이집트는 오스트레일리아와 반대로 젊은 영국 청년에게 적절한 경력을 쌓아서 부유함 때문이 아니라 인격적으로 〈신사〉로 단련될 수 있는 기회를 제공한다.

매그위치는 분명 핍의 〈유산〉에 불쾌한 식민지의 색채를 가미하는 물질적인 인물이다. 오스트레일리아 죄수로서 부를 이용하여 런던에 살고 있는 영국 신사를 물질적으로 지원하고, 한 걸음 더 나아가 핍에게 양아버지로서의 부성을 주장함으로써, 매그위치는 영국 사회와 신사다움의 근간이 제국에 있다는 사실을 상기시킨다. 그가 영국에 다시 나타나는 설정은 중산층을 집요하게 따라다니는 범죄와 식민지의 하부구조를 결국 인정할 수밖에 없게 만든다. 매그위치는 자신이 오스트레일리아에서 보낸 시기에 대해 많은 이야기를 하지 않지만, 그가 그곳에서 어떤 유형의 삶을 영위했는지를 짐작케 하는 몇몇 단서들을 제공한다. 어떤 인생을 살아왔느냐는 핍의 첫번째 질문에 대해 매그위치는 〈여기서 수천 마일도 넘게 폭풍우 몰아치는 바다로 가로막혀 있는 (……) 머나먼 신세계에서, 나는 양을 치는 농부였고, 목축업자였고, 그밖에도 여러 직업을 전전했다〉(239)고 대답한다. 한번은 〈사람들의 얼굴이 어떻게 생겨먹었는지 거의 잊을 만큼 오로지 양들만 쳐다보며, 외딴 오두막에서 홀로 사는 양치기로 고용된 적이 있다〉(241)고 그는 이야기한다. 종신형으로 오

제국주의와 남성성 : 19세기 영국의 젠더 형성

스트레일리아로 압송되었던 그는 만일 영국으로 되돌아왔다는 사실이 발각되면 사형에 처해질 상황을 직면하지만, 오스트레일리아에서 매그위치는 돈으로 자유를 산 사람이다. 〈나는 주인이 죽으면서 남겨준 돈을 갖게 되었고, 자유도 얻게 되었다〉(242)고 매그위치는 밝힌다.

미국의 독립으로 죄수들을 미국으로 호송할 수 없게 된 상황에서 오스트레일리아의 뉴사우스웨일스New South Wales는 1786년에 죄수를 이송할 만한 최적의 대체지로 결정되었다. 애니 세드린은 당시 오스트레일리아는 〈한번 그곳에 간 사람은 좀처럼 돌아오는 법이 없는 멀고 먼 고장이었으며 (……) 그곳에 갔던 대다수의 사람들은 두 번 다시 영국 땅에 발을 디디지 못했다〉[61]고 설명한다. 일부 영국인들에게 오스트레일리아는 죄에 대한 형벌의 고장이었고, 다른 이들에게는 고국에서 실수를 저지른 사람들에게 새로운 시작을 약속하는 곳처럼 보였다.

험난한 생활 환경과 형편없는 음식, 학대, 채찍질, 형틀, 사고, 열병, 의료진의 부재로 많은 이들이 여행 도중이나 식민지에 도착한 순간 사망했다. 그러나 어떤 이들에게는 새로운 시작의 기회가 제공되었다. 일정 기간 얌전하게 행동한 사람들에게는 개인에게 고용될 기회가 주어지기도 했고, 양치기나 소를 키우는 목부가 되기도 했는데, 더러는 성공적으로 안착했다. 게다가 그 황폐한 땅에 이주하려는 자유 정착민의 수는 적고, 농작물을 재배하기 위해 경작해야 할 땅은 너무 많았으므로, 영국 정부는 1790년부터 형이 만기된 죄수들에게 농사일에 참여하도록 장려하기 위해 땅을 하사하여 지나치게 많은 전과자들이 영국으로 돌아오지 못하도록 총독들에게 지시를 내렸다.[62]

디킨스가 『위대한 유산』을 집필하던 무렵, 오스트레일리아로의 죄수 호송과 강가에 정박해 있는 죄수선인 〈감옥선〉은 이미 거의 과거의 유물이었다. 비록 1868년에도 마지막 죄수 호송선이 오스트레일리아 땅에 도착하기는 했으나, 1840년에 시작된 다양한 형태의 법률은 죄수의 오스트레일리아 압송을 원칙적으로 폐지했다.

영국 신사에 대한 매그위치의 끈질긴 꿈은 역사적으로 매그위치처럼 〈실제로〉 유형의 삶을 살았던 사람들에게는 불가능에 가까운 일이었을 것이다. 〈오지에서의 삶이 (……) 사회적 구분을 폐지했다〉고 말하며, 세드린은 오스트레일리아가 거주민들의 신사다움에 대한 개념을 종종 바꿔놓았다고 주장한다. 세드린은 불워 리튼 Bulwer Lytton을 인용하여 이러한 상황을 〈탈신사화de-fine-gentle-manisation〉 과정이라고 설명한다. 〈출생의 요인은 더 이상 남자나 신사를 만들어내지 못했으므로, 새로운 식민지 시대의 가치인 자조 (自助)를 강조하게 되었다〉고 세드린은 지적한다.[63] 계급을 둘러싼 구분은 황폐한 미개지인 오스트레일리아에서는 생존과 힘겨운 노동의 현실로 대체되었으며, 죄수들과 석방된 죄수들, 그리고 자발적으로 오스트레일리아에 정착했던 식민지 이주자들 사이의 구분은 시간과 함께 흐려졌다. 하지만 그 멀고 먼 땅에서 십수 년을 보내는 동안 매그위치는 이러한 〈탈신사화〉 과정의 영향을 받지 않은 듯하다.

매그위치가 핍의 눈앞에 나타날 때까지 소설은 핍의 〈유산〉의 재정적 원천에 대해서 함구한다. 사실 〈오스트레일리아〉라는 명칭은, 매그위치와 직접 연관되지 않은 무심한 언급을 통해 단 한 번만 소설에서 사용되었을 뿐 의도적으로 교묘하게 회피되었다. 핍이 웨믹의 사무실을 방문하는 동안 웨믹은 자신의 윗사람인 재거스에 대해 이렇게 묘사한다.

〈오스트레일리아만큼이나 (……) 깊어요〉. 그는 오스트레일리아가 대
칭적으로 지구에서 영국과 정반대편에 있다는 사실을 내게 이해시키기
위함인 듯, 자기 펜으로 사무실 바닥을 가리켰다. (155)

오스트레일리아는 〈지구의 정반대편에〉 너무나도 멀리 떨어져 있어
서 모국인 영국과 어떤 접촉도 생각할 수 없고, 깊이를 잰 적도, 잴
수도 없는 심연의 본보기로 사용된다. 그러나 신사를 교육하고 후원
하기 위해 사용된 죄수의 돈을 세탁하는 사람으로서, 재거스는 후원
자가 오스트레일리아에서 어떤 신분인지를 핍에게 감추고 있으므
로, 실제로도 분명히 〈오스트레일리아만큼 깊은〉 비밀을 갖고 있다.
〈보타니 만Botany Bay〉과 〈뉴사우스웨일스〉 같은 다른 고장의 지명
은 매그위치가 형벌을 받기 위해 식민지에 있다는 것을 나타내기 위
해 〈오스트레일리아〉 대신 사용된다.

오스트레일리아는 디킨스가 먼저 발표한 또 다른 빌둥스로만인
『데이비드 카퍼필드』에서도 중요하게 부각된다. 이 작품에서 오스
트레일리아는 채무자인 미코버Micawber부터 타락한 여성들인 리틀
에밀리Little Emily와 마사Martha에 이르기까지, 영국 사회에 쉽사
리 적응하지 못한 〈달갑지 않은〉 인물들을 위한 행선지로 등장한다.
백인 거주자들을 위한 식민지에서 살아가는 이 추방자들에게 영국
은 계속해서 욕망의 중심으로 남아 있다. 자손들만이라도 결국에는
영국으로 돌아갈 것을 바라는 미코버 부인의 희망은 영국을 모국이
자 돌아가야 할 갈망의 땅으로 변함없이 온전하게 보존한다. 그녀는
〈부모 나무를 잊어버릴 순 없다〉고 애석해하며, 〈우리 종족이 명성
과 재산을 얻게 된다면, 난 당연히 그 재산은 브리타니아의 돈궤로
들어가기를 바랄 것〉이라고 얘기한다.(691) 미코버 부인의 이러한
소망에도 불구하고, 그러한 귀향은 『데이비드 가퍼필드』 작품 속에

서 실현되지 못한다. 미코버 가족은 오스트레일리아에서 번성한 것으로 드러나지만, 그들이 다시 영국으로 돌아갈 수 있을 것이라는 암시는 어디에도 없다.

에드워드 사이드Edward Said는 『문화와 제국주의Culture and Imperialism』에서 『위대한 유산』을 논의하면서 『데이비드 카퍼필드』와 달리 이 소설은 식민지로의 추방이 가졌던 〈영속성〉을 사실상 위반하며, 문제의 소지가 있는 매그위치의 영국 귀향을 묘사하고 있다고 지적한다. 사이드는 〈갱생을 위해 설계되었으나, 이송되었던 영국 범죄자들의 본국 송환은 사실상 금지되었던 형벌 식민지였다〉[64]고 오스트레일리아를 설명한다.

> 매그위치의 귀환에 대한 금지령은 단순히 형벌의 의미가 아니라 제국주의적인 것이다. 국민들은 오스트레일리아와 같은 장소로 이송될 수 있지만, 디킨스의 모든 소설이 입증하듯 모국의 개개인들이 만들어낸 계급 조직이 철저하게 도식화하고 확보하여 이미 구성원들이 거주하고 있는 모국의 공간으로 '귀환'이 허락될 수 없었다.[65]

『위대한 유산』에서 힘겨운 노동을 어렵사리 현금과 희망으로 바꾸어, 확고한 신사를 만들고자 했던 죄수는 자신의 꿈의 산물을 직접 보기 위해 런던으로 돌아온다. 매그위치의 귀환 자체는 영국 사회를 송두리째 흔들어 놓고, 미래에 대한 핍의 환상을 암울하게 만드는 여러 가지 문제와 불안감을 불러일으킨다.

그러나 『데이비드 카퍼필드』가 작품의 결론으로 오스트레일리아로의 추방을 제시하고 비중이 적은 작중인물들을 그곳에 주저앉게 만드는 반면, 『위대한 유산』의 결론은 단순히 핍을 식민지로 보내는 것으로 마무리되지 않는다. 소설을 해결하기 위해서는 근본적으로 이야기 구조의 바탕을 이루고 있는 오스트레일리아의 돈 문제도 해결해야 한다. 한편 사이드가 중요한 문제로 지적하고 있는 매그위치의 귀환은 소설의 내용 안에서, 그리고 영국 안에서 어떻게든 봉쇄되고 해결되고 결말지어져야 한다. 더욱이 매그위치의 기획, 즉 외형적인 장식과 태도, 부를 바탕으로 하여 영국 〈신사〉를 만들고자 하는 욕망이 산산조각 나고, 핍은 스스로의 힘으로 새로운 인생을 가꾸어야 한다. 디킨스의 결론은 두 가지 문제, 즉 매그위치의 귀환과 영국 신사를 만들겠다는 그의 욕망을 밀접하게 연결하여 한꺼번에 해결하고 있다.

〈신사〉인 자신의 뒤편에 죄수의 손에 의해 식민지에서 유입된 돈이 존재한다는 핍의 딜레마에 대한 해결책은 스스로 직업을 찾는 것이다. 결국 직업은 계급과 정체성의 문제와 연결된다. 매그위치가 스스로를 칭하는 〈 '악당' 은 (……) 마치 무슨 직업이라도 된다는 듯 사용〉되고 있다.(247) 핍의 소년 시절의 장래는 대장장이의 풀무 주변에서 형성되었으며, 조의 견습공으로서 그는 숙련된 직업인의 미래를 약속받는다. 그러나 핍의 〈위대한 유산〉에는 직업의 개념이 포함되어 있지 않았다. 매그위치가 자신이 만들어낸 소년 신사는 〈일을 초월〉할 것이라고 상상했던 것과 마찬가지로, 핍의 유산은 여가와 도락을 수반하고 있을 뿐 유용한 훈련의 개념은 담겨 있지 않다.(241) 〈나는 어떠한 직업에도 맞지 않으며 (……) 유복한 청년들과 함께 잘 어울릴 수 있을 정도로 내 운명에 맞는 충분한 교육을 받게 될 것〉(241)이라고 핍은 이야기한다. 후에 핍이 〈나는 어떤 직업적 가르침도 받지 못하고 자랐으므로, 아무짝에도 쓸모가 없다〉(256)고 탄식하듯, 그는 매그위치가 의도했던 대로 어떤 일에도 적합하지 않았다.

새능을 기우기는기넝 빚을 초래하는 능력을 기워니기머, 런던에서 한가로운 소년 신사로 지내는 동안에도 핍은 그러한 도락을 변화시킬 대안, 즉 식민지에서의 직업에 직면하게 된다. 그의 친구인 허버트 포켓 역시 핍보다 재능이 있을 것 같지는 않지만, 그래도 자립에 대한 필요성은 이해하고 있는 인물이다. 사치스러운 재정 지원 속에서 흥청거리는 핍과 달리 허버트는 〈나는 스스로 벌어 먹어야 하고, 내 아버지는 물려주실 재산이 하나도 없으며, 만일 재산이 있다고 해도 내가 기꺼이 받지는 않을 것〉(138)이라고 공언한다. 로젠버그가 지적하듯 두 사람이 방에 앉아서 자신들을 위한 미래의 직업을 상상하는 장면에서 식민지 무역의 장래성에 관한 허버트의 환상은 디킨스의 장남인 찰리의 야심과 연결되어 있다.

〈나는 동인도 지방에서 비단과 숄, 향신료, 염료, 약품, 귀한 목재 따위를 가져와 무역을 할 생각이야.〉 그[허버트]는 의자에 몸을 기대며 말했다.
〈이익이 많을까?〉 내가 말했다.
〈엄청나지!〉 그가 대꾸했다.
또다시 마음이 흔들린 나는 여기 내 것보다 더 위대한 전망(greater expectations)[66]이 보인다고 생각하기 시작했다.
〈서인도제도에서도 설탕과 담배, 럼주 무역을 할 생각이야. 실론 섬에도 가야겠지, 특히 코끼리 상아를 위해서는 말야.〉 엄지손가락을 조끼 주머니에 넣으며 그가 말했다. (144-145, 고딕체는 필자 강조)

친구의 얘기를 들으면서 핍은 허버트의 상상이 자신이 가진 신사로서의 장래성을 능가할 것인지 의아해하며 마음이 흔들리기 시작한다. 허버트의 미래가 자신의 장래성보다 〈더 위대한 전망〉을 만들어 낼 것인지 고민하는 것이다. 이 시점에서 핍은 풍요로운 재정 지원과 에스텔라와의 결혼에 대한 꿈을 즐기고 있으므로, 자신의 운명은 확연히 다를 것이라고 믿는다. 그러나 핍은 허버트를 돕고자 하는 마음에서 매그위치에게 은밀하게 자선을 베풀었듯이 남몰래 허버트에게 식민지 회사의 동업 경영권을 마련해준다.

후에 자신이 받은 유산의 진정한 원천을 알게 되고, 돈도, 근본도, 직업도 없는 자신의 처지를 깨달은 핍은 친구 허버트에게 도움을 청하게 된다. 어린 시절 핍이 아무런 생각 없이 매그위치에게 베풀었던 자선 행위가 그에게 부와 유산을 안겨주었던 것과 마찬가지로, 허버트에게 행했던 무심한 자선은 궁극적으로 그를 돕는다. 이야기는 핍이 이제는 결혼한 허버트를 따라 이집트로 가서 같은 회사에 들어가는 것으로 마무리된다. 열심히 일하는 태도와 자립을 신봉하는 허버트의 틀 속에서 식민지 무역에 대한 그의 전망은 언제나 핍이 신사가 되겠다는 야망보다 〈더 위대한 전망〉을 구성한다. 핍이 자립 정신과 기업 정신의 가치를 알게 되면서, 그 역시 식민지와 관련된 직업에 관해서는 허버트의 견해를 따르게 된다.

핍이 이집트에서 보내는 11년이라는 세월은 소설의 시작부터 그가 런던으로 떠나기까지의 기간과 맞먹는 기간임에도, 그의 어린 시절에 대한 이야기는 150여 쪽에 걸쳐 이어졌다. 반면 이집트에서 체류하던 기간은 2분의 1쪽으로 다루어진다. 핍은 〈한 달 뒤 나는 영국을 떠났고, 두 달 뒤 나는 클래리커Clarriker 상사의 사무원이 되었다. (……) 내가 그 회사의 동업자가 되기까지 많은 세월이 흘렀지만, 나는 허버트와 그의 아내와 함께 행복하게 살았고, 검소하게 지냈다〉(355)고 말한다. 이집트에서 보낸 핍의 삶은 의외로 너무나도 평온했으므로, 이 문단에 대해 사이드는 이집트에서 핍이 처했던 상황을 보편적인 것으로 규정한다. 〈디킨스의 작품에 등장하는 거의 모든 사업가와 셋넷내로인 인척들, 그리고 무서운 이망인블이 제국과 극히 정상적이고 안정된 연결고리를 유지하고 있으므로, 식민지 사업가라는 새로운 직업을 가졌던 핍 역시 예외인 인물일 리가 없다)[67]는 것이다. 그러나 디킨스의 인물들이 〈제국과 아주 정상적이고 안정된〉 관계를 유지한다고 단언하기는 힘들 것 같다. 예를 들어 매그위치는 영국 신사를 만들어내겠다는 꿈에 몰두하며, 오스트레일리아로 추방된 현실을 못마땅하게 여긴다.

그렇다면 왜 소설의 결말에서 핍은 이집트로 가는 것일까? 어느 면으로는 핍이 이집트에서 보낸 기간이 자아 성찰과 자기 발전, 그리고 신사로서 가장 많이 성장한 시기라고 할 수 있다. 허버트와 그의 아내 클라라Clara와 함께 살며, 식민지 사업가로서 겸손한 생활을 지속했던 핍이 그곳에서 영위한 조용한 삶은 런던에서 보낸 방탕하고 어리석은 삶에 대한 반성을 이끌어내며, 그러한 생각은 얼마간 그를 진정으로 교육하여 〈신사〉가 되도록 해준다. 이 작품의 아이러니는 매그위치가 오스트레일리아에서 벌어들인 돈이 핍에게 신사다움의 껍데기를 주었던 반면, 그 돈이 회수되면서 핍은 이집트로 가게 되어 결국 진정한 신사의 길로 들어선다는 점이다. 다른 한편 핍의 이집트 여행은 매그위치가 범죄자의 돈을 영국으로 유입시켰던 것을 보상하기 위해 필요한 행동이었던 것으로 보이며, 핍이 영국에서 이집트로 건너가는 것은 매그위치가 오스트레일리아에서 영국으로 온 여행에 대한 참회를 대신한다고 할 수 있다.

언뜻 보기에는 핍을 오스트레일리아로 보내는 것이 깔끔한 대안이 될 것 같지만, 좀더 자세히 들여다보면 전혀 그렇지가 않다. 『데이비드 카퍼필드』에서 비중이 약한 인물들은 오스트레일리아로 추방될지 모르지만, 주인공 자신은 형벌을 받는 식민지로 보내지지 않는다. 18세기 이후 많은 귀족들은 대륙 여행을 통해 성숙과 지혜를 터득하는 교육 효과를 경험했다. 또한 전통적으로 문학에서는 주인공이 확고하게 강화된 권력과 국내 조직으로 재통합되기 위해 현명하게 변모하는 기회로서 외국 여행을 떠나는 일이 자주 등장한다. 그와 마찬가지로 거칠고 이국적인 외부 세계로 추방되는 문학적 모티프를 전형적으로 따르듯이, 데이비드 카퍼필드는 대륙으로 여행을 떠난다. 애니 세드린이 주장하듯, 『데이비드 카퍼필드』의 출간 이후 10년이라는 세월이 흘러 역사적인 상황이 바뀌었으므로, 단순히 『위대한 유산』도 〈동양으로 가는 것이 좀더 그럴듯한 시기를 배경으로 했을 것〉[68]이라고만 볼 수도 없다. 세드린은 〈디킨스가 만일 매그위치가 핍을 위해 별 성과 없이 노예 생활을 했던 바로 그 땅으로 핍을 보냈다면, 이야기의 결과는 진정 교훈적이라기보다는 보다 냉소적으로 마무리되었을 것〉이라고 설명한다. 핍이 오스트레일리아로 여행을 떠나면 매그위치의 실수를 되풀이하는 것에 지나지 않았을 것이다. 핍은 다른 곳으로 갈 수밖에 없었으며, 식민지와 관련된 직업을 성실하게 수행하는 일은 영국의 신사다움을 돈으로 사겠다는 매그위치의 사치스러운 욕망을 위한 최상의 치유책이다.

6. 진정한 신사다움

신사다움을 향한 핍의 교육이 매그위치의 재정 후원에 의존하고 있는 것은 사실이지만, 신사가 되고자 하는 핍의 열망은 그러한 금전적 지원이 주어지기 훨씬 이전에 시작된다. 어린 핍이 비디에게 〈신사가 되고 싶은 특별한 이유〉가 있다고 고백할 때, 그는 에스텔라의 기준에 따라 신사다움을 규정한다.(101) 에스텔라는 〈투박한 부츠〉와 〈거친 손〉, 그의 언어 때문에 핍을 비난한다. 〈이 애는 카드의 네이브를 잭이라고 부른단 말예요!〉라며, 에스텔라는 경멸하듯 말한다.(52) 에스텔라의 조롱은 핍이 신사다움을 획득하고 말겠다는 복구를 불러일으키는데, 나중에 그는 〈내 소년 시절을 괴롭혔던 돈과 신사다움을 향한 처절한 동경에서 〔에스텔라의〕 존재를 따로 떼어 생각하는 것은 정말로 불가능했다〉(182)고 회상한다. 에스텔라는 매그위치가 재거스를 통해 전달했던 규칙들처럼 핍을 구속하는 힘이 없었음에도, 그녀의 말은 연인의 명령이 내포하는 모든 권력을 갖는다. 궁극적으로 핍은 신사다움에 대한 에스텔라의 기준들이 매그위치에게 투영되어 있음을 알고 난 뒤에는 그 부적합성을 깨닫는다.

핍이 배우게 되듯, 진정한 신사다움은 돈과 관련된 것이 아니라 고결함과 성실함, 온정, 인간애와 같은 마음의 자질과 관련되어 있다. 진정한 신사는 말이 없고 자신의 지위에 대해 겸손하면서도 신사라는 것이 명백하게 드러난다. 디킨스가 이 소설에서 보여주는 신사의 정의는 길무어와 레트윈이 제시했던 것처럼, 계급보다 도덕성에 기초한 신사다움에 가까운 것으로 보인다. 허버트의 아버지 매튜 포켓Matthew Pocket은 〈마음속까지 진정한 신사〉인 사람들을 믿으며, 허버트는 맨 처음에 다른 이름들 대신 〈창백한 젊은 신사〉로 핍에게 소개된다. 포켓 1세는 해로Harrow와 케임브리지Cambridge를 다녔고, 컴피슨에 못지않은 혈통을 가졌지만, 컴피슨처럼 허위적인 모습이나 사람들과의 연줄을 거들먹거리는 태도는 전혀 보이지 않는다. 작품의 거의 결말부에서 핍이 얻는 가장 큰 깨달음은 겸손한 매형 조가 점잖은 〈기독교인 신사〉(344)로서 어느 누구보다도 신사의 범주에 적합한 인물이라는 사실이다. 심지어 〈신사〉를 만들겠다는 모든 강압과 잘못된 시도를 했지만, 매그위치 역시 충직하고 진실되며 명예로운 인물이다. 매그위치의 마지막 행동 가운데 하나는 핍의 〈손을 부드럽게gentle 잡는〉 것이며, 핍은 그 죄수에 관해 〈내가 매형 조를 대했던 것보다 훨씬 더 좋은 남자man〉라고 묘사한다(342, 332, 필자 강조). 매그위치 또한 외형적인 신사의 껍질만 부여잡고 있던 핍보다 진정한 신사에 가까운 인물이었던 셈이다.

미스 해비셤을 자신의 후원자라고 믿고 싶어 하는 핍의 끈질긴 욕망과, 자신을 지원하는 재정이 국내적인 원천에서 비롯되었음을 바라는 마음은 제국의 물질적 뒷받침을 부인하려는 영국 사회의 고집스러운 태도를 반영한다. 한편 식민지의 돈으로 영국 신사를 살 수 있음을 시사하는 매그위치의 기획은 제국과 신사다움 사이의 골치 아픈 연결고리를 나타낸다. 궁극적으로 이 소설은 이 꿈을 인정하지 않지만, 그토록 깔끔하고, 그토록 단정하며, 그토록 〈깨끗한〉 영국의 신사다움이 어둡고 비천한 범죄와 식민지에 기원을 두고 있다는 사실을 일깨워준 매그위치의 교훈이 갖는 현실성을 부인하지도 않는다. 이러한 교훈은 식민지라는 언급이 없으므로 영국 어느 곳이라도 될 수 있을 것 같지만, 실제로는 핍이 카이로Cairo라는 장소에서 생계를 꾸리고 직업을 가져야 한다는 필연성에 의해 은근하게 강화된다. 영국 신사를 재정적으로 뒷받침하기 위해 범죄자의 돈을 이용했던 문제는 핍이 적절한 수입을 올리는 사업가로서 이집트를 향해 자발적으로 떠남으로써 교정되는 것이다.

핍은 영국 남성성의 다양한 정의에 관해 고심하면서 자신이 〈신사〉에 대해 최초로 내렸던 정의, 즉 그가 되고 싶다고 생각했던 신사는 무책임하고 파산 상태에 빠진 상류층 젊은이로서, 좀처럼 존경하기 힘든 인물이라는 사실을 깨닫는다. 핍과 허버트의 빚은 작가인 디킨스가 어린 시절에 빚 때문에 아버지가 투옥되었던 경험과 관련하여 겪은 가장 큰 충격에서 비롯된, 그들의 삶에 대한 심오한 질책으로 이해해야 한다. 소설 끝부분에 이르면 핍은 실제로 경제적 능력과 상관없이 심정적으로는 진정한 신사이다. 막연한 상상이 점차 현실로 이루어지는 과정에서 핍은 자신이 속한 영국 사회가 물질적인 것, 특히 식민지 자본에 근거를 두고 있다는 사실을 깨닫는다.

소설의 초판과 개정판에서 모두 결말 부분은 핍이 궁극적으로 영국으로 돌아오는지에 관해 불투명하다. 핍은 이집트에서 11년을 보내고 난 뒤, 행복하게 결혼한 조와 비디를 만나기 위해 대장간으로 돌아온다. 그래서 그는 잠시 방문을 위해 귀국한 것인가, 아니면 영구 귀국한 것인가? 핍은 자신의 이름을 물려받은 조와 비디의 어린 아들을 후원하겠다고 하면서 어린 핍을 교회 묘지로 데려가 묘비들을 읽게 한다. 핍은 어쩌면 자신의 식민지 수입으로 소년을 재정적으로 지원할 마음의 준비를 갖춘 듯 마치 매그위치처럼 행동한다. 그러나 비록 작품의 결말은 핍과 매그위치, 신사다움과 범죄성, 그리고 식민지 간에 최초의 동일시 장면으로 되돌아가는 것 같아도, 소설이 처음 시작되었던 배경은 이제 핍의 어린 시절을 따라다녔던 공포와 강압의 느낌이 배제된 채 찬란한 아침 햇살 속에 노출되어 있다. 핍의 마지막 정착지는 어디인가 하는 문제부터 그와 에스텔라의 관계에 이르기까지 작품의 궁극적인 결과는 모호하다. 그러나 작품 도입 장면의 개정은 디킨스의 가장 위대한 빌둥스로만이 영국의 신사다움과 그 기원이 범죄와 제국을 근거로 하고 있음을 인정하되, 범죄와 제국에 종속되지는 않았음을 암시한다.

후기

이 책은 문학을 연구하는 사람과 역사를 연구하는 사람의 공동 작품으로 학제 간 협력의 결실이다. 인문학의 테두리 속에 있기는 하지만, 어찌 보면 매우 다를 수 있는 두 분야에 몸담고 있는 우리들은 이 공동 작업을 통해 서로의 약점을 보완하고 장점을 부각시키는 소중한 기회를 가질 수 있었다. 서문에서 밝혔듯이 우리는 장을 구분하여 제1장과 제3장, 제6장을 박형지가, 제2장과 제4장, 제5장은 설혜심이 책임 집필하였다. 그런데 이 연구를 진행하면서 우리는 서로에게서 문학을 사랑하는 사학자, 역사를 애독하는 문학자를 발견하였다. 그 결과로 제1장에서 문학자인 박형지가 인도에서 영국 남성성의 변질 과정을 역사적으로 조명하였는가 하면, 사학자인 설혜심은 제5장에서 소설인 『톰 브라운의 학창 시절』을 문학 비평의 연장선에서 분석하기도 한다.

이 프로젝트의 출발은 2000년 가을로 거슬러 올라간다. 우리 두 사람은 연세대학교 사회학과 김현미 선생님의 연구실에서 우연히 처음 만나게 되었다. 차를 마시며 한담을 나누는 동안 서로에게서 젠더와 영국을 둘러싼 폭넓은 공감대를 발견하게 되었고, 이 책의 공동 집필을 결심하게 되었다. 박형지의 경우, 빅토리아 시대의 문학을 탈식민주의 이론에 입각해 연구하면서 극적인 변화의 시기를 맞아 영국인 개개인이 어떤 형태로 제국의 영향을 받았을까 하는 의문을 갖게 되었다. 팽창 일로에 놓여 있던 19세기 제국과 영국에 대한 연구는 주로 서구 제국주의가 동양에 미친 영향에 초점을 두는 데 반해, 필자는 식민지를 찾은 영국인들의 심리와 젠더의 측면에 흥미를 느꼈다. 특히 영국 〈왕관의 보석〉으로 지칭되었던 인도가 근사한 모험과 어마어마한 부의 원천으로 빅토리아 시대의 소설에 수시로 등장하게 된 연유를 알고 싶었다. 정신분석학적 연구에 기대어 필자는 자아와 젠더, 국민의식과 성에 대한 영국인들의 인식이 제국주의적 경험을 통해 얼마나 직접적인 영향을 받았는지 생각해보기 시작했다. 개인적으로는 아마도 오랜 해외 체류 기간 동안 모국 문화와 서양 문화의 협상 과정을 경험한 터라, 문화 이방인으로서의 개별적인 인식 문제에도 관심이 끌렸던 듯하다. 가령 인도에서 20년간 체류했던 영국인이 고국으로 돌아갈 경우, 식민지에서의 경험이 그 인물의 정체성에 어떻게 반영될 것인가? 또한 인도에 체류한 영국인은 대다수 남성이었는데, 인도에서 체류한 기간은 그의 성 정체성 형성에 어떠한 영향을 미쳤을까? 이러한 의문점들은 본 저작의 아이디어를 발전시켜 나가는 단초가 되었다.

한편 설혜심은 당시 조한혜정 선생님을 비롯한 사회학 전공자들과 함께 '동·서양의 정체성'이라는 프로젝트를 수행하고 있었다. 그 작업은 16·17세기 영국 사회사를 전공한 필자에게는 전혀 새로운 주제인 19세기의 제국주의를 공부할 수 있는 계기가 된 셈이다. 그런데 그 과정에서 에드워드 사이드의 '오리엔탈리즘'을 둘러싸고 크고 작은 의문들과 부딪히게 되었다. 사이드가 그려낸 오리엔탈리

즘의 밑그림에 경탄하면서도, 그것이 특히 젠더 문제에 대하여 지나
치게 도식적이고 일방적이라는 느낌을 떨쳐버릴 수 없었기 때문이
다. 당시 필자가 가졌던 의문의 상당 부분은 사실 최근 비약하고 있
는 탈식민주의 연구가 지닌 문제의식의 출발점이기도 하다. 그럼에
도 탈식민주의 연구를 포함한 많은 '제국주의' 연구들이 근본적으
로 남성적 시각을 벗어나지 못하고 있다는 불편함을 느끼는 한편,
페미니즘적 시각에서 제국주의를 다루는 연구들이 종종 제국주의라
는 큰 틀을 간과한 채 지나치게 독립적이거나 편향적이라는 생각이
들었다. 나아가 사이드의 성과물을 비롯한 많은 제국주의 연구들이
사실 실체가 없는, 완전히 독립적인 남성성과 여성성을 가정하거나,
심지어 만들어내는 결과를 가져온 것은 아닐까 하는 의문까지 생겨
나기 시작했다.

두 사람이 가졌던 이런 문제의식에서 출발한 이 프로젝트의 핵심
어는 〈제국〉, 〈19세기 영국〉, 그리고 〈남성성〉이다. 우선 〈제국〉은
오늘날 우리가 처한 지정학적 배경과 함께 최근 인문학 연구에서 가
장 중요한 관심사 가운데 하나로, 본 연구의 중심 주제가 된다. 지난
20여 년 간 대두된 탈식민주의 이론은 과거 인문학자와 사회과학자
가 품었던 세계관을 재규정하고 재편하였다. 탈식민주의 또는 신식
민주의 구도 하에 놓인 지구촌 사회에서 제국주의적 권력 관계와 문
화적 영향력은 지금 우리 사회를 좌우하는 주요 요인이 아닐 수 없
다. 그런데 이러한 구도를 만들어낸 주역은 바로 〈19세기 영국〉이었
다. 21세기 초를 살고 있는 우리는 여전히 대영제국이 그 전형을 만
들어낸 19세기 제국주의의 토대에서 회복하고 그에 반응하는 과정
을 밟고 있는 셈이다.

한편 남성은 식민지에 파견된 군인으로서, 행정가로서, 선교사로
서 제국주의 임무의 최전방에 나섰던 절대 다수의 젠더를 대변한다.

그런데 우리는 '식민지에서의 남성' 뿐만 아니라 제국주의의 임무라는 것이 영국 본토 내에서 영국 남성성이라는 개념을 형성하게 한 방식에도 관심을 가졌다. 여성이자 페미니스트로서 〈남성성〉을 연구한다는 것이 예외적인 선택이라고 생각될 수도 있을 것이다. 하지만 우리는 페미니즘 연구에서 얻은 가르침을 통해 참신한 시각에서 남성성을 다시 분석해야 한다고 느꼈다. 이 책에서 남성성은 철저히 대타적인 것으로 관계에 기초한 개념이고, 나아가 더 이상 규범이 되는 중심 젠더로 남아 있지 않으며, 당시의 정치적, 문화적 필요에 의한 산물, 즉 허구로 해체되기에 이른다.

4년 전 필자들이 본 프로젝트의 연구계획서를 함께 작성한 이후, 책이 완전한 틀을 갖출 때까지 모든 과정은 줄곧 두 사람의 공동 작업이었다. 각자의 아이디어와 참고문헌을 교환했으며, 서로의 집필 원고에 대해서도 처음과 마지막 독자이자 비평가 역할을 해주었다. 하지만 이 작업은 제국주의, 젠더, 영국을 둘러싼 선학들의 연구와 동료 학자들의 정서적 후원 없이는 이루어질 수 없었다. 특히 설혜심은 서울대학교 박지향 선생님이 펴낸 『제국주의: 신화와 현실』에서 큰 도움과 자극을 받아 이 프로젝트를 이루어냈다. 한편 연세대학교의 전수연 선생님은 이 작업이 진행되는 동안 내내 학문적으로, 감성적으로 든든한 후원자 역할을 해주셨다. 또한 늘 부족한 필자에게 넘치는 관심을 보여주시고 학은을 베풀어주시는 광주대학교의 이영석 선생님, 청주대학교의 조승래 선생님께도 지면을 통해 감사를 드린다.

박형지 또한 이 연구를 진행하면서 많은 이들의 도움을 받았다. 특히 우리말 윤색 과정에는 훌륭한 조력자의 도움을 받는 행운을 누렸다. 당시 대학원 석사 과정에 있던 김창희는 제1장의 원고 정리에 큰 도움을 주었고, 뒤를 잇는 작업은 역시 대학원에 재학 중이던 변용란이 맡아주었다. 특히 필자의 영어 문장을 우리말로 손질하는 작업을 담당했던 변용란의 노력은 박형지 원고의 모든 페이지에 깃들어 있다고 해도 과언이 아니다.

위 내용은 우리가 2004년 12월 이 책의 첫 쇄를 찍을 당시 썼던 것이다. 십 년이 훌쩍 지난 지금 이미 한참 전에 절판되었던 이 책을 구하고자 하는 독자들의 성원에 힘입어 증쇄를 하게 되었다. 출판시장이 큰 어려움을 겪고 있음에도 불구하고 새로이 책을 내 주신 아카넷 출판사에 감사를 전한다. 그리고 무엇보다 당시 주니어 학자였던 두 필자의 실험적 공동작업을 다시 서점에서 만날 수 있도록 만들어 준 독자들의 큰 사랑에 머리 숙여 감사드린다.

2015년 12월
박형지 · 설혜심

주(註)

서문

1) 영국과 결탁한 프로이센과 러시아, 스웨덴을 비롯한 기타 독일 제국과 동맹을 맺었던 오스트리아 사이에 일어난 전쟁이다. 오스트리아가 왕위계승전쟁으로 인해 프로이센에게 빼앗긴 슐레지엔을 탈환하고자 일으켰다. 결국 프로이센의 승리로 끝났지만, 이 전쟁의 중반기에 프로이센과 영국은 심각한 수세에 몰리게 되었고, 영국의 대(大) 피트 내각이 실각하기도 했다.

2) 박지향, 『제국주의: 신화와 현실』(서울대학교 출판부, 2000), 147-148쪽.

3) Elleke Boehmer, *Colonial and Postcolonial Literature: Migrant Metaphors*(Oxford: Oxford UP, 1995), 2쪽.

4) 같은 책, 2쪽.

5) 박지향, 14-20쪽 참조.

6) Boehmer, 3쪽.

7) 같은 쪽.

8) Bart Moore-Gilbert, *Postcolonial Theory: Contexts, Practices, Politics*(London: Verso, 1997), 3쪽.

9) 같은 책, 11쪽.

10) Ashis Nandy, *The Intimate Enemy: Loss and Recovery of Self under*

Colonialism(Delhi: Oxford UP, 1988), 30쪽.

11) Linda Colley, *Britons: Forging the Nation 1707-1837*(New Haven: Yale UP, 1992), 6쪽.

12) 같은 책, 5쪽.

13) Catherine Hall, *Civilising Subjects: Metropole and Colony in the English Imagination 1830-1867*(Chicago: U of Chicago P, 2000), 12쪽.

14) 같은 쪽.

15) Ann Laura Stoler and Frederick Cooper, "Between Metropole and Colony: Rethinking a Research Agenda," *Tensions of Empire: Colonial Cultures in a Bourgeois World.* Ed. Frederick Cooper and Ann Laura Stoler(Berkeley: U of California P, 1997), 1쪽.

16) Mrinalini Sinha, *Colonial Masculinity*(Manchester: Manchester UP, 1995).

17) Jonathan Rutherford, *Forever England: Reflections on Masculinity and Empire* (London: Lawrence and Wishart, 1997),

18) 같은 책, 8쪽.

19) J. A. Mangan, Ed. *Pleasure, Profit, Proselytism: British Culture and Sport at Home and Abroad 1700-1914*(London: Frank Cass, 1988); *Idem.* Ed. *Athleticism in the Victorian and Edwardian Public School*(Cambridge: Cambridge UP, 1981); *Idem., The Cultural Bond: Sport, Empire, Society* (London: Frank Cass, 1992); Mangan and James Walvin, Eds. *Manliness and Morality*(Manchester: Manchester UP, 1987)

20) Clare Midgley, Ed. *Gender and Imperialism*(Manchester: Manchester UP, 1998); Nupur Chaudhuri and Margaret Strobel, Eds. *Western Women and Imperialism*(Bloomington: Indiana UP, 1992); Sara Mills, *Discourses of Difference: An Analysis of Women's Travel Writing and Colonialism*(New York: Routledge, 1992) 등을 참조.

21) 박지향, 158쪽. 이 같은 현상은 특히 19세기 마지막 30년 동안 독신 여성을 해외 파견에 많이 모집하였던 결과이다.

22) 같은 책, 158-159쪽.

23) Anne McClintock, *Imperial Leather: Race, Gender, and Sexuality in the Colonial Contest* (New York: Routledge, 1995), 13쪽.

24) Michael Kimmel, "Foreword," *Masculinity Studies and Feminist Theory*. Ed. Judith Kegan Gardiner(New York: Columbia UP, 2002), ix쪽.

25) Linda M. Shires, "Patriarchy, Dead Men, and Tennyson's *Idylls of the King*." *Victorian Poetry* 30:3-4(1992), 403쪽.

26) 같은 책, 403쪽.

27) 같은 쪽.

28) 같은 쪽.

29) 같은 쪽.

30) 같은 쪽.

31) Nandy, 36쪽.

32) Stoler, "Carnal", 76쪽.

33) Lawrence James, *The Rise and Fall of the British Empire*(New York: St. Martin's Griffin, 1994), 217쪽.

34) 같은 책, 219쪽.

35) Hilda Gregg, "The Indian Mutiny in Fiction," *Blackwood's Magazine* 161 (February 1897): 218-31, P. Brantlinger, *Rule of Darkness*, 199쪽에서 재인용.

36) Christopher Hibbert, *The Great Mutiny: India 1857*(London: Penguin, 1978), 19, 389쪽.

37) Patrick Brantlinger, *Rule of Darkness: British Literature and Imperialism, 1830-1914*(Ithaca: Cornell UP, 1988), 199쪽.

제1장

1) Joan Riviere, "Womanliness as a Masquerade," *International Journal of Psychoanalysis* 10(1929). *Formations of Fantasy*, Ed. Victor Burgin, James Donald & Cora Kaplan(London: Methuen, 1986), 35쪽에서 재인용.

2) 같은 책, 38쪽. 페미니스트 이론가들은 여성의 성 정체성에 관해 상상적 자기 재현을 여성의 본질주의와 동일시하고 있는 리비에어의 견해를 강하게 비판한다. 가령 메리 앤 도운Mary Ann Doane은 〈'정상적인' 여성다움은 가면에 불과한 것이며…그 가면성은 병리학적이라고 분석하는 리비에어〉의 주장을 비판한다 (43). 스티븐 히스Stephen Heath는 〈리비에어가 순수한 여성다움을 가면을 쓴 성세싱과 동일한 깃으로 긴구하며, 순수한 여성다움의 긴경성을 가면의 인위성

으로 손상시키고 있다〉(50)며 리비에어의 주장을 강하게 반박한다. 필자는 성 담론에서의 가면성을 남성 주체를 포함하는 개념으로 확대시키고, 이를 통해 가면을 쓴 여성의 정체성을 여성 또는 여성다움에 대한 본질에서 분리시켜 넓은 의미의 성 개념으로 확대하고자 한다.

3) Ashis Nandy, *The Intimate Enemy: Loss and Recovery of Self under Colonialism*(Delhi: Oxford UP, 1988), 5쪽.

4) 같은 쪽.

5) Ann Laura Stoler, "Carnal Knowledge and Imperial Power: Gender, Race, and Morality in Colonial Asia", *Gender at the Crossroads of Knowledge: Anthropology in the Postmodern Era*, Ed. Michaela di Leonardo(Berkeley: U of California P, 1991), 58쪽.

6) 같은 쪽.

7) 같은 쪽.

8) Brantlinger, *Rule*, 3쪽.

9) Nandy, 6쪽.

10) Ronald Robinson, John Gallagher, and Alice Denny, *Africa and the Victorians: The Climax of Imperialism in the Dark Continent*(New York: St. Martins P, 1961), 10쪽.

11) 같은 책, 11쪽.

12) Philip D. Curtin, *The Image of Africa: British Ideas and Action, 1780-1850*(Madison: U of Wisconsin P, 1964), vi쪽.

13) Meera Tamaya, "Ishiguro's *Remains of the Day*: The Empire Strikes Back", *Modern Language Studies* 22:2(1992), 48쪽.

14) Kenneth Ballhatchet, *Race, Sex and Class Under the Raj: Imperial Attitudes and Policies and their Critics, 1793-1905*(New York: St. Martin's P, 1980), 1쪽.

15) Andrew Ward, *Our Bones Are Scattered: The Cawnpore Massacres and the Indian Mutiny of 1857*(New York: Henry Holt & Co., 1996), 10쪽.

16) Edward Said, *Orientalism*(New York: Vintage, 1979), 42쪽.

17) 같은 쪽.

18) 같은 쪽.

19) Stoler, "Rethinking Colonial Categories: European Communities and the Boundaries of Rule", *Comparative Studies in Society and History* 31:1(1989), 141쪽.

20) Tamaya, 46쪽.

21) Ballhatchet, vii쪽.

22) 같은 책, 124-125쪽에서 재인용.

23) 같은 책, 124쪽.

24) Stoler, "Rethinking", 152쪽. 149-153쪽도 참조할 것.

25) Ward, 13쪽.

26) 같은 쪽.

27) Stoler, "Carnal", 59쪽.

28) 전염병 법안Contagious Diseases Act을 둘러싼 논쟁과 식민지에서의 매매춘에 관해서는 많은 논의가 이루어져 있는데, 특히 하이엄Hyam과 밴 헤이닌겐Van Heyningen의 주장을 참고하기 바란다.

29) Ballhatchet, 62쪽.

30) 같은 책, 36쪽.

31) 같은 책, 116-118쪽.

32) Philippa Levine, *Prostitution, Race & Politics: Policing Venereal Disease in the British Empire*(New York: Routledge, 2003), 231쪽.

33) Ronald Hyam, "Empire and Sexual Opportunity", *Journal of Imperial and Commonwealth History* 14:2(1986), 67쪽.

34) Levine, 232쪽.

35) Stoler, "Carnal", 78쪽.

36) Ballhatchet, 97쪽.

37) 같은 책, 96-111쪽 참조.

38) Nandy, 7쪽.

39) 같은 책, 7-8쪽.

40) Homi Bhabha, *The Location of Culture*(New York: Routledge, 1994), 85쪽.

41) 같은 책, 86쪽. 원전 강조.

42) 같은 책, 88쪽.

43) 같은 책, 90쪽. 원전 강조.

44) 같은 책, 92쪽에서 재인용.

45) 같은 쪽에서 재인용.

46) 같은 쪽에서 재인용.

47) 같은 책, 88쪽.

48) Luce Irigaray, *This Sex Which is Not One*. Trans. Catherine Porter(Ithaca: Cornell UP, 1985), 84, 76쪽.

49) 같은 책, 76쪽.

50) Bhabha, 121쪽. 여기서 바바는 〈civil〉을 〈예절바른, 공손한〉의 뜻과 함께 〈민간 인〉이라는 뜻도 함께 내포하여 함축적인 의미를 진딜하고 있다.

51) Kaja Silverman, *Male Subjectivity at the Margins*(New York: Routledge, 1992), 312쪽.

52) 같은 쪽에서 재인용.

53) 같은 쪽에서 재인용.

54) 같은 쪽에서 재인용.

55) 같은 책, 311쪽에서 재인용.

56) 같은 쪽.

57) 같은 책, 312쪽.

58) 같은 쪽.

59) Judith Butler, *Gender Trouble: Feminism and the Subversion of Identity*(New York: Routledge, 1990), 140쪽. 고딕체는 원전 강조.

60) 같은 쪽.

61) 같은 쪽, 원전 강조.

제2장

1) Thomas Laqueur, *Making Sex: Body and Gender from the Greeks to Freud*(Cambridge, Mass.: Harvard UP, 1990); Catherine Gallagher and Thomas Laqueur, Eds. *The Making of the Modern Body*(Berkeley: U of California P, 1987); Roy Porter, *The Fact of Life*(New Haven: Yale UP, 1994); Laqueur, "Bodies, Details and the Humanitarian Narrative," in Ed. Lynn Hunt, *The New Cultural History*(Berkeley: U of California P, 1989).

2) 스탠리 간, 『인종』, 권이구 역(탐구당, 1992), 10쪽.

3) J. A. Mangan and James Walvin, Eds. *Manliness and Morality*(Manchester: Manchester UP, 1987), 11쪽.

4) Martin Daunton and Rick Halpern, Eds. *Empire and Others: British Encounters with Indigenous Peoples, 1600-1850*(Philadelphia: U of Pennsylvania P, 1999), 3쪽 참조.

5) Gallagher and Laqueur 참조.

6) Robert Knox, *The Races of Men: A Fragment*(Philadelphia: Lea & Blanchard, 1850), 147쪽.

7) 설혜심, 『서양의 관상학: 그 긴 그림자』(한길사, 2002), 281-282쪽.

8) 비저부(鼻低部)에서 이공(耳孔)까지 얼굴 측면을 가로지르는 선을 하나 긋고 상순(上脣)에서 이마까지 두번째 선을 긋는다. 캠퍼는 이 두 선 사이의 각이 100도라는 이상에 근접한다고 생각하였다. 그는 이 각도는 존재의 대사슬에 해당하는 순서를 따라 유럽인에서 흑인, 원숭이, 개, 마침내 누른도요새까지 가면서 줄어들고 있다고 믿었다. 이런 견해를 따라 당시 사람들은 안면이 돌출되거나 윗턱 부분이 튀어나온 모습은 원시성을 드러내는 것이라고 생각하였다. 머렉 콘, 『인종전시장』, 이수정 역(대원사, 1999), 47-48쪽 참조.

9) John Beddoe, *The Races of Britain: A Contribution to the Anthropology of Western Europe*(London: Hutchinson, 1885), 270쪽.

10) 프란츠 파농, 『검은 피부, 하얀 가면』, 이석호 역(인간사랑, 1998).

11) Daunton and Halpern, 4쪽.

12) F. M. Snowden, *Blacks in Antiquity*(Cambridge, Mass.: Harvard UP, 1970)를 참조.

13) J. N. Pieterse, *White on Black*(New Haven: Yale UP, 1992), 24쪽.

14) Ptolemy, *Tetrabiblos*, 2. 2. 2, trans. F. E. Robbins(Cambridge, Mass.: Harvard UP, 1956), 58쪽.

15) R. Foerster, Ed. *Scriptores Physiognomici*, Vol. 1.(Leipzig: n.p., 1892), 238쪽.

16) 20세기에 Mohegan학자 Gladys Tantaquidgeon이 기록한 내용을 말한다. Karen Ordahl Kupperman, *Indians and English: Facing Off in Early America*(Ithaca: Cornell UP, 2000), 7쪽 참조.

17) William Strachey, *The Historie of Travell into Virginia Britainnia* [1612], Eds. Louis B. Wright and Virginia Freund(London: Hakluyt Society, 1953), 70쪽;

Gabriel Archer, "A Brief Description of the People [1607]," in *The Jamestown Voyages under the First Charter, 1606-1609*, Ed. Philip L. Barbour, Vol I(Cambridge: Cambridge UP, 1969), 103쪽; William Wood, *New Englands Prospect*(London: n.p., 1634), 62-63쪽.

18) William Bradford and Edward Winslow, *A Relation or Journall of the English Plantation Setled at Plimoth in New England(Mourt's Relation)*, (London: n.p., 1622), 33쪽; Clayton Colman Hall, Ed. *Narratives of Early Maryland, 1633-1684*(New York: Charles Scribner's Sons, 1910), 42쪽; David Norbrook, "Rhetoric, Ideology and the Elizabethan World Picture," in Ed. Peter Mack, *Renaissance Rhetoric*, (New York: St. Martin's Press, 1994), 140-164쪽 참조.

19) John Evelyn, *A Discourse of Medals*(London, 1697), 299 300쪽.

20) Johann Caspar Lavater, *Essays on Physiognomy*(London, 1840), 304쪽.

21) Frederick Marryat, "Diary on the Continent," in *Olla Podrida*(London: George Routledge, 1897), 99쪽.

22) Charles White, *An Account of the Regular Gradation in Man*(London: Dilly, 1799), 85쪽. Gustav Jahoda, *Images of Savages*(London: Routledge, 1999), 61쪽에서 재인용.

23) J. André and J. Filliozat, Eds. *Pline l'ancien: histoire naturelle*, Book IV(Paris: Société d'Edition 'Les Belle Lettres', 1980), 101쪽.

24) Jahoda, 11쪽.

25) Edward Topsell, *Histories of Fourfotted Beastes*(London, 1607). W. D. Jordan, *White and Black*(Chapel Hill: U of North Carolina P, 1968), 30쪽에서 재인용.

26) Kupperman, 46-47쪽 참조.

27) 이런 사례들에 대하여는 Roger Schilesinger, Ed. *Portraits from the Age of Exploration*, trans. Edward Benson(Urbana: U of Illinois P, 1993); Anthony Grafton, *New Worlds, Ancient Texts: The Power of Tradition and the Shock of Discovery*(Cambridge, Mass.: Harvard UP, 1992), 3장; Kupperman, 2장 참조.

28) John Bulwer, *Anthropometamorphosis*(London, 1653), 411쪽.

29) Louis du Couret(Abd-El-Hamid-Bey), *Voyage au pays des Niam-Niams* (Paris, 1854), 84-87쪽.

30) P. Gleisberg, *Kritische Darlegung der Urgeschichte des Menschenlebens nach Carl Vogt*(Dresden: Weiske, 1868), 33쪽.

31) *Nature*, Vol. 55(1896), 82쪽.

32) Frederick Hollick, *The Marriage Guide or Natural History of Generation*(New York: T. W. Strong, 1850), 35쪽.

33) 같은 책, 36쪽.

34) 같은 쪽.

35) Guillaume Thomas Francois Raynal, *Histoire philosophique et politique des établissements des Européens dans les deux Indes* [1770](Paris: Amable, 1820-1), Vol. 9, 23쪽.

36) Yvette Abrahams, "Images of Sara Bartman: Sexuality, Race, and Gender in Early-Nineteenth-Century Britain," in Eds. Ruth Pierson and Nupur Chaudhuri, *Nation, Empire, Colony: Historicizing Gender and Race*(Bloomington: Indiana UP, 1998), 221쪽 참조.

37) W. B. Cohen, *The French Encounter with Africans*(Bloomington: Indiana UP, 1980), 241쪽에서 재인용.

38) Hollick, 140, 163쪽.

39) 같은 책, 179쪽.

40) 같은 책, 133쪽.

41) Hules J. Virey, *Histoire Naturelle du genre humain*, Vol. 2(Brussels: Wahlen, 1824), 45-46쪽.

42) 같은 책, 39쪽.

43) White, 43쪽.

44) Ernest Haeckel, *The Evolution of Man* [1876], trans. Joseph McCabe, Vol. 2(London: Watts, 1906), 368쪽.

45) Daunton and Halpern, 33쪽.

46) W. Arens, *The Man-eating Myth*(Oxford: Oxford UP, 1979), 175쪽.

47) Anthony Pagden, *The Fall of Natural Man*(Cambridge: Cambridge UP, 1982); *Idem, European Encounters with the New World*(New Haven: Yale UP, 1992) 등 참조.

48) 자세한 내용은 Jahoda, 32-36쪽 참조.

49) Keith Thomas, *Man and the Natural World*(London: Allen Lane, 1983) 참조.

50) Francois Marie Arouet de Voltaire, *Traité de métaphysique* [1734], (Manchester: Manchester UP, 1937), 33쪽.

51) Jahoda, 44쪽에서 재인용. 또한 T. Todorov, *On Human Diversity*(Cambridge, Mass.: Harvard UP, 1993), 103쪽 참조.

52) Georges Cuvier, *Etudes sur l' ibis et mémoire sur la vénus hottentotte* [1817], (Paris, 1864), 214쪽.

53) Edward Long, *History of Jamaica*, Vol. 2(London, 1774), 377쪽.

54) Charles Letourneau, *Sociology based upon Ethnography*(London: Chapman and Hall, 1881), 553-557쪽 참조.

55) Topsell, n.p.

56) Lavater, 349-350쪽.

57) A. Gerbi, *The Dispute of the New World*(Pittsburgh: U of Pittsburgh P, 1973), 6쪽에서 재인용.

58) 히포크라테스, 『의학이야기』, 윤임중 역(한국과학문화재단, 1998), 25-26, 36-37쪽.

59) J. B. von Spix und C. F. von Martius, *Reise in Brasilien*, Vol. 1(München, 1823), 377-378쪽.

60) C. Liauzu, *Race et Civilisation*(Paris: Syros, 1992), 124쪽에서 재인용. 또한 Élie Reclus, *Primitive Folk: Studies in Comparative Ethnology* [1885], (New York: Scribner, 1891) 참조.

61) Meiners, "Ueber die grosse Verschiedenheit der Biegsamkeit und Unbiegsamkeit," *Göttingisches Magazin*, Vol. 1(1787), 211-212쪽.

62) George Combe, *Lectures on Phrenology*(New York: Samuel R. Wells, 1840), 305-306쪽.

63) Samuel R. Wells, *How to Read Character*(New York: Fowler and Wells Publication, 1883), 76쪽.

64) 같은 책, 94쪽.

65) Lavater, *Physiognomische Fragmente*, Vol. 1(Leipzig, 1775), 46쪽.

66) Wells, 105-106쪽.

67) Combe, 141쪽.

68) Lavater, *Essay*, 345쪽.

69) Philip D. Morgan, "Encounters between British and 'Indigenous' Peoples, c.1500-c.1800," in Daunton and Halpern, 49쪽.

70) George L. Mosse, *Toward the Final Solution: A History of European Racism*(New York: H. Fertig, 1978), 29쪽.

71) Robert Badinter, *Libre et Égaux, L' Émancipation des Juifs* [1789-1791](Paris: Fayard, 1989), 82쪽.

72) Mosse, *The Image of Man: The Creation of Modern Masculinity*(Oxford: Oxford UP, 1996), 65쪽.

73) Beddoe, 10-11쪽.

74) 같은 책, 290쪽.

75) Kupperman, 1장 참조.

76) Ester Singleton, *Japan as Seen and Described by Famous Writers*(New York: Dodd, Mead and Company, 1909), 22쪽.

77) 같은 쪽.

78) Etienne Balibar, "Class Racism," in *Race, Nation, Class*, Eds. Etienne Balibar and Immanuel Wallerstein(London: Verso, 1991), 207쪽 참조.

79) Londa Schiebinger, "Skeletons in the Closet," in Gallagher and Laqueur 참조.

80) E. W. Posner, *Das Weib und das Kind*(Glogau, 1847). Schiebinger, 65쪽에서 재인용.

81) Francois Marie Arouet de Voltaire, *Essai sur les moeurs* [1756](Paris: Garnier Fréres, 1963), 8쪽.

82) Long, 370쪽.

83) Long, *The Negroe-Cause*(London, 1772), 48-49쪽.

84) 1777년 G. J. Zimmermann은 실제 이 실험이 런던에서 행해졌다고 보고한다. F. Tinland, *L' Homme savage* (Paris: Payot, 1968) 참조.

85) 사라 바트만에 대하여는 Abrahams; Sander Gilman, "Black Bodies, White Bodies: Towards an Iconography of Female Sexuality in Late Nineteenth Century Art, Medicine and Literature," in *Race, Writing, and Difference*, Ed. Henry Louis Gates, Jr.(Chicago: U of Chicago P, 1986) 등을 참조.

86) Combe, 110쪽.

87) 박지향, 『제국주의: 신화와 현실』(서울대 출판부, 2000), 172쪽.

88) Friedrich Schiller, *ber die ästhetische Erziehung des Menschen. . .*(Stuttgart, 1965), 60쪽. Mosse, *Image of Man*, 59쪽에서 재인용.

89) 그의 대표적 업적인 *Reflections on the Painting and Sculpture of the Greeks*(1755); *History of Ancient Art*(1764) 등을 참조.

90) Mosse, *Image of Man*, 28-30쪽 참조.

91) James Eli Adams, *Dandies and Desert Saints: Styles of Victorian Masculinity* (Ithaca: Cornell UP, 1995), 2쪽.

92) Herbert Sussman, *Victorian Masculinity: Manhood and Masculine Poetics in Early Victorian Literature and Art*(Cambridge: Cambridge UP, 1995), 103쪽 참조.

93) Thomas Carlyle, *Past and Present*(1843), Ed. Richard Altick(Boston: Houghton Mifflin, 1965), 48쪽.

제3장

1) Stephen D. Arata, "The Occidental Tourist: *Dracula* and the Anxiety of Reverse Colonization," *Victorian Studies* 33(1990), 621쪽.

2) Coventry Patmore, *The Poems of Coventry Patmore*, Ed. Frederick Page(London: Oxford UP, 1949), 67쪽. 이후 같은 작품의 인용은 본문 내에 괄호로 쪽수만 표기하기로 한다.

3) Virginia Woolf, "Professions for Women", *The Death of the Moth and other essays*(New York: Harcourt Brace, 1942), 236-237쪽. 같은 글의 인용은 본문에 괄호로 쪽수만 표기하기로 한다. 본문에 인용된 번역은 버지니아 울프, 『집안의 천사 죽이기』, 태혜숙 역(두레, 1996), 19-29쪽을 참고하였다.

4) Elaine Showalter, *A Literature of Their Own: British Novelists from Brontë to Lessing*(Princeton: Princeton UP, 1977), 14쪽.

5) Sandra Gilbert and Susan Gubar, *The Madwoman in the Attic: The Woman Writer and the Nineteenth-Century Literary Imagination*, 2nd Ed.(New Haven: Yale Nota Bene, 2000), 23쪽.

6) Fraser Harrison, *The Dark Angel: Aspects of Victorian Sexuality*(London: Sheldon, 1977), 42쪽.

7) Siv Jansson, "The Tenant of Wildfell Hall: Rejecting the Angel's Influence," in Ed. Anne Hogan and Andrew Bradstock *Women of Faith in Victorian Culture: Reassessing the Angel in the House* (London: Macmillan, 1998), 45쪽.

8) *Punch* (London: Bradbury and Evans, 1844), 27면.

9) Edmund Gosse, *Coventry Patmore* (New York: Greenwood Press, 1969), 32쪽.

10) Elizabeth Barrett Browning, *Aurora Leigh*, Ed. Margaret Reynolds (New York: Norton, 1996), 18쪽.

11) Bina Freiwald, "Of Selfsame Desire: Patmore's *The Angel in the House*," *Texas Studies in Literature and Language* 30:4 (1988), 540쪽.

12) John Maynard, "On Coventry Patmore's Life: Finding the Figure in the Carpet," *Pequod: A Journal of Contemporary Literature and Literary Criticism* 23-24 (1987), 75쪽.

13) Mary Antony Weinig, *Coventry Patmore* (Boston: Twayne, 1981), 21쪽.

14) Coventry Patmore, *Religio Poetae*. Freiwald, 547쪽에서 재인용.

15) Linda K. Hughes, "Entombing the Angel: Patmore's Revisions of *Angel in the House*," *Victorian Authors and Their Works: Revision, Motivations and Modes*, Ed. Judith Kennedy (Athens: Ohio UP, 1991), 141쪽.

16) Freiwald, 542쪽.

17) 같은 책, 549쪽.

18) "From a Very Young Gentleman to a Favourite Actress Whom he has Only Seen in Public," *Punch* (1844), 36면.

19) 같은 면.

20) 같은 면.

21) Carol Christ, "Victorian Masculinity and the Angel in the House," Ed. Martha Vicinus *A Widening Sphere: Changing Roles of Victorian Women* (Bloomington: Indiana UP, 1977), 147쪽.

22) 같은 책, 146쪽.

23) 같은 쪽.

24) 같은 책, 160쪽.

25) 같은 책, 149쪽.

26) 같은 쪽.

27) 같은 쪽.

28) 같은 책, 152쪽.

29) 같은 쪽.

30) 같은 책, 162쪽.

31) Jenny Sharpe, "The Unspeakable Limits of Rape: Colonial Violence and Counter-Insurgency." *Genders* 10(1991), 33쪽.

32) Pat Barr, *The Memsahibs: The Women of Victorian India*(London: Secker & Warburg, 1976), 113쪽.

33) Jenny Sharpe, *Allegories of Empire: The Figure of Woman in the Colonial Text*(Minneapolis: U of Minnesota P, 1993), 64쪽.

34) 같은 책, 65쪽.

35) 같은 쪽.

36) 같은 쪽.

37) 같은 책, 65-66쪽.

38) Nancy L. Paxton, "Mobilizing Chivalry: Rape in British Novels about the Indian Uprising of 1857." *Victorian Studies* 36(1992), 7쪽.

39) Sharpe, "The Unspeakable", 34쪽.

40) Sharpe, *Allegories*, 66쪽.

41) 같은 쪽에서 재인용.

42) 같은 쪽.

43) 같은 쪽.

44) 같은 책, 67쪽.

45) Sharpe, "The Unspeakable," 34쪽.

46) Sharpe, *Allegories*, 67쪽.

47) 같은 책, 68쪽.

48) Patrick Brantlinger, *Rule of Darkness: British Literature and Imperialism, 1830-1914*(Ithaca: Cornell UP, 1988), 199-200쪽.

49) Charlotte Brontë, *Jane Eyre*[1847](New York: Norton, 1987), 237쪽.

50) Wilkie Collins, *The Moonstone*[1868](London: Penguin, 1998), 46쪽. 앞으로 같은 작품의 인용은 본문에 쪽수만 표기하기로 한다.

51) T. S. Eliot, "Wilkie Collins and Dickens," *Selected Essays*[1927](New York:

Harcourt Brace, 1964), 413쪽.

52) Collins, "A Sermon for Sepoys," *Household Words*(27 February 1858), 247쪽.

53) Catherine Peters, *The King of Inventors: A Life of Wilkie Collins*(London: Vintage, 1991), 182쪽.

54) Harry Stone, Ed. *Charles Dickens's Uncollected Writings from Household Words 1850-59*, 2 vols, (Bloomington: Indiana UP, 1968)의 부록 D와 E, 661-666쪽 참조.

55) Lillian Nayder, "Class Consciousness and the Indian Mutiny in Dickens's 'The Perils of Certain English Prisoners'," *SEL: Studies in English Literature* 32(1992), 689-705쪽.

56) 무굴 왕조의 통치를 받던 인도가 그대로 대영제국의 지배를 받으면서, 힌두교의 신성한 물건이었던 문스톤은 18세기 초에는 이슬람 교도의 전리품이 되었고, 18세기 말에는 다시 영국인의 약탈품으로 변모한다. 한편 역사적으로 콜린스의 문스톤의 모델이 되었던 코이노어Koh-i-Noor는 1848-1849년에 발발한 영국과 시크교도의 전쟁 결과 영국이 획득하였으며, 1850년에 빅토리아 여왕에게 선사되는 의식이 치러졌다.

57) Sir Arthur Conan Doyle, *The Sign of Four*, 1890, *Sherlock Holmes: Selected Stories*(Oxford: Oxford UP, 1980), 180쪽. 이후 같은 작품의 인용은 본문에 쪽수만 표기하기로 한다.

58) Bram Stoker, *Dracula*[1897](London: Penguin, 1979), 138쪽.

59) Paul Scott, *The Jewel in the Crown*(New York: Avon, 1966), 427쪽.

제4장

1) Ronald Hyam, *Empire and Sexuality: The British Experience*(Manchester, 1992), 2쪽.

2) Robin W. Winks, *Historiography, The Oxford History of the British Empire*, Vol. 5.(Oxford: Oxford UP, 1999).

3) 같은 책, 284쪽.

4) Hyam, 4쪽.

5) Eddie Donoghue, *Black Women/White Men: The Sexual Exploitation of Female Slaves in the Danish West Indies*(Trenton, NJ: Africa World Press

2002), xiv쪽.

6) Hyam, 5-6쪽.

7) John Elliott, *Britain and Spain in America*(Reading: The Stenton Lecture, 1994), 8-12쪽; Anthony Pagden, *Lords of All the World: Ideologies of Empire in Spain, Britain and France c. 1500-c. 1800*(New Haven: Yale UP, 1995), 150쪽; James Axtell, *The Invasion Within: The Contest of Cultures in Colonial North America* (New York: Oxford UP, 1985), 278쪽.

8) Elliott, 8-12쪽 참조.

9) Martin Daunton and Rick Halpern, Eds. *Empire and Others: British Encounters with Indigenous Peoples, 1600-1850*(Philadelphia: U of Pennsylvania P, 1999), 62-68쪽.

10) Rana Kabbani, *Europe's Myths of Orient: Devise and Rule*(London: Pandora, 1986), 15쪽.

11) 할렘과 관계된 영국과 프랑스 문학에 대한 개관은 Kabbani, 18-22쪽; Mark Alloula, *The Colonial Harem*, Trans., Myrna Godzich and Wlad Godzich, (Minneapolis: U of Minnesota P, 1986), 95쪽 참조.

12) 앨프리드 W. 크로스비, 『생태 제국주의』, 안효상 · 정범진 역(지식의 풍경, 2000), 158-159쪽.

13) Frederick Hollick, *The Marriage Guide or Natural History of Generation* (New York: T. W. Strong, 1850), 370쪽.

14) Gayatri Spivak, "Bonding in Difference: Interview with Alfred Arteaga," *The Spivak Reader*(New York: Routledge, 1996), 19쪽.

15) Daunton and Halpern, 64쪽.

16) Peter Martyr, "The First Decade," in Ed. Edward Arber, *First Three English Books on America*(Birmingham: Turnbull and Spears, 1885), 86쪽.

17) Anthony Trollope, *The West Indies and the Spanish Main*[1859], (Gloucester: Sutton, reprint, 1985), 6쪽. Simon Gikandi, *Maps of Englishness: Writing Identity in the Culture of Colonialism*(New York: Columbia UP, 1996), 111쪽에서 재인용.

18) J. C. Beaglehole, Ed. *The Journals of Captain Cook* III(Cambridge: Cambridge UP, 1961), I, 60, 116쪽; Roy Porter, "The Exotic as Erotic:

Captain Cook at Tahiti," in Ed. Anthony Pagden, *Facing Each Other: The World's Perception of Europe and Europe's Perception of the World*, Part II(Aldershot: Ashgate/Variorum, 2000), 126-131쪽 참조.

19) 자세한 내용은 Donoghue, xiv쪽 참조.

20) Daunton and Halpern, 65쪽.

21) 인도 거주 영국인의 축첩에 대한 자세한 내용은 Hyam, 115-116쪽 참조.

22) Joseph Arthur comte de Gobineau, *The Inequality of Human Races*, Vol. I [1853] trans., Adrian Collins(London: Heinemann, 1915), 29-30, 179-181, 203-204쪽.

23) Gobineau, 93쪽.

24) 같은 책, 89쪽.

25) Hyam, 116쪽.

26) Trollope, 84쪽.

27) Lieutenant Brady, *Observations upon the State of Negro Slavery in the Island of Santa Cruz*, Ed. Arnold Highfield(Christiansted, St. Croix: Antilles P, 1996), 59, 61쪽.

28) Hyam, 2쪽.

29) 같은 책, 1쪽.

30) Carlo Christensen, *Peter von Scholten: A Chapter of the History of the Virgin Islands*(Lemvig, Denmark, 1955); Hans B. Dahlerup, *Mit Livs Begivenheder, 1815-1848*, vol. II(Copenhagen, 1909), Herman Lawaetz, *Peter v. Scholten* (Copenhagen, 1940)등의 연구를 들 수 있다. Donoghue, xiv쪽에서 참조.

31) 〈성적 환대〉가 관습이었다고 주장되는 곳은 아프리카, 아메리카 대륙, 뉴질랜드, 심지어 시베리아까지 범세계적이다.

32) 더구나 이런 성적 환대는 유럽인들이 가져온 전염병으로 비유럽의 여러 곳들이 입었던 엄청난 피해, 특히 인구의 격감에 대한 이유를 설명하는 데 자주 동원된다. 크로스비, 52, 266쪽 참조.

33) L. G. Crocker, Ed. *Diderot's Selected Writings*(London: Macmillan, 1966), 228쪽.

34) Hugh Carrington, Ed. *The Discovery of Tahiti: A Journal of the Second Voyage of H. M. S. Dolphin . . . Written by her Master, George Robertson*

(London: Hakluyt Society, 1948), 166쪽.

35) 같은 책, 166쪽.

36) Pierre Bourdieu, *Outline of a Theory of Practice*, Trans. Richard Nice (Cambridge: Cambridge UP, 1977), 14쪽.

37) Daunton and Halpern, 91쪽.

38) John Huyghen Linschoten, *The Voyage of John Huyghen Linschoten to the East Indies*, Vol. I(New York: B. Franklin, n. d.), 235-240쪽.

39) Glyndwr Williams, "The Hudson's Bay Company and the Fur Trade, 1670-1870," in *The Beaver*, 314/2(1983), 69-77쪽. Hyam, 95쪽에서 재인용.

40) 1821년 George Simpson은 공식적으로 원주민과의 결혼을 적극 권장하기도 하였다. Hyam, 96쪽.

41) Orlando Patterson, *Slavery and Social Death: A Comparative Study* (Cambridge, Mass.: Harvard UP, 1982).

42) Hugh Thomas, *The Slave Trade: The Story of the Atlantic Slave Trade, 1440-1870*(New York: Simon & Schuster, 1999), 380쪽.

43) Alexander Falconbridge, *Account of the Slave Trade on the West Coast of Africa*(London: J. Phillips, 1734); John Newton, *The Journal of a Slave Trader, 1750-1754*, Ed. Bernard Martin and Mark Spurrell(London: Epworth Press, 1962) 등에 나타나 있다. George F. Dow, *Slave Ships and Slaving* (Cambridge: Cambridge UP, 1968), 22쪽; Christian Oldendorp, *History of the Mission of Evangelical Brethren on the Caribbean Islands of St. Thomas, St. Croix and St. John*, Ed. Johan J. Bossard(Ann Arbor: Karoma, 1987), 215쪽.

44) Dow, 191, 194쪽에서 재인용.

45) 자세한 내용은 Donoghue, xv. 91, 96-97쪽; Hyam 93쪽 참조.

46) Donoghue, Chapter 8 참조.

47) James Walvin, *Black Ivory: A History of British Slavery*(Washington D. C.: Howard UP, 1994), 217쪽.

48) Hyam, 171-173쪽에서 재인용.

49) Samuel Sneade Brown, *Home Letters Written from India. . . 1828-1841*(London, 1878), 17쪽.

50) Hyam, 92쪽 재인용.

51) Gobineau, 151쪽.

52) Andrew Sharp, Ed. *Duperrey's Visit to New Zealand in 1824*(Wellington: Alexander Turnbull Library, 1971), 55쪽.

53) L. White, "Prostitution, Identity and Class Consciousness in Nairobi during World War II," *Signs: A Journal of Women in Culture and Society*, XI(1986), 255-273쪽; P. Crawford, Ed. *Exploring Women's Past: Essays in Social History*(London: Allen & Unwin, 1984), 171-201쪽.

54) Hyam, 98-99쪽.

55) 박지향, 146-147쪽.

56) Hyam, 1쪽.

57) 번 벌로, 보니 벌로, 『매춘의 역사』, 서석연, 박종만 역(까치, 1992), 295-296쪽.

58) 전염병 예방법 폐지를 위한 국민협회와 전염병 예방법 폐지 여성 국민협회를 일컫는다.

59) 이성숙, 『매매춘과 페미니즘, 새로운 담론을 위하여』(책세상, 2002), 27-28쪽.

60) 하이엄은 순결 캠페인의 8가지 쟁점으로 성병 방지법, 법적 결혼 허용 연령, 자위행위와 학생들의 성 관계, 동성연애, 매춘부의 손님 끌기, 포르노그라피, 근친상간, 나체욕 등을 예시한다. Hyam, 66-70쪽.

61) 같은 책, 66쪽.

62) 같은 책, 122-123쪽.

63) R. C. K. Ensor, *England, 1870-1914*(Oxford: Oxford UP, 1936); J. D. Unwin, *Sex and Culture*(Oxford: Oxford UP, 1934); *Idem., Hopousia: or the Sexual and Economic Foundations of a New Society*(London: Allen & Unwin, 1940) 등을 참조.

64) Wayland Young, *Eros Denied* (London: Weidenfeld & Nicolson, 1965), chapter 20 참조.

65) Anne McClintock, *Imperial Leather: Race, Gender and Sexuality in the Colonial Contest*(New York: Routledge, 1995), 113쪽.

66) 『아라비안나이트』와 같은 작품에서 왕은 왕비에 이어 제수의 간통을 목격하고 여성 혐오증에 빠진다. 여기서 왕비와 왕의 제수 모두 간통 상대는 흑인 노예였다.

67) Walvin, 216-217쪽.

68) Yvette Abrahams, Images of Sara Bartman: Sexuality, Race and Gender in

Early-Nineteenth Century Britain," in Eds. Ruth Roach Pierson and Nupur Chaudhuri, *Nation, Empire and Colony: Historicizing Gender and Race* (Bloomington: Indiana UP, 1998), 221쪽 참조.

69) Gustav Jahoda, *Image of Savages: Ancients Roots of Modern Prejudice in Western Culture*(London: Routledge, 1999), 225쪽.

70) Guillaume Thomas Francois Raynal, *Histoire philosophique et politique des établissements des Européens dans les deux Indes* [1770], Vol. 9(Paris, 1820-1), 23쪽.

71) Charles White, *An Account of the Regular Gradation in Man*(London: C. Dilly, 1799), 61쪽.

72) Richard Burton, *The Book of the Thousand Nights and a Night,* Vol I, (London: Burton Club, 1885), 6쪽.

73) Calvin C. Hernton, *Sex and Racism*(London: Andre Deutsch, 1969); Robert J. C. Young, *Colonial Desire: Hybridity in Theory, Culture and Race* (London: Routledge, 1995).

74) Young, 9쪽.

75) Christoph Meiners, *Untersuchungen über die Verschiedenheiten der Menschennaturen,* 3 Vols, (Tübingen, 1815). Jahoda, 68쪽에서 재인용.

76) 예를 들어, 그에 따르면 동북아시아의 남성은 매우 작은 성기를 가지고 있는 반면 그곳의 여성은 매우 큰 성기를 가지고 있기 때문에 이 여성들이 자기 종족의 남성을 경멸하고, 러시아인이나 코자크인들을 선호한다는 것이다.

77) Auguste Debay, *Hygiène et Physiologie du Mariage*(Paris: E. Dentu, 1848), 221-225쪽 참조.

78) Peter Gay, *Education of the Senses, The Bourgeois Experience* Vol. I(Oxford: Oxford UP, 1984), 169쪽.

79) Hules J. Virey, *Histoire Naturelle du genre humain,* Vol. 2(Brussels, 1824), 45-46쪽.

80) 스티븐 컨, 『육체의 문화사』, 이성동 역(의암출판, 1996), 16쪽.

81) Hollick, 72, 172쪽.

82) 같은 책, 153쪽.

83) 같은 책, 152쪽.

84) 같은 책, 327-328, 330-331, 342-343쪽.

85) 같은 책, 39쪽.

86) Burton, *Thousand Nights*, Vol. II., 234쪽.

87) Fawn Brodie, *The Devil Drives*(London: Eyre & Spottiswoode, 1967), 59쪽에서 재인용.

88) 같은 책, 60쪽.

89) *Daily News*, May, 10th, (1900). 3면.

90) 이 팸플릿은 애초에 익명으로 출간되었으나 이후 열렬한 반노예폐지론자였던 뉴욕의 언론인 David Croly 와 George Wakeman이 쓴 것으로 밝혀졌다. D. G. Croly and G. Wakeman, *Miscegenation: The Theory of the Blending of the Races Applied to the American White Man and Negro*(London: Trubner, 1864).

91) 같은 책, 52쪽.

92) 같은 책, 54-55쪽.

93) Hyam, 106쪽.

94) R. Blake, *A History of Rhodesia*(London: Methuen, 1977), 158-159쪽.

95) A. Inglis, *The White Women's Protection Ordinance: Sexual Anxiety and Politics in Papua*(London: Sussex UP, 1975). Hyam, 106쪽에서 재인용.

96) Paula M. Kreb, *Gender, Race and the Writing of Empire: Public Discourse and the Boer War*(Cambridge: Cambridge UP, 1999), 97쪽.

97) 같은 책, 64, 81, 96쪽.

98) 같은 책, 63쪽.

99) 프란츠 파농, 『검은 피부, 하얀 가면』, 이석호 역(인간사랑, 1998), 194-195쪽.

100) Hyam, 3쪽.

101) 제프리 리처즈, 『중세의 소외집단: 섹스, 일탈, 저주』, 유희수 역(느티나무, 1999); Joseph Klaits, *Servants of Satan: The Age of Witch-Hunts* (Bloomington, 1985); Johoda 참조.

102) Hyam, 59쪽.

103) E. M. 포스터, 『인도로 가는 길』, 김동욱 역(인화, 1997), 259쪽.

제5장

1) 박지향, 『제국주의: 신화와 현실』(서울대 출판부, 2000), 173-174쪽 참조.

2) 같은 책, 148쪽 참조.

3) 같은 책, 174-185쪽 참조.

4) 이 책의 우리말 번역본은 토머스 휴즈, 『머스큐러 크리스천: 톰 브라운의 학창 시절』, 하남길 역(21세기 교육사, 1999)이다. 본고는 Thomas Hughes, *Tom Brown's Schooldays* (London: J. M. Dent, 1906)을 분석의 텍스트로 삼는다. 책의 제목을 『톰 브라운』으로 줄여 표기하며, 인용한 장과 페이지 번호는 본문 내에 괄호로 처리하기로 한다.

5) Vivian Ogilvie, *The English Public School* (London: B. T. Batsford, 1957), 2쪽.

6) 같은 책, 7쪽.

7) J. A. Mangan, *Athleticism in the Victorian and Edwardian Public School* (Cambridge: Cambridge UP, 1981), 2-3쪽.

8) 남학생만을 대상으로 하는 퍼블릭 스쿨에 준하여 여학교Young Ladies' Seminaries, 혹은 Girls' High Schools는 빅토리아 초기에 설립되기 시작했다. 1848년에는 현모양처를 위한 교육이 아니라 진정한 의미의 교육 기관인 Queen's College가 런던에 설립되었다. 여성의 교육을 위해 노력을 기울인 Milicent Fawcett과 Ann Jemima Clough 등에 힘입어 1870년 옥스퍼드와 케임브리지에 여자 대학교의 기반이 마련되기 시작하였다. 기숙사 제도를 통해 남녀공학을 시도한 최초의 학교는 Bedales로 알려진다. G. Caiger, Ed. *The English Public School Today*(Tokyo: The Hokuseido P, 1938) 참조.

9) H. C. Barnard, *A Short History of English Education* (London: U of London P, 1947), 84쪽.

10) Edward C. Mack, *Public Schools and British Opinion 1780 to 1860* (Westport, CT.:, Greenwood Press, 1938), 104-106쪽.

11) Ogilvie, 123쪽 재인용.

12) 이 작품은 애초 『한 동창생An Old Boy』이라는 제목을 붙여 익명으로 출판되었다. 1928년까지 29판 인쇄에 들어갔고, 불어, 독어, 일어 등으로 번역되어 세계적으로 출판되었다.

13) 하남길, 「토머스 휴즈의 체육 교육관: 『톰 브라운의 학창 시절』에 나타난 스포츠의 교육적 의미」, 《한국체육학회지》, 제37권 4호(1998), 71-73쪽; 「『톰 브라

운의 학창 시절』에 나타난 스포츠의 유형」,《제36회 한국 체육학회 학술발표회 논문집》(1998), 439-444쪽 참조.

14) 람베스Rambeth 구의 의원이었다(1865-1871).

15) 휴즈, 『머스큐러 크리스천』, 7-8쪽 참조.

16) Charles Kingsley가 만든 조어로, 위선적인 경건함은 오히려 국력과 국교회의 생명을 약화시킨다고 믿어, 여자처럼 나약한 기독교인보다는 중세의 기사처럼 강건한 기독교인이 되어야 한다는 주장을 집약한 말이다.

17) *Tom Brown at Oxford*(1861)가 속편 격으로 출판되었다. 그 외에도 휴즈는 *Alfred the Great*(1868); *Memoir of a Brother*(1873); *Life of Livingstone*(1889) 등 많은 작품을 썼으나 『톰 브라운』만큼 성공을 거두지는 못했다.

18) Hughes, *Tom Brown at Oxford*(New York: New York Public Library, 1895), Preface, Letter to Hugh 3.

19) Edward C. Mack and H. W. G. Armytage, *Thomas Hughes*(London: Ernest Benn, 1952), 16-17, 93-94쪽.

20) Mangan and Walvin, 4-5쪽.

21) Richard Phillips, *Mapping Men and Empire: A Geography of Adventure* (London: Routledge, 1997), 29쪽 참조.

22) 호미 바바, 『문화의 위치: 탈식민주의 문화이론』, 나병철 역(소명출판, 2002), 42쪽 참조.

23) 17세기 이후 정치·경제적으로 주도권을 쥐게 된 중산층 남성들은 가족 내에서의 역할과 위계를 근대 사회의 계급과 국가의 위계와 역할로 치환해갔다. 학자들은 19세기 후반 신제국주의 시대에 들어서면 남성성과 여성성이 국내의 가족 관계에서의 성 역할뿐만 아니라 제국주의라는 사회적 요구에 부응하며 새로 드러난다고 파악한다. 이 시기의 남성성은 〈제국주의적 남성성〉으로 이제 영국 내의 성, 계급과 국가뿐만 아니라 확장된 제국의 인종까지도 아우르는 개념이 된다.

24) Jonathan Rutherford, *Forever England: Reflections on Race, Masculinity and Empire*(London: Lawrence & Wishart, 1997), 7쪽 참조.

25) 같은 책, 20쪽 참조.

26) Jeffrey Richards, *Imperialism and Juvenile Literature*(Manchester: Manchester UP, 1981); Martin Green, *Dreams of Adventure, Deeds of Empire*(London: Routledge, 1980); Kathryn Castle, *Britannia's Children: Reading Colonialism*

through Children's Books and Magazines(Manchester: Manchester UP, 1996) 등 참조.

27) C. R. Nevinson, *Paint and Prejudice*(London, 1937), 37쪽. Mangan, "Social Darwinism and Upper Class Education in Late Victorian and Edwardian England," in Mangan and Walvin, 143쪽에서 재인용.

28) Carlyle, Tennyson, Thomas Arnold, Newman, Dickens, Kingsley, Pater, and Wilde 등의 작가들의 작품에 공통적으로 드러난다. James Eli Adams, *Dandies and Desert Saints: Styles of Victorian Masculinity*(Ithaca: Cornell UP, 1995), 2쪽 참조.

29) 같은 책, 6쪽.

30) Rutherford, 33쪽에서 재인용.

31) Alec Waugh, *Public School Life: Boys, Parents, Masters*(London: W. Collins, 1922), 137쪽.

32) 1904년 J. M. Barrie가 출판한 『피터 팬』은 아동기의 감성과 변덕에 초점을 두고 있지만, 이것은 오히려 제국주의 시대 바깥으로의 팽창에 비해 상대적으로 간과된 가족 내의 이야기를 다룬다는 중요성이 있다. 피터 팬은 어린이도 성인도 아닌 중간 단계로, 성별도 분명치 않다. 모성을 그리워하면서도 어떤 형태이건 감정적인 의존을 견디지 못하는 상태로 나타난다. Rutherford, 24-25쪽 참조.

33) Cyril Connolly, *The Enemies of Promise*(London: Andre Deutsch, 1988), 271쪽.

34) Richard Jenkyns, *The Victorians and Ancient Greece*(Oxford: Oxford UP, 1981); Frank M. Turner, *The Greek Heritage in Victorian Britain*(New Haven: Yale UP, 1981); Mark Girouard, *The Return to Camelot: Chivalry and the English Gentleman*(New Haven: Yale UP, 1981) 등 참조.

35) Jeffrey Richards, "Passing the Love of Women: Manly Love and Victorian Society," in Mangan and Walvin, 93-111쪽 참조.

36) Adams, 16-17, 61-106쪽에 잘 나타나 있다.

37) Eve Kosofsky Sedgwick, *Between Men*(New York: Columbia UP, 1985), 1-2쪽.

38) Rutherford, 12-38쪽. 특히 23쪽 참조.

39) Hugnes, *Tom Brown at Oxford*(London: Macmillan, 1889), 57쪽.

40) Ronald Hyam, *Empire and Sexuality*(Manchester: Manchester UP, 1992), 38-49쪽 참조.

41) Ernest Raymond, *Tell England*(London: Cassell, 1922) 41쪽.

42) Hyam, 59쪽 참조.

43) G. N. Ray, *Thackeray: the Uses of Adversity, 1811-46*(London, 1955), 452쪽. Hyam, 59쪽에서 재인용.

44) P. Grosskurth, Ed. *The Memoirs of John Addington Symonds*(New York: Random House, 1984), 94-95쪽.

45) Mangan, *Athleticism*, 186쪽.

46) A. P. Stanley, *Life and Correspondence of Thomas Arnold, D. D. 1845*(New York, Harper Brothers, n.d.), 67쪽.

47) John Chandos, *Boys Together: English Public School, 1800-1864*(New Haven: Yale UP, 1984), 167-195쪽 참조.

48) Hyam, 46쪽에서 인용.

49) Stanley, 275쪽.

50) 같은 책, 237쪽.

51) 톰이 머문 기숙사 동의 이름.

52) Hyam, 46쪽.

53) 같은 쪽.

54) E. Lyttelton, *Alfred Lyttelton: an Account of his Life*(New York: Longmans, 1917), 46쪽.

55) S. Leslie, *Studies in Sublime Failure*(London: E. Benn Limited, 1932), 186쪽. Hyam, 46쪽에서 재인용.

56) Mangan, Ed. *The Cultural Bond: Sport, Empire and Society*(London: Frank Cass, 1992), 6, 217쪽.

57) 하남길, 『영국 신사의 스포츠와 제국주의』(21세기 교육사, 1996), 54-57쪽.

58) Mosse, *The Image of Man: The Creation of Modern Masculinity*(Oxford: Oxford UP, 1996), 6쪽 참조.

제6장

1) Robin Gilmour, *The Idea of the Gentleman in the Victorian Novel*(London:

Allen & Unwin, 1981), 14쪽.

2) Anny Sadrin, *Great Expectations*(London: Unwin Hyman, 1988), 47쪽.

3) Charles Dickens, *Great Expectations*(New York: Norton, [1860-1861]1999), 17장 101쪽. 앞으로 같은 작품의 인용은 본문 괄호 안에 장과 쪽수로 표기하기로 한다.

4) Brian Cheadle, "Sentiment and Resentment in *Great Expectations*", *Dickens Studies Annual* 20(1991), 161쪽.

5) Gilmour, 144쪽.

6) Shirley Robin Letwin, *The Gentleman in Trollope: Individuality and Moral Conduct*(London: Macmillan, 1982), 10쪽.

7) 같은 책, 6쪽.

8) 같은 책, 8쪽.

9) 같은 책, 9쪽.

10) 같은 책, 10쪽.

11) 같은 책, 6쪽.

12) 같은 책, 4쪽.

13) Gilmour, 4쪽.

14) 같은 책, 2쪽.

15) 같은 쪽.

16) 같은 책, 3쪽.

17) 같은 책, 4쪽.

18) 같은 책, 5쪽.

19) 같은 쪽.

20) 같은 쪽.

21) 같은 책, 8쪽.

22) 같은 쪽.

23) 같은 쪽.

24) 같은 책, 9쪽.

25) 같은 책, 2쪽.

26) Letwin, 11-12쪽.

27) 같은 책, 12쪽.

28) 같은 책, 6쪽.

29) Gilmour, 1, 3쪽.

30) Letwin, 15쪽.

31) 같은 책, 17쪽.

32) Gilmour, 1쪽.

33) Letwin, 19, 21쪽.

34) Edgar Johnson, *Charles Dickens: His Tragedy and Triumph*(New York: Simon & Schuster, 1952), 34쪽에서 재인용.

35) George Orwell, "Charles Dickens", *Great Expectations*, Ed. Edgar Rosenberg(New York: Norton, 1999), 642쪽.

36) 같은 책, 642쪽.

37) Sadrin, 72쪽.

38) Bernard Shaw, "Introduction to *Great Expectations*", *Great Expectations*, Ed. Edgar Rosenberg(New York: Norton, 1999), 637쪽.

39) Gilmour, 7쪽.

40) 같은 책, 7쪽.

41) Letwin, 18쪽.

42) Gilmour, 7-8쪽.

43) 같은 책, 105쪽.

44) Charles Dickens, *The Letters of Charles Dickens*. Ed. Graham Storey & Kathleen Tillotson, [1856–1858], Vol. 8(Oxford: Clarendon P, 1995), 459쪽.

45) Johnson, 954쪽.

46) 같은 쪽.

47) 같은 쪽.

48) Rosenberg, 570-571쪽.

49) Simon Gikandi, "Englishness, Travel, and Theory: Writing the West Indies in the Nineteenth Century", *Nineteenth-Century Contexts* 18:1(1994), 65쪽.

50) Johnson, 1064쪽에서 재인용.

51) Sadrin, 48쪽.

52) David Paroissien, *The Companion to* Great Expectations(Westport, CT: Greenwood Press, 2000), 47쪽.

53) Sadrin, 66쪽.

54) 같은 책, 66쪽.

55) Brian Cheadle, "Late Novels: *Great Expectations* and *Our Mutual Friend*", *The Cambridge Companion to Charles Dickens*, Ed. John O. Jordan(Cambridge: Cambridge UP, 2001), 79쪽.

56) 같은 책, 79쪽.

57) Clive Emsley, *Crime and Society in England, 1750–1900*(London: Allen & Unwin, 1981), 48쪽.

58) 같은 쪽에서 재인용.

59) 같은 책, 54쪽.

60) Sadrin, 105쪽.

61) 같은 책, 76쪽.

62) 같은 책, 77쪽.

63) 같은 책, 83쪽.

64) Edward W Said, *Culture and Imperialism*(New York: Knopf, 1993), xv쪽.

65) 같은 책, xvi쪽.

66) 작품의 원제 *Great Expectations*는 통상 『위대한 유산』으로 번역되지만, 'expectation'에는 유산뿐만 아니라 '전망, 장래성'의 복합적인 의미도 포함되어 있다.

67) 같은 책, xvi쪽.

68) Sadrin, 85쪽.

참고문헌

Abrahams, Yvette. "Images of Sara Bartman: Sexuality, Race and Gender in Early-Nineteenth Century Britain." In *Nation, Empire and Colony: Historicizing Gender and Race*, edited by Ruth Roach Pierson and Nupur Chaudhuri. Bloomington: Indiana University Press, 1998.

Adams, James Eli. *Dandies and Desert Saints: Styles of Victorian Masculinity*. Ithaca: Cornell University Press, 1995.

Ahmad, Aijaz. *In Theory: Classes, Nations, Literatures*. London: Verso, 1994.

Alloula, Mark. *The Colonial Harem*. Translated by Myrna Godzich and Wlad Godzich. Minneapolis: University of Minnesota Press, 1986.

Anderson, Benedict. *Imagined Communities: Reflections on the Origin and Spread of Nationalism*. London: Verso, 1991.

André, J., and J. Filliozat, eds. *Pline l'ancien: histoire naturelle*. Book IV. Paris: Société d'Edition *Les Belle Lettres*, 1980.

Arata, Stephen D. "The Occidental Tourist. Dracula and the Anxiety of

Reverse Colonization." *Victorian Studies* 33, 1990.

Archer, Gabriel. "A Brief Description of the People." 1607. In *The Jamestown Voyages under the First Charter, 1606-1609*, vol 1, edited by Philip L. Barbour. Cambridge: Cambridge University Press, 1969.

Arens, W. *The Man-eating Myth*. Oxford: Oxford University Press, 1979.

Axtell, James. *The Invasion Within: The Contest of Cultures in Colonial North America*. New York: Oxford University Press, 1985.

Badinter, Robert. *Libre et Égaux, L'Émancipation des Juifs*. 1789-1791. Paris: Fayard, 1989.

Balibar, Etienne, and Immanuel Wallerstein. *Race, Nation, Class: Ambiguous Identities*. London: Verso, 1991.

Ballhatchet, Kenneth. *Race, Sex and Class under the Raj: Imperial Attitudes and Policies and their Critics, 1793-1905*. New York: St. Martin's Press, 1980.

Barnard, H. C. *A Short History of English Education*. London: University of London Press, 1947.

Barr, Pat. *The Memsahibs: The Women of Victorian India*. London: Secker & Warburg, 1976.

Beaglehole, J. C., ed. *The Journals of Captain Cook*. Vol. I. Cambridge: Hakluyt Society at the University Press, 1961.

Beddoe, John. *The Races of Britain: A Contribution to the Anthropology of Western Europe*. London: Hutchinson, 1885.

Bhabha, Homi. *The Location of Culture*. New York: Routledge, 1994.

Blake, R. A. *History of Rhodesia*. London: Methuen, 1977.

Boehmer, Elleke. *Colonial and Postcolonial Literature: Migrant*

Metaphors. Oxford: Oxford University Press, 1995.

Bourdieu, Pierre. *Outline of a Theory of Practice*. Translated by Richard Nice. Cambridge: Cambridge University Press, 1977.

Braddon, Mary Elizabeth. *Lady Audley's Secret. 1861-62*. Oxford: Oxford University Press, 1987.

Bradford, William, and Edward Winslow. *A Relation or Journall of the English Plantation Settled at Plimoth in New England* (Mourt's Relation). London, 1622.

Brady, Lieutenant. *Observations Upon the State of Negro Slavery in the Island of Santa Cruz, the Principal of the Danish West India Colonies, with Miscellaneous Remarks upon Subjects Relating to the West India Question and a Notice of Santa Cruz*. Edited by Arnold R. Highfield. St. Croix, U. S. Virgin Islands: Antilles Press, 1996.

Brantlinger, Patrick. *Rule of Darkness: British Literature and Imperialism, 1830-1914*. Ithaca: Cornell University Press, 1988.

_____. "Victorians and Africans: The Genealogy of the Myth of the Dark Continent." In *"Race," Writing, and Difference*, edited by Henry Louis Gates, Jr. Chicago: University of Chicago Press, 1986.

Brodie, Fawn. *The Devil Drives*. London: Eyre & Spottiswoode, 1967.

Brontë, Anne. *The Tenant of Wildfell Hall*. 1848. London: Penguin, 1996.

Brontë, Charlotte. *Jane Eyre*. 1847. New York: Norton, 1987.

Brown, Samuel Sneade. *Home Letters Written from India. . . 1828-1841*. London, 1878.

Browning, Elizabeth Barrett. *Aurora Leigh*. Edited by Margaret Reynolds. New York: Norton, 1996.

Bulwer, John. *Anthropometamorphosis*. London, 1653.

Burton, Richard. *The Book of the Thousand Nights and a Night*. Vol. I. London: Privately Printed by the Burton Club, 1885.

Butler, Judith. *Gender Trouble: Feminism and the Subversion of Identity*. New York: Routledge, 1990.

Caiger, G., ed. *The English Public School Today*. Tokyo: The Hokuseido Press, 1938.

Carlyle, Thomas. *Past and Present*. 1843. Edited by Richard D. Altick. Boston: Houghton Mifflin, 1965.

Carrington, Hugh., ed. *The Discovery of Tahiti: A Journal of the Second Voyage of H. M. S. Dolphin round the World, under the Command of Captain Wallis, R. N., in the Years 1766, 1767, and 1768*. Written by George Robertson. London: Hakluyt Society, 1948.

Castle, Kathryn. *Britannia's Children: Reading Colonialism through Children's Books and Magazines*. Manchester: Manchester University Press, 1996.

Chandos, John. *Boys Together: English Public School, 1800-1864*. New Haven: Yale University Press, 1984.

Chaudhuri, Nupur, and Margaret Strobel, eds. *Western Women and Imperialism*. Bloomington: Indiana University Press, 1992.

Cheadle, Brian. "The Late Novels: *Great Expectations* and *Our Mutual Friend*." In *The Cambridge Companion to Charles Dickens*, edited by John O. Jordan. Cambridge: Cambridge University Press, 2001.

_____. "Sentiment and Resentment in *Great Expectations*." *Dickens Studies Annual* 20, 1991.

Christ, Carol. "Victorian Masculinity and the Angel in the House." In *A*

Widening Sphere: Changing Roles of Victorian Women, edited by Martha Vicinus. Bloomington: Indiana University Press, 1977.

Cohen, W. B. *The French Encounter with Africans*. Bloomington: Indiana University Press, 1980.

Colley, Linda. *Britons: Forging the Nation, 1707–1837*. New Haven: Yale University Press, 1992.

Collins, Wilkie. *The Moonstone*. 1868. London: Penguin, 1986.

_____. "A Sermon for Sepoys." *Household Words*, 27 February 1858.

Collins, Wilkie, and Charles Dickens. *The Perils of Certain English Prisoners*. London: Household Words, Christmas 1857.

Combe, George. *Lectures on Phrenology*. New York: Samuel R. Wells, 1840.

Comte, Auguste. *Cours de Philosophie Positive*. Vol. 4. Paris, 1839.

Connolly, Cyril. *The Enemies of Promise*. London: Andre Deutsch, 1988.

Couret, Louis du [Abd-El-Hamid-Bey]. *Voyage au pays des Niam-Niams*. Paris, 1854.

Crawford, P., ed. *Exploring Women's Past: Essays in Social History*. London: Allen & Unwin, 1984.

Crocker, L. G., ed. *Diderot's Selected Writings*. London: Macmillan, 1966.

Croly, D. G., and G. Wakeman. *Miscegenation: The Theory of the Blending of the Races Applied to the American White Man and Negro*. London: Trübner, 1864.

Csaire, Aim. *Discourse on Colonialism*. Translated by Joan Pinkham. New York: Monthly Review Press, 1972.

Curtin, Philip D. *The Image of Africa: British Ideas and Action, 1780–*

1850. Madison: University of Wisconsin Press, 1964.

Cuvier, Georges. *Etudes sur l'ibis et mémoire sur la vénus hottentotte.* 1817. Paris, 1864.

Daily News, May, 10th, 1900.

Daunton, Martin, and Rick Halpern, eds. *Empire and Others: British Encounters with Indigenous Peoples, 1600–1850.* Philadelphia: University of Pennsylvania Press, 1999.

Debay, Auguste. Hygiène et Physiologie du Mariage. Paris: E. Dentu, 1848.

Dickens, Charles. *David Copperfield.* 1849–50. Oxford: Clarendon, 1981.

_____. *Great Expectations.* 1860–61. New York: Norton, 1999.

_____. *The Letters of Charles Dickens: 1856–1858.* Edited by Graham Storey and Kathleen Tillotson. Oxford: Clarendon Press, 1995.

Doane, Mary Ann. "Masquerade Reconsidered: Further Thoughts on the Female Spectator." *Discourse* 11:1, 1988–89.

Donoghue, Eddie. *Black Women/White Men: The Sexual Exploitation of Female Slaves in the Danish West Indies.* Trenton, NJ: Africa World Press, 2002.

Dow, George F. *Slave Ships and Slaving.* Cambridge: Cornell Maritime Press, 1968.

Doyle, Sir Arthur Conan. *The Sign of Four.* 1890. Oxford: Oxford University Press, 1980.

Eliot, T. S. *Selected Essays.* New York: Harcourt Brace, 1964.

Elliott, John. *Britain and Spain in America: Colonists and Colonized (The Stenton Lecture).* Reading, UK, 1994.

Emsley, Clive. *Crime and Society in England, 1750–1900.* London:

Longman, 1987.

Ensor, R. C. K. *England, 1870-1914.* Oxford: Clarendon, 1936.

Evelyn, John. *A Discourse of Medals.* London, 1697.

Falconbridge, Alexander. *Account of the Slave Trade on the West Coast of Africa.* London: J. Phillips, 1734.

Foerster, R., ed. *Scriptores Physiognomici.* Vol. 1. Leipzig, 1892.

Forster, E. M. *A Passage to India.* 1924. San Diego: Harcourt Brace Jovanovich, 1952.

Freiwald, Bina. "Of Selfsame Desire: Patmore's The Angel in the House." *Texas Studies in Literature and Language* 30:4, 1988.

Gallagher, Catherine, and Thomas Laqueur. *The Making of the Modern Body.* Berkeley: University of California Press, 1987.

Gandhi, Leela. *Postcolonial Theory: A Critical Introduction.* New York: Columbia University Press, 1998.

Gay, Peter. *Education of the Senses, The Bourgeois Experience.* Vol. I. Oxford: Oxford University Press, 1984.

Gerbi, A. *The Dispute of the New World.* Pittsburgh: University of Pittsburgh Press, 1973.

Gikandi, Simon. "Englishness, Travel, and Theory: Writing the West Indies in the Nineteenth Century." *Nineteenth-Century Contexts* 18:1, 1994.

_____. *Maps of Englishness: Writing Identity in the Culture of Colonialism.* New York: Columbia University Press, 1996.

Gilbert, Sandra, and Susan Gubar. *The Madwoman in the Attic: The Woman Writer and the Nineteenth-Century Literary Imagination.* 2nd Ed. New Haven: Yale Nota Bene, 2000.

Gilman, Sander. "Black Bodies, White Bodies: Towards an Iconography of Female Sexuality in Late Nineteenth Century Art, Medicine and Literature." In *"Race," Writing, and Difference*, edited by Henry Louis Gates, Jr. Chicago: University of Chicago Press, 1986.

Gilmour, Robin. *The Idea of the Gentleman in the Victorian Novel*. London: Allen & Unwin, 1981.

Girouard, Mark. *The Return to Camelot: Chivalry and the English Gentleman*. New Haven: Yale University Press, 1981.

Gleisberg, P. *Kritische Darlegung der Urgeschichte des Menschenlebens nach Carl Vogt*. Dresden: Weiske, 1868.

Gobineau, Joseph Arthur Comte de. *The Inequality of Human Races*. Vol. I. 1853. Translated by Adrian Collins. London: Heinemann, 1915.

Goldhagen, Daniel. *Hitler's Willing Executioners: Ordinary Germans and the Holocaust*. New York: Knopf, 1996.

Gosse, Edmund. *Coventry Patmore*. New York: Greenwood Press, 1969.

Grafton, Anthony. *New Worlds, Ancient Texts: The Power of Tradition and the Shock of Discovery*. Cambridge, Mass.: Harvard University Press, 1992.

Green, Martin. *Dreams of Adventure, Deeds of Empire*. London: Routledge, 1980.

Grosskurth, P., ed. *The Memoirs of John Addington Symonds*. New York: Random House, 1984.

Haeckel, Ernest. *The Evolution of Man*. 1876. Translated by Joseph McCabe. London: Watts, 1906.

Hall, Catherine. *Civilising Subjects: Metropole and Colony in the English*

Imagination, 1830-1867. Chicago: University of Chicago Press, 2000.

Hall, Clayton Colman, ed. *Narratives of Early Maryland, 1633-1684.* New York: Charles Scribner's Sons, 1910.

Harrison, Fraser. *The Dark Angel: Aspects of Victorian Sexuality.* London: Sheldon, 1977.

Heath, Stephen. "Joan Riviere and the Masquerade." In *Formations of Fantasy,* edited by Victor Burgin, James Donald, and Cora Kaplan. London: Methuen, 1986.

Hernton, Calvin C. *Sex and Racism.* London: Andre Deutsch, 1969.

Hibbert, Christopher. *The Great Mutiny: India 1857.* London: Penguin, 1978.

Hollick, Frederick. *The Marriage Guide or Natural History of Generation.* New York: T. W. Strong, 1850.

Hughes, Linda K. "Entombing the Angel: Patmore's Revisions of Angel in the House." In *Victorian Authors and Their Works: Revision, Motivations and Modes,* edited by Judith Kennedy. Athens: Ohio University Press, 1991.

Hughes, Thomas. *Tom Brown's Schooldays.* London: J. M. Dent, 1906.

———. *Tom Brown at Oxford.* London: Macmillan, 1889.

———. *Tom Brown at Oxford.* New York: T. Y. Crowell, 1861.

Hyam, Ronald. "Empire and Sexual Opportunity." *Journal of Imperial and Commonwealth History* 14 : 2, 1986.

———. *Empire and Sexuality: The British Experience.* Manchester: Manchester University Press, 1992.

Inglis, A. *The White Women's Protection Ordinance: Sexual Anxiety and*

Politics in Papua. London: Chatto and Windus for Sussex University Press, 1975.

Irigaray, Luce. *This Sex Which is Not One*. Translated by Catherine Porter. Ithaca: Cornell University Press, 1985.

Jahoda, Gustav. *Image of Savages: Ancients Roots of Modern Prejudice in Western Culture*. London: Routledge, 1999.

James, Lawrence. *The Rise and Fall of the British Empire*. New York: St. Martin's Griffin, 1994.

Jansson, Siv. "The Tenant of Wildfell Hall: Rejecting the Angel's Influence." In *Women of Faith in Victorian Culture: Reassessing the Angel in the House*, edited by Anne Hogan and Andrew Bradstock. London: Macmillan, 1998.

Jenkyns, Richard. *The Victorians and Ancient Greece*. Oxford: Oxford University Press, 1981.

Jhabvala, Ruth Prawer. *Heat and Dust*. 1975. New York: Touchstone, 1991.

Johnson, Edgar. *Charles Dickens: His Tragedy and Triumph*. New York: Simon and Schuster, 1952.

Jordan, W. D. *White and Black*. Chapel Hill: University of North Carolina Press, 1968.

Kabbani, Rana. *Europe's Myths of Orient: Devise and Rule*. London: Pandora, 1986.

Kimmel, Michael. "Foreword." In *Masculinity Studies and Feminist Theory*, edited by Judith Kegan Gardiner. New York: Columbia University Press, 2002.

Klaits, Joseph. *Servants of Satan: The Age of Witch-Hunts*. Bloomington:

Indiana University Press, 1985.

Knox, Robert. *The Races of Men: A Fragment*. Philadelphia: Lea & Blanchard, 1850.

Kreb, Paula M. *Gender, Race and the Writing of Empire: Public Discourse and the Boer War*. Cambridge: Cambridge University Press, 1999.

Kupperman, Karen Ordahl. *Indians and English: Facing Off in Early America*. Ithaca: Cornell University Press, 2000.

_____. *Physiognomische Fragmente*. Vol. 1. Leipzig, 1775.

Laqueur, Thomas. *Making Sex: Body and Gender from the Greeks to Freud*. Cambridge, Mass.: Harvard University Press, 1990

Lavater, Johann Caspar. *Essays on Physiognomy*. London, 1840.

Leslie, S. *Studies in Sublime Failure*. London: E. Benn Limited, 1932.

Letourneau, Charles. *Sociology Based upon Ethnography*. London: Chapman and Hall, 1881.

Letwin, Shirley Robin. *The Gentleman in Trollope: Individuality and Moral Conduct*. London: Macmillan, 1982.

Liauzu, C. *Race et Civilisation*. Paris: Syros, 1992.

Linschoten, John Huyghen. *The Voyage of John Huyghen Linschoten to the East Indies, from the old English translation of 1598*. Vol. I. Edited by Arthur Coke Burnell. New York: B. Franklin, 1970.

Long, Edward. *History of Jamaica*. Vol. 2. London, 1774.

_____. *The Negroe-Cause*, London, 1772.

Lyttelton, E. *Alfred Lyttelton: an Account of his Life*. New York: Longmans, 1917.

Mack, Edward C. *Public Schools and British Opinion 1780 to 1860*.

Westport, Conn.: Greenwood Press, 1938.

Mack, Edward C., and H. W. G. Armytage. *Thomas Hughes*. London: Ernest Benn, 1952.

Mangan, J. A. *Athleticism in the Victorian and Edwardian Public School*. Cambridge: Cambridge University Press, 1981.

_____. *The Cultural Bond: Sport, Empire, Society*. London: Frank Cass, 1992.

Mangan, J. A., ed. *Pleasure, Profit, Proselytism: British Culture and Sport at Home and Abroad, 1700-1914*. London: Frank Cass, 1988.

Mangan, J. A., and James Walvin, eds. *Manliness and Morality*. Manchester: Manchester University Press, 1987.

Mannoni, Octave. *Prospero and Caliban: The Psychology of Colonization*. Translated by Pamela Powesland. New York: Praeger, 1956.

Marryat, Fredrick. "Diary on the Continent." In *Olla Podrida*. London: George Routledge, 1897.

Martyr, Peter. "The First Decade." In *First Three English Books on America*, edited by Edward Arber. Birmingham: Turnbull & Spears, 1885.

Maynard, John. "On Coventry Patmore's Life: Finding the Figure in the Carpet." *Pequod: A Journal of Contemporary Literature and Literary Criticism* 23-24, 1987.

McClintock, Anne. *Imperial Leather: Race, Gender, and Sexuality in the Colonial Contest*. New York: Routledge, 1995.

Meiners, Christoph. "Ueber die grosse Verschiedenheit der Biegsamkeit und Unbiegsamkeit." *Göttingisches Magazin*. Vol. 1., 1787.

_____. *Untersuchungen über die Verschiedenheiten der Menschenna-turen*. 3 Vols. Tübingen: Cotta, 1815.

Midgley, Clare, ed. *Gender and Imperialism*. Manchester: Manchester University Press, 1998.

Mills, Sara. *Discourses of Difference: An Analysis of Women's Travel Writing and Colonialism*. New York: Routledge, 1992.

Moore-Gilbert, Bart. *Postcolonial Theory: Contexts, Practices, Politics*. London: Verso, 1997.

Mosse, George L. *The Image of Man: The Creation of Modern Masculinity*. Oxford: Oxford University Press, 1996.

_____. *Toward the Final Solution: A History of European Racism*. New York: H. Fertig, 1978.

Nandy, Ashis. *The Intimate Enemy: Loss and Recovery of Self under Colonialism*. Delhi: Oxford University Press, 1988.

Nature. Vol. 55, 1896.

Nayder, Lillian. "Class Consciousness and the Indian Mutiny in Dickens's *The Perils of Certain English Prisoners*." *SEL: Studies in English Literature* 32, 1992.

Nevinson, C. R. *Paint and Prejudice*. London: Methuen, 1937.

Newton, John. *The Journal of a Slave Trader, 1750-1754*. Edited by Bernard Martin and Mark Spurrell. London: Epworth Press, 1962.

Norbrook, David. "Rhetoric, Ideology and the Elizabethan World Picture." In *Renaissance Rhetoric*, edited by Peter Mack. New York: St. Martin's Press, 1994.

Oddie, William. "Dickens and the Indian Mutiny." *Dickensian* 68:1, 1972.

Ogilvie, Vivian. *The English Public School*. London: B. T. Batsford, 1957.

Oldendorp, Christian. *C. G. A. Oldendorp's History of the Mission of the Evangelical Brethren on the Caribbean Islands of St. Thomas, St. Croix, and St. John*. Edited by Johan J. Bossard. Ann Arbor: Karoma, 1987.

Orwell, George. "Charles Dickens." In *Great Expectations: Authoritative Text, Backgrounds, Contexts, Criticism*, edited by Edgar Rosenberg. New York: Norton, 1999.

Pagden, Anthony. *Lords of All the World: Ideologies of Empire in Spain, Britain and France, c. 1500–c. 1800*. New Haven: Yale University Press, 1995.

_____. *The Fall of Natural Man*. Cambridge: Cambridge University Press, 1982.

_____. *European Encounters with the New World*. New Haven: Yale University Press, 1992.

Paroissien, David. *The Companion to Great Expectations*. Westport, Conn.: Greenwood Press, 2000.

Patmore, Coventry. *The Poems of Coventry Patmore*. Edited by Frederick Page. London: Oxford University Press, 1949.

Patterson, Orlando. *Slavery and Social Death: A Comparative Study*. Cambridge, Mass.: Harvard University Press, 1982.

Paxton, Nancy L. "Mobilizing Chivalry: Rape in British Novels about the Indian Uprising of 1857." *Victorian Studies* 36, 1992.

Peters, Catherine. *The King of Inventors: A Life of Wilkie Collins*. London: Vintage, 1991.

Phillips, Richard. *Mapping Men and Empire: A Geography of Adventure*.

London: Routledge, 1997.

Pieterse, J. N. *White on Black*. New Haven: Yale University Press, 1992.

Porter, Roy. "The Exotic as Erotic: Captain Cook at Tahiti." In *Facing Each Other: The World's Perception of Europe and Europe's Perception of the World*, Part II, edited by Anthony Pagden. Aldershot, UK: Ashgate/Variorum, 2000.

Posner, E. W. *Das Weib und das Kind*. Glogau, 1847.

Ptolemy. *Tetrabiblos*. 2. 2. 2. Translated by F. E. Robbins. Cambrige, Mass.: Harvard University Press, 1956.

Punch. London: Bradbury and Evans, 1844.

Ray, G. N. *Thackeray: the Uses of Adversity, 1811–46*. London: Oxford University Press, 1955.

Raymond, Ernest. *Tell England*. London: Cassell, 1922.

Raynal, Guillaume Thomas Francois. *Histoire philosophique et politique des établissemens et du commerce des Européens dans les deux Indes*. Vol. 9. 1770. Paris: Amable, 1820-1.

Reclus, Élie. *Primitive Folk: Studies in Comparative Ethnology*. 1885. New York: Scribner, 1891.

Richards, Jeffrey. *Imperialism and Juvenile Literature*. Manchester: Manchester University Press, 1981.

Riviere, Joan. "Womanliness as a Masquerade." In *Formations of Fantasy*, reprinted and edited by Victor Burgin, James Donald and Cora Kaplan, 35–44. London: Methuen, 1986.

Robinson, Ronald, John Gallagher, and Alice Denny. *Africa and the Victorians: The Climax of Imperialism in the Dark Continent*. New York: St. Martins Press, 1961.

Rosenberg, Edgar. "Dickens in 1861." In *Great Expectations: Authoritative Text, Backgrounds, Contexts, Criticism*, edited by Edgar Rosenberg. New York: Norton, 1999.

Rutherford, Jonathan. *Forever England: Reflections on Race, Masculinity and Empire*. London: Lawrence & Wishart, 1997.

Sadrin, Anny. *Great Expectations*. London: Unwin Hyman, 1988.

Said, Edward W. *Culture and Imperialism*. New York: Knopf, 1993.

_____. *Orientalism*. New York: Vintage, 1979.

Schilesinger, Roger, ed. *Portraits from the Age of Exploration*. Translated by Edward Benson. Urbana-Champaign: University of Illinois Press, 1993.

Schiller, Friedrich. *ber die ästhetische Erziehung des Menschen in einer Reihe von Briefen*. Stuttgart: P. Reclam jun., 1965.

Scott, Paul. *The Jewel in the Crown*. New York: Avon, 1966.

Sedgwick, Eve Kosofsky. *Between Men*. New York: Columbia University Press, 1985.

Sharp, Andrew, ed. *Duperrey's Visit to New Zealand in 1824*. Wellington: Alexander Turnbull Library, 1971.

Sharpe, Jenny. *Allegories of Empire: The Figure of Woman in the Colonial Text*. Minneapolis: University of Minnesota Press, 1993.

_____. "The Unspeakable Limits of Rape: Colonial Violence and Counter-Insurgency." *Genders* 10, 1991.

Shaw, Bernard. "Introduction to *Great Expectations*." In *Great Expectations: Authoritative Text, Backgrounds, Contexts, Criticism*, edited by Edgar Rosenberg. New York: Norton, 1999.

Shires, Linda M. "Patriarchy, Dead Men, and Tennyson's *Idylls of the*

King." *Victorian Poetry* 30:3-4, 1992.

Showalter, Elaine. *A Literature of Their Own: British Novelists from Brontë to Lessing.* Princeton: Princeton University Press, 1977.

Silverman, Kaja. *Male Subjectivity at the Margins.* New York: Routledge, 1992.

Singleton, Ester. *Japan as Seen and Described by Famous Writers.* New York: Dodd, Mead and Company, 1909.

Sinha, Mrinalini. *Colonial Masculinity.* Manchester: Manchester University Press, 1995.

Snowden, Frank M. *Blacks in Antiquity.* Cambridge, Mass.: Harvard University Press, 1970.

Spivak, Gayatri. *The Spivak Reader.* New York: Routledge, 1996.

Stanley, A. P. *Life and Correspondence of Thomas Arnold, D. D. 1845.* New York: Harper Brothers, n. d.

Stoker, Bram. *Dracula.* 1897. London: Penguin, 1979.

Stoler, Ann Laura. "Carnal Knowledge and Imperial Power: Gender, Race, and Morality in Colonial Asia." In *Gender at the Crossroads of Knowledge: Anthropology in the Postmodern Era,* edited by Micaela di Leonardo. Berkeley: University of California Press, 1991.

————. "Rethinking Colonial Categories: European Communities and the Boundaries of Rule." *Comparative Studies in Society and History* 31:1, 1989.

Stoler, Ann Laura, and Frederick Cooper. "Between Metropole and Colony: Rethinking a Research Agenda." In *Tensions of Empire: Colonial Cultures in a Bourgeois World,* edited by Frederick Cooper and Ann Laura Stoler. Berkeley: University of California Press, 1997.

Stone, Harry, ed. *Charles Dickens's Uncollected Writings from Household Words, 1850-59*. 2 vols. Bloomington: Indiana University Press, 1968.

Strachey, William. *The Historie of Travell into Virginia Britania*. 1612. Edited by Louis B. Wright and Virginia Freund. London: Hakluyt Society, 1953.

Sussman, Herbert. *Victorian Masculinity: Manhood and Masculine Poetics in Early Victorian Literature and Art*. Cambridge: Cambridge University Press, 1995.

Tamaya, Meera. "Ishiguro's *Remains of the Day:* The Empire Strikes Back." *Modern Language Studies* 22:2, 1992.

Thomas, Hugh. *The Slave Trade: The Story of the Atlantic Slave Trade, 1440-1870*. New York: Simon & Schuster, 1999.

Thomas, Keith. *Man and the Natural World*. London: Allen Lane, 1983.

Tinland, F. *L'Homme savage*. Paris: Payot, 1968.

Todorov, T. *On Human Diversity*. Cambridge, Mass.: Harvard University Press, 1993.

Tomalin, Claire. *The Invisible Woman: The Story of Nelly Ternan and Charles Dickens*. London: Viking, 1990.

Topsell, Edward. *Histories of Fourfotted Beastes*. London, 1607.

Trollope, Anthony. *The West Indies and the Spanish Main*. London: Chapman & Hall, 1859; Reprint; Gloucester, UK: A. Sutton, 1985.

Turner, Frank M. *The Greek Heritage in Victorian Britain*. New Haven: Yale University Press, 1981.

Unwin, J. D. *Sex and Culture*. Oxford: Oxford University Press, 1934.

———. *Hopousia: or the Sexual and Economic Foundations of a New*

Society. London: G. Allen and Unwin Ltd., 1940.

Van Heyningen, Elizabeth B. "The Social Evil in the Cape Colony, 1868-1902: Prostitution and the Contagious Diseases Act." *Journal of Southern African Studies* 10:2, 1984.

Virey, Jules J. *Histoire Naturelle du genre humain.* Vol. 2. Brussels: Wahlen, 1824.

Voltaire, Francois Marie Arouet de. *Essai sur les moeurs.* 1756. Paris: Garnier Fréres, 1963.

_____. *Traité de métaphysique.* 1734. Manchester: Manchester University Press, 1937.

von Spix, J. B., und C. F. von Martius. *Reise in Brasilien.* Vol. 1. München, 1823.

Walvin, James. *Black Ivory: A History of British Slavery.* Washington D. C.: Howard University Press, 1994.

Ward, Andrew. *Our Bones Are Scattered: The Cawnpore Massacres and the Indian Mutiny of 1857.* New York: Henry Holt and Co., 1996.

Waugh, Alec. *Public School Life: Boys, Parents, Masters.* London: W. Collins, 1922.

Weinig, Mary Anthony. *Coventry Patmore.* Boston: Twayne, 1981.

Wells, Samuel R. *How to Read Character.* New York: Fowler and Wells Publication, 1883.

White, Charles. *An Account of the Regular Gradation in Man.* London: Printed for C. Dilly, 1799.

White, L. "Prostitution, Identity and Class Consciousness in Nairobi during World War II." *Signs: A Journal of Women in Culture and Society* 11, 1986.

Williams, Glyndwr. "The Hudson's Bay Company and the Fur Trade, 1670-1870." *The Beaver*. 314:2, 1983.

Winks, Robin W. *Historiography, The Oxford History of the British Empire*. Vol. V. Oxford: Oxford University Press, 1999.

Wood, William. *New Englands Prospect*. London, 1634.

Woolf, Virginia. *The Death of the Moth and other essays*. New York: Harcourt Brace, 1942.

Young, Robert J. C. *Colonial Desire: Hybridity in Theory, Culture and Race*. London: Routledge, 1995.

Young, Wayland. *Eros Denied*. London: Weidenfeld & Nicolson, 1965.

간, 스탠리. 권이구 옮김.『인종』. 서울: 탐구당, 1992.

리처즈, 제프리. 유희수 옮김.『중세의 소외집단: 섹스, 일탈, 저주』. 서울: 느티나무, 1999.

바바, 호미. 나병철 옮김.『문화의 위치: 탈식민주의 문화이론』. 서울: 소명출판, 2002.

박지향.『제국주의: 신화와 현실』. 서울: 서울대학교 출판부, 2000.

벌로, 번, 보니 벌로. 서석연, 박종만 옮김.『매춘의 역사』. 서울: 까치, 1992.

설혜심.『서양의 관상학: 그 긴 그림자』. 서울: 한길사, 2002.

울프, 버지니아. 태혜숙 옮김.『집안의 천사 죽이기』. 서울: 두레, 1996.

이성숙.『매매춘과 페미니즘, 새로운 담론을 위하여』. 서울: 책세상, 2002.

컨, 스티븐. 이성동 옮김.『육체의 문화사』. 서울: 의암출판, 1996.

콘, 머렉. 이수정 옮김.『인종전시장』. 서울: 대원사, 1999.

크로스비, 앨프리드 W. 안효상·정범진 옮김.『생태 제국주의』. 서울: 지식의 풍경, 2000.

파농, 프란츠. 이석호 옮김.『검은 피부, 하얀 가면』. 서울: 인간사랑, 1998.

포스터, E. M. 김동욱 옮김.『인도로 가는 길』. 서울: 인화, 1997.

피카르, 막스. 조두환 옮김.『사람의 얼굴』. 서울: 책세상, 1994.

하남길.「『톰 브라운의 학창 시절』에 나타난 스포츠의 유형」,『제36회 한국
　　　체육학회 학술발표회 논문집』, 1998.

_____.「토머스 휴즈의 체육 교육관:『톰 브라운의 학창 시절』에 나타난
　　　스포츠의 교육적 의미」,《한국체육학회지》제37권 4호, (1998).

_____.『영국 신사의 스포츠와 제국주의』. 서울: 21세기 교육사, 1996.

휴즈, 토머스. 하남길 옮김.『머스큐러 크리스천: 톰 브라운의 학창 시절』.
　　　서울: 21세기 교육사, 1999.

히포크라테스. 윤임중 옮김.『의학이야기』. 서울: 한국과학문화재단, 1998.

찾아보기

ㅍ

박형지

미국 하버드 대학 영문과 졸업
미국 프린스턴 대학 석사 및 박사
현재 연세대학교 영어영문학과 교수
현재 연세대학교 언더우드국제대학 학장

설혜심

연세대학교 사학과 졸업
미국 캘리포니아 대학 석사 및 박사
현재 연세대학교 사학과 교수
연세대학교 최우수 업적 교수상 및 최우수 교육자상 수상

제국주의와 남성성

대우학술총서 573

1판 1쇄 펴냄 | 2004년 12월 30일
신판 2쇄 펴냄 | 2021년 4월 26일

지은이 | 박형지, 설혜심
펴낸이 | 김정호
펴낸곳 | 아카넷

출판등록 | 2000년 1월 24일(제406-2000-000012호)
주소 | 10881 경기도 파주시 회동길 445-3
전화 | 031-955-9511 (편집) · 031-955-9514 (주문)
팩시밀리 | 031-955-9519
www.acanet.co.kr

© 박형지, 설혜심, 2016
역사, 영국, 빅토리아 여왕시대 KDC 924.06

Printed in Seoul, Korea.

ISBN 978-89-5733-478-2 94920
ISBN 978-89-89103-00-4 (세트)